キリストとともに

世界が広がる神学入門

阿部仲麻呂

オリエンス宗教研究所

大切な恩人であり上司の梅村昌弘司教様に本書をささげます。

推薦のことば

サレジオ会の阿部仲麻呂神父様が、司祭叙階二十五周年を機に、『キリストとともに――世界が広がる神学入門』を上梓されることになりました。

これまで三年近く、わたしたちは新型コロナウイルス感染症という未曽有の災禍に遭遇して、とくに「三密」を避ける感染防止対策のために、〈一緒に集まる〉ことが困難な状況に置かれてきました。その結果、人間関係において互いの絆が疎遠になり、孤独を感じる機会も増えてきました。新型コロナウイルスは、人間のからだを蝕むだけではなく、人と人とを引き離して、人間のこころを冷たくするという副作用をもたらしているのかもしれません。

しかし、このような冷酷な境遇の中で、〈あったかさ〉を感じさせる人々の善意や工夫によって励まされ、ともにコロナ禍を乗り切ろうとする新たな連帯感が生じていることも確かです。いまこそ、わたしたちは、こころの〈あったかさ〉を取り戻し、深めていく必要があるのではないでしょうか。ところで、一体何が人間のこころをあったためてくれているのでしょうか。

阿部仲麻呂神父様は、本書を通して、人間の普段の生活の中で〈あったかさ〉を自然に感じる事例を、十二の平易なテーマ（おもい・つながり・たべること・いのち・あったかさ・うつくしさ・やすらぎ・つつみこむこと・さがしもとめること・さけび・よろこび・ふるさと）に分類して拾い上げながら、目には見えなくても、その奥にあって、それを支えている本源的な〈神さまのぬくもり〉に、読者のこころの目を開かせようとしています。神学博士である著者は、その深遠な神学的思索を背景にしつつも、分かり易い表現や身近な出来事の紹介を通して、わたしたちが〈あったかさ〉を取り戻すために見失ってはならないものを、再確認させようとしています。

本書の読者が、コロナの只中で、またコロナ後にあっても、〈神さまのぬくもり〉につつまれ、キリストをとおしてあったまる恵みを、からだ全体で体感することができることを願ってやみません。

二〇二一年十月十八日　聖ルカ福音記者の祝日に

カトリック広島司教区　司教　アレキシオ 白浜 満

まえがき

ごぶさたしています。お元気ですか。はじめてお会いする方もおりますね。いま、この本を開いて読み始めてくださった読者の皆さまに感謝しています。どうもありがとうございます。

『キリストとともに――世界が広がる神学入門』――本書は、二〇〇七年に刊行した『神さまにつつまれて――キリストをとおしてあったまる』（オリエンス宗教研究所）を踏まえたうえで、十六年ぶりに大幅な修正および加筆を施した作品です。

だれもが親しみやすいカトリック神学入門を目指して、読者の皆さまを神さまへの祈りに招く方向性を維持しながらも、新たな内容といたしました。

本書は、おりにふれて全身感覚で書きつづった文章をつなげたものでありつつ、カトリック神学の基礎的な発想とは何であるのかを明らかにする試みとなっています。

つまり、毎日の生活のなかで、おのずと身につけていった信仰感覚にもとづいて、そのときどきの感興に裏打ちされた思索のプロセスを自然体で書きとめたメモおよび解説が一冊に編集されています。そこには、ささやかな信仰生活の歩みが反映されています。

ふだん、何時間も研究作業に没頭して数多くの文献を精読しつつ論考を執筆したり、教壇に立って講義したりするうちに、ふと発見したことなど、さまざまな学びの蓄積が心のなかにうずまいていています。こうした事態は、人生の理論的側面と呼べるでしょう。

同時に、さまざまな人たちの悩みに耳を傾けながら、決して答えの出ることのない問いかけの数々に向き合うなかで、自分の非力さに打ちひしがれつつも、まるで忍び寄る夕闇のように次第に色濃くなってゆく「いわく言いがたい哀しみ」をありのままに受けとめて生きつづけています。こうした事態は、人生の実践的側面と呼べるでしょう。

そのような人生の理論的側面と実践的側面とが連動して積み重ねられてゆくうちに、感極まって自由なかたちで噴き出してきた言葉がおのずと結晶化したものが本書です。

それでは、いよいよ本題に入ってゆくことにいたしましょう。なお、本書では、合計すると、十二篇の随想が順に並んでいます。キリストの姿を十二の角度から眺めることで各自の人生の歩みも洗練され始めるのかもしれません。各篇のテーマおよび内容は「おもい」や「つながり」など十二の短い表題に凝縮されていますので、その表題をキーワードとして黙想することも可能です。

時のうつろいのながれのなかで、のびやかにイメージを膨らませて、ゆっくりと祈るときの一助となれば幸いです。お会いできて、よかったです。これからもお世話になります。どうもありがとうございます。

目次

五　あったかさ　よろこばしい知らせ――「福音宣教論」

カバー・挿絵　坂東ルツ子

一

おもい

御父のいつくしみ

創造

神論・創造論

❑1 はじめに

「はじめに、ことば（ロゴス＝キリスト＝神さまからの愛情深い呼びかけ）があった」（ヨハネ1・1）。ここでは、ヨハネ福音書の冒頭部の一節について述べておきましょう。

その聖書箇所は、意味内容を汲めば、「はじめに、神さまからの愛情深い呼びかけがあった」とも訳せるかもしれません。物事のはじまりとしてのロゴス。

ヨハネ福音書に出てくる「ことば」という術語は、もともとのギリシア語では「ロゴス」です。「ロゴス」には、「物事の根拠」あるいは「法的な決まり」という一般的な意味があります。しかし、二千年前にキリスト教がギリシア地域やローマ帝国で広がったときに、キリスト者たちは「ロゴス」に別の意味をもたせて用いました。キリスト者たちは、「ロゴス」を法律的な冷たい原理としてではなく、むしろ「活けるキリスト」、あるいは「人格的な相手」として理解したのです。

彼らは、キリストそのものが神さまの発した愛情深いことばそのものとして、この世に遣わされて、数多くの人びとに励ましを与えて、人びとの人生の歩みを闇から光の状態へと転換させてゆく、と考えたのです。いわば人びとの生活を「灰色の人生」から「薔薇色の人生」へと百八十度転換させる実力を備えた救い主の姿そのものが、キリスト者にとっては「ロゴス」（世界の始まり、人生の根拠、端緒、出発点）に他ならなかったのです。「活ける相手」としてのロゴスがキリストであるという独特な発想が、キリスト者たちの信仰の出発点だったのです。

みなさんも、誰かから親切なひと声をかけられたときに、うれしくなるとおもいます。たとえば、旅行に行ったときに、まったく知らない土地の空港に降り立ったときに、たまたまそこに友だちが偶然に居合わせたとしたら、私たちは安心できます。すでに知っている相手のことばを聴くことが、異なる土地であっても安心感を与えてくれます。大切な相手から励まされるときのひとことが私たちの人生を照らし、あたため、いのちをもたらすのです。

❏2 「三歳の男の子」のエピソード

ひとつのエピソードを紹介します。三歳ぐらいの幼稚園の男の子がおりました。その男の子は三歳で家から離されて、毎日、幼稚園に通わされていました。幼稚園に通うということは、男の子にとっては怖いことでした。安心感のある家庭から離れて、幼稚園という、まったく知らない環境に放り出されたからです。友だちもいない状態での生活が始まったのです。

独りっ子の場合、兄弟姉妹との付き合いもありませんから、どのように人と接してよいかもわからないわけで、人見知りになりやすいものです。家では親がていねいに支えてくれますが、幼稚園では知らない顔の他人ばかりです。独りで過ごしていた男の子が、いきなり大勢の人の前に放り出されます。

この男の子は毎日、幼稚園に通いながらも園児たちのなかで、うまく溶け込めないまま過ごしています。教室に行っても騒がしくて居場所がありませんし、先生方も他の園児の世話にかかりっきりです。この男の子は、いつのまにか砂場に行って独りで遊ぶようになりました。ということは、男の子にとって、幼稚園に行くということは、独りで過ごすことだったのです。誰からも声をかけてもらえず、助けてもらえません。言ってみれば、灰色の日々がつづくだけです。砂場で、独りで遊んでいる男の子は、ますます落ち込んでゆきました。

毎日、そのような状態がつづくとしたら、みなさんは、どうでしょうか。いつ終わるともしれない、地獄のような毎日になります。みなさんも、転校して新しい学校に入ったときに、あるいは、高校を卒業して大学生になったときなど、まったく異なった環境に入ったときに苦労したこととおもいます。なかなか友だちもできないですし、環境に溶け込めません。独りで過ごして、独りで昼のお弁当を食べる、ということになりかねません。そういう毎日がひたすらつづくと、ストレスになります。いつ、そういう状態が終わるのだろうか、と考えてしまうわけです。それでも毎日を過ごしてゆかないとならないわけで、かなりつらい状態に陥ることになります。このように、闇のような状況というものが、誰にでもあります。

❏3 「灰色の人生」から「薔薇《ばら》色の人生」へ

三歳の男の子の話に戻ります。彼は砂場で、独りで遊んでいます。そのとき、後ろのほうから女の子がやってきて、「だいじょうぶ?」とひと声かけました。この「だいじょうぶ?」というひと声が、三歳の男の子にとっては非常に大きな助けになりました。それまでは、誰も遊び相手がいない状態でした。独りぼっちでした。しかし、ある日、突然に「だいじょうぶ?」と心配して声をかけてくれる友だちができました。「だいじょうぶ?」というひと言、そこからすべてが始まります。灰色の毎日が、いきなり薔薇色になります。

みなさんも過去の学生生活をとおして、転校や新たな環境での引っ越しなども含めて、さびしいおもいをしたことがあるでしょう。そのようなときに、おもいがけず、他のところからやってきて声をかけてくれる誰かが現われると、状況が一挙に逆転するものです。灰色の状況から薔薇色の毎日へと物事が激変するのです。声をかけてくれる一人の人がいる、という現実。それが、独りぼっちな人間の心を支えます。

その男の子は、三歳から幼稚園に通いました。六歳まで、三年保育というかたちで。いまでも、その男の子の心のなかには、このときの、おぼろげな記憶が残っていることでしょう。常に独りで遊ぶ、という状況だったのでしょう。きっと、さびしさがあったはずです。ところが、後ろのほうから近寄って声をかけてくれた友だちが一人いたという現実が彼の生き方を劇的に変えました。ですから、「だいじょうぶ？」というひと言が人生を決定的に変貌させる第一歩として印象に残っているのかもしれません。

それは、ちょうどキリスト教カトリック系の幼稚園でのことでした。その幼稚園で男の子は手を合わせて、毎日お祈りをさせられました。そして、聖書のことばの朗読があったり、幼稚園教育のなかでキリスト教の知識を伝えてもらったりすることがありましたが、当時の彼にとって、そういう信仰教育などはどうでもよくて、むしろ、独りで過ごした苦しさの状態から、地獄の灰色のひとときが果てしなくつづいてゆくという状況から、救い出してくれる相手が現われたという現実こそが重要でした。一人の友だちが声をかけてくれるという現実。「だいじょうぶ？」というひと言が、彼の人生を明るく変えてくれました。

❏4　ヨハネ福音書のポイント

さきほど述べたヨハネ福音書の1章1節というのは、「はじめに、ことばがあった」というひと言で始まります。この箇所を選んだ理由は、彼の三歳のときの経験にもとづいています。独りぼっちな子どもにとって、「だいじょうぶ？」と声をかけてくれる友だちが現われるということが、まるで闇のなかで一条の光が差し込んできたかのような、まばゆい状況でした。そのような救いの経験を、ヨハネ福音書を読むと、いつでも想い出します。

「はじめに、ことばがあった」。誰かが声をかけてくれることから、すべてが始まって動いてゆきます。おそらく、このヨハネ福音書を書いた作者は、苦しい、闇のまっただなかにいるような孤独な生活をしていたのでしょう。そういう状況のなかで、誰かが近づいてきて、「だいじょうぶ？」と声をかけてくれたのでしょう。その経験を書物にまとめたのでしょう。そのような経験そのものに、キリスト教のポイントがあります。

ヨハネ福音書は、イエス＝キリストという二千年前に活躍した人物について記録したものです。しかし、それは深い想い出のなかで明確に記憶されていることがらを、後の時代の人びとがまとめたものです。いわば、イエス＝キリストと出会った人びとの気持ちが集約されて記録されているのです。貴重な経験の想い出を編集して、まとめ上げているわけです。ですから、実際に貴重な出来事を経験した人のイメージや感じ方がまとめられています。ということは、歴史的に正確なデータを反映しているわけではありません。歴史的なまとめ方ではないのです。想い出の記録です。助けていただいた貴重な経験の書きつらねとして、ヨハネ福音書が今日にいたるまで遺されているのです。

ですから、ヨハネ福音書というのは日記帳あるいは想い出ノートみたいな個人的な経験の記録です。暗闇のなかで、独りぼっちで苦しんでいた人がイエス＝キリストから声をかけられて安心して、ようやく会話ができるようになったのです。よろこんで、明るく生きられるようになったのです。よろこびをかみしめて生きている人の、何とも言えない心の躍動が遺されています。

そのような、経験にもとづく救いには深い意味があるのです。「だいじょうぶ？」と声をかけられた人が、新たな人生の始まりを経験することが「創造のわざ」です。何かが始まるのです。まったく新しい時代が幕をあけるのです。よろこびに満ちた、明るい再出発の状況。その状況を、ていねいにまとめたものがヨハネ福音書として実っています。

そういう背景を理解して、この福音書を読んでゆくと、そのひとつひとつのことばの奥深さが味わえるようになります。「はじめにことばがあった」という文章だけを、いきなり読んでも、何も感じないでしょう。

しかし、もしも、自分が、独りぼっちで苦しんで生きているという状況を経験したうえで、このヨハネ福音書の冒頭部を読むのならば、誰かが声をかけることで自分の闇の状況を薔薇色の人生へと転換させてくれたことの重みが、ありがたさが、ひしひしとわかるようになります。

自分の経験からくる想いと、ヨハネ福音書の内容を重ね合わせて味わうときに、はじめて何らかの意味深いメッセージの迫力が爆発的に生じてくるわけです。そのときこそ、聖書のことばは意味をもち、いのちのことばとなります。人を活かす智慧そのものとなるわけです。

「はじめに、ことばがあった」。はじめに、励ましの「だいじょうぶ?」というひと言があります。自分を見つけて、支えようとしてくれる相手が現われる。暗い、独りぼっちの状況が、誰かの登場によって明るく変わってゆく。開かれてゆく。薔薇色の状態となってゆく。そのような経験こそが、最も重要なのです。私たちひとりひとりは、みんな、それを望んでいます。キリスト教というのは、誰もが望んでいることを真剣に集中的に考え抜いて、はっきりと確認してゆく歴史的な動きです。二千年間、キリスト教がつづいている理由とは、誰もが望んでいる一番大切なことを理論的に確実なかたちに整えて、あとの時代に伝えてゆこうという熱意を絶やさないことに存します。

❏5　キリスト教のはじまり

いまでこそキリスト教は巨大なシステムとして歴史的な影響力をもっていますが、もともとはふつうの生活のなかの励まし合いから始まりました。多くの専門家たちは、キリスト教の理論的な特徴をまとめて形を整えることに集中するあまり「はじまりの経験」を忘れがちになります。それで、キリスト教の専門家や研究者は理屈にはこだわるけれども、あたたかみがない場合があります。

しかし、ほんとうは、キリスト教というものは、孤独な状況で灰色の人生に埋もれていた人が、誰かから励ましを受けて、薔薇色の人生に向かって開かれてゆくような刷新の動きを端緒として、その経験を大切に記憶することによって成り立つのではないでしょうか。そのはじまりの動きに、いまこそ立ち戻る必要があります。

❏6 みなさんの学生生活との関連性

この篇の冒頭部で、三歳のころのある男の子の出来事を話しました。この本を読んでいるみなさんひとりひとりも、若い方々はいままさに、あるいは年配の方々は過去の学生時代などに、独りで過ごす時間のさびしさに打ちのめされていたことがあるのかもしれません。そして、理解者がなかなか現われてくれないという状況のもとで、ほったらかしにされて、毎日の生活が灰色のまま、果てしなくつづいてゆくという苦い経験をされたかもしれません。とくに、いじめを受けたり、人と違うということで仲間外れにされたり、生きるのがつらいという経験をされた方は、暗闇の状況のもとで落ち込んだこととおもいます。独りで過ごして、つらい状況のなかで、ただ毎日が過ぎてゆくだけの生活。そういう人にとって、誰かが現われて声をかけて、励ましてくれるということが一番の助けとなります。たったひと言であっても、人生が急激に薔薇色になってゆく場合があるのです。

これは、孤独の状況でも言えることですし、ふつうの学生生活の場合でも同じことがあり得ます。すこやかに恵まれた状況のもとで専門学校生や短大生や大学生としての生活を過ごしている方もおられるでしょう。そういう人であっても、学生としての生活をとおして、はじめて出会った相手からもらったひと言によって劇的な変化を経験する場合もあります。「これをやったほうがいいよ」とひと言、投げかけられたことがきっかけとなって新しい就職の準備に向かうようになった人もいるかもしれません。あるいは、自分とは性別の異なる人から励まされて恋愛感情を育みながら、生きる気力が湧いてくる人もいるかもしれません。

誰かのひと言に後押しされて、新しい職業や生き方を選択することがあり得ますし、新しい恋愛とか結婚のはじまりを迎える場合もあるのです。独りだった人が、他の相手と関わることで、励ましを受けて、新たな動きを創りあげてゆくことになります。しあわせの実感を積み重ねてゆくわけです。この変化というものは、相手のひと言によって起こるのです。

「はじめに、ことばがあった」。キリスト教というものは、ひと言の重み、つまり、誰かを心配して励ますという動きからはじまっています。

❏7　彼が「キリスト者」になる決意をした経緯

三歳のときに、同じ年齢の女の子から声をかけられて助かった彼は、その後も、その出来事の意味を考えつづけるようになりました。自分は孤独で、誰からも理解されないだろう、と勝手に思い込んでいましたが、声をかけてくれる相手が現われました。ひと言が、彼にとっての新しい出発のきっかけとなりました。この経験は一体何なのだろうか、と彼は来る日も来る日も自問自答するようになりました。

その問いかけを深めようとして、キリスト教的な環境に身を置くことを敢えて選びました。そうなると、今度は、逆に、自分が他の人に声をかけて励ますという努力を積み重ねる日々が始まりました。他の人の灰色の人生を薔薇色の人生に変えてゆくことが、彼なりの課題になってきたのです。誰かから親切にされた人間というものは、親切の仕方を学んで、他の人にも分かち与えてゆくことができるようになります。まだ、こたえは見つかっていません。しかし、ずっと問いつづけて、生きようとしています。

特に学生のみなさんは、さまざまな人生の経緯をとおして、生きる意味にまつわる真摯な学びをされています。それぞれの専門を究めようとしています。しかし、一番大事なことは、みなさんが身につけたことが、他の人を励ますひと言として、あとで役立つようになることです。技術を身につけるべく先輩や先生のやりかたを真似ながら、人間としても成長した人がそれぞれの学びの場を巣立って就職してゆくときに、今度は、出会う相手に声をかけてゆくことになります。そのときに、相手の人生を灰色から薔薇色へと転換させることができるようになります。独りぼっちでいる相手に声をかけるときに、人知を超えた、何かかけがえのない尊い意味が出てきます。

❑8　深い経験に支えられた、かぎりないよろこびの感覚

「はじめに、ことばがあった」。ヨハネ福音書は、ヨハネという名前の、イエスの弟子が書いたとされています。しかし実際は、そのヨハネから話を聴いた仲間のキリスト者たちが共同で長い歳月をかけて物語を再構成し、編集して記録したものです。ですから、想い出をまとめています。ヨハネ福音書は、ふつうの本のサイズに直して計算すると、七〇ページほどの、わずかな文章の集積にしか過ぎません。しかし、この七〇ページのなかに、深い経験に支えられた、かぎりないよろこびの感覚がギュッと詰まっています。

ヨハネ福音書の最後の文章は次のようになっています。「この他にもキリストはたくさんのことを成し遂げました。私はおもいます。イエスが行ったことを記録としてまとめるとしたら、この世界でさえもすべてを収めきることはできないでしょう」（ヨハネ21・25 拙訳）。この世の記録用紙には書ききれないほどの数知れない出来事が、イエスによって実現していったわけです。記録にまとめきれないほどの、重み。「はじめにことばがあった」という文章ではじまるヨハネ福音書は、キリスト教の要点をまとめた書物です。そこで

言われていることは、イエスの生き方そのものが雄弁なことばとなっており、しかも、そのことばは決して記録しきれるものではないほどに圧倒的な迫力をもって私たちの前に現われるのです。

この書物のなかには、他にも興味深い呼びかけが多数登場しています。「午後四時ごろであった」（ヨハネ1・39）。イエス＝キリストと出会った弟子たちが、はじめて出会ったときの時刻を記録しています。「午後四時ごろであった」。時間を明確に書いているのもヨハネ福音書の特徴です。筆者も日記をつけていまして、何時ごろにこの人と話した、と出会ったときの印象をことこまかに書き留めています。しかし、疲れていて、全部書ききれないときは、「四時ごろ」とだけ書いて、簡単に日付をメモするにとどめます。そうしておけば、あとでノートを見返せば、すべてがよみがえってきます。「四時ごろ」という時刻を記すのは、実は、大切な記憶を想い起こすためのきっかけとして有効なのです。

ちょうど、音楽にも似ています。楽譜が、そうです。楽譜を見れば、曲全体のメロディーが瞬時によみがえります。豊かな音楽は楽譜には書ききれません。しかし、楽譜として少しのポイントを書き留めることで、それをあとで見れば、すべてを想い出すことができます。日記にせよ、楽譜にせよ、もともとの深い経験を想い出すためのきっかけとして役立ちます。

「午後四時ごろであった」。ヨハネによる福音書には細かい時間の記録が登場しています。それは、あまりにも重要な出来事の想い出をはっきりと記憶するための工夫なのではないでしょうか。私たちも、重要な出来事の想い出を手帳や日記帳に細かく書き込む場合があります。絶対に忘れたくないことに気持ちを集中させるためです。

イエスとの出会いは、弟子たちにとって、かけがえのない出来事でした。それゆえに、弟子たちは当然のことながら、はっきりとした時間を記録したくなったのでしょう。出来事の重要性を示すのが「午後四時ごろであった」という簡潔なメッセージであるわけです。

普通の社会の状況としても同様のことがあります。これまで大切に看護してきた相手が亡くなった時に、医者や看護師は時計を眺めて時刻をカルテに明確に記録します。あるいは人びとの生活をおびやかす犯罪者を追跡していた刑事や派出所の警察官が容疑者を発見して逮捕するときにも時間を確認して調書に書き込みます。人を見送ったり、人びとの生活を護る際に、時間を記録したりするという仕儀は、物事の重大性を実感させるものです。

さて、使徒パウロはコリントの信徒に宛てた手紙一（6・13－20）のなかで、「キリストのからだの一部」という表現を強調しています。キリスト者ひとりひとりは皆、キリストとの連帯によってひとつの共同体として生きているわけです。洗礼を受けて教会共同体に組み入れられるよりも以前は、自分勝手に独りで利益をせしめるべく生きていた私たちが、キリストと出会うことによって他の兄弟姉妹とも協力して共同体をつくることに独特な家族意識を実感してゆくようになるのです。

イエス＝キリストとの出会いは共同体づくりに向かいます。この自分のみならず、他の人もまたイエス＝キリストと出会っており、自分も他の人も共通してキリストに結ばれて、ひとつのからだとしての共同体をつくりあげるからです。その連帯のひとときは、まさにかけがえのない時の充実の極致として私たちの記憶に克明に刻み込まれてゆき、決して色あせることなく、生きるよろこびを確かなものとして把握させます。「午後四時ごろであった」と言わしめるかのように。

他の人も私も共通してキリストとの出会いの出来事を明確な実感として身に覚えており、決して忘れないように記録するのです。ぞんざいに受け流すことなく、丁寧にキリストとともに生きる決意を固めて、今日も前進したいものです。

❏9　新たなるはじめに

ということで、ここでは、「はじめに、ことばがあった」というヨハネ福音書の冒頭部の呼びかけを理解する方向で話題を展開してみました。イエス＝キリストと出会うことで、灰色の人生から薔薇色の人生へと一大転換を遂げたキリスト者たちの尊い経験の感触をつかむことで、私たちの他者との関わりの可能性を確認してみたかったのです。新たなるはじめに向かって進むためです。

理解者が、そこにいるときに、人は新たな人生を踏み出せるのです。このような事実は、キリスト教的なメッセージとして留まるものではなく、もっと開かれたものとして、独りぼっちで遊んでいる子どもの人生にも結びつく出来事としても理解することができるのです。そして、学生生活を過ごしているみなさんにも連続してくる問題提起とも結びつくのです。

誰かからひと言、あたたかい気持ちで励まされたときに、その出来事がきっかけとなって人生が劇的に変化してゆくものです。「灰色の人生」から「薔薇色の人生」へと、おもいもよらない転換が生じてくるのです。逆に、私が誰かにひと言の呼びかけをしてみるときに、相手の人生が変わってゆく場合があります。ひと言だけではありますが、それが大きな変化をもたらします。

おもいを込めて、心から相手を心配して、ひと言かけてみる。そのような姿勢が、相手にとっての一番大きな助けとなります。独りぼっちの状況で、誰からも声をかけてもらえずに無視されることが、人間にとっての地獄です。苦しい状況です。苦しんだ人ほど、声をかけてもらえることの恵みに敏感になります。ひと言に人生を賭けて生きる。それこそが、キリスト教の最大の特長です。

❏10　すべてのはじまり

あったかいおもい。誰でも、人から名指しで呼ばれたとき、うれしいものです。――「ああ、あの人は私の名前を、ちゃんと覚えていてくれたんだ」。名指しで呼ばれたときの、ほのかなうれしさ。それを身に覚えたときに、なんだか、生きる力がわいてきます。人を大切におもいながら、名指しで、呼ぶこと。まさに、神さまのわざです。あらゆるものを活かす、愛情のこもったふるまい。そこから、すべてがはじまります。

イエスから名指しで呼ばれるときに、人は生きるものとなります。活き活きと歩みはじめることができるようになるのです。誰からも見放されたように感じて、生きる気力を失っていた人が、再びあらゆるものとのつながりを取り戻すことができるようになります。「マリア！」（ヨハネ20・16）――イエスはマグダラのマリアに呼びかけました。名指しで。ひとことだけ。でも、そのひとことには、かぎりないおもいが、ありったけに、満ちあふれていたのです。

❏11　神さまのおもい

「はじめにあったのは、神さまのおもいでした。おもいが神さまの胸のうちにありました。そのおもいこそが、神さまそのもの。はじめのはじめに神さまの胸のうちにあったもの。

神さまのおもいがじっとそそがれ、感極まって、あらゆるものが生まれました。神さまのおもいがあったからこそ、あらゆるものは、生きることができたのです。

そして、神さまのおもいは、生きるよろこびを人の世に輝かす光でした。光は人の世の闇を照らしたかったのに、闇に住む人は、そのことに気づきませんでした」（ヨハネ1・1－5）。

❏12 つながりつづけるおもい

おもいは、いつまでもいつまでも残ります。どんなことがあろうとも。相手をおもういつくしみの気持ちは、目には見えませんが、たしかに私たちのこころの奥底に宿り、はたらきつづけます。それによって私たちは、生きる力を取り戻し、まわりとのつながりも回復します。

尊い、かけがえのない、いつくしみに満ちたおもい。――まさに、御父なる神さまの愛情・御子イエスのあったかさ・私たちの心の底にあるおだやかな愛情のはたらき（聖霊）は、ただ一つ。つながっています。おもいがあるときに、そこからすべてがはじまってゆきます。人を大事におもいはじめるときに、何かが変わってゆきます。閉ざされていた自分の心に、突然、朝の光がさしこんだときのように、あらゆるものが輝きをおびます。

相手からおもいを寄せられたときに、人は、生きる力に満たされます。誰かから支えていただけることは、心強いことだからです。自分が生きていてもよいと感じ、まわりからよろこばれ、祝福されているみたいで、安心感があるとき、居心地がよいものです。こうして、次第に、関わりが深まって、おたがいに心のキャッチボールをつづけてゆけるようになります。息がピッタリ合って、心が一つになるように感じます。

みなさんには、それぞれのおもいがあることでしょう。ある人は、毎朝、大事な花に水をあげるかもしれません。またある人は、かわいい子猫にミルクを飲ませながら、ほほえむのかもしれません。ゆりかごのなかのわが子をおだやかなまなざしでながめながら、ゆっくりとだきかかえるときに、しあわせを身におぼえる人もいるでしょう。遠くにいる親を気づかって、手紙をしたためる青年もいるでしょう。――あらゆるものは、おもいをとおして、つながり合っているのです。

❑13　食卓を囲むひととき

神さまのおもいはイエスの愛情のこもったふるまいをとおして、あらゆるものにおよぼされ、私たちの心の底にもおだやかにしみわたってゆきます……。とりわけ、ミサは、あらゆるものを大事にいつくしむ神さまのおもいがあらわになるひとときであり、かけがえのない分かち合いの場です。

一つの食卓を囲むひととき。――イエスは、あらゆる立場の人びとを招きます。イエスといっしょに、いのちを豊かに満たしながら、心からよろこんでお祝いするひとときは、ちょうど、あらゆるものが神さまのいつくしみや寛大さにつつまれて、安心しつづけている天の国の景色を先どりするものであると考えられてきました。

「神さまのおもいが、こうして人のからだをまとって、私たちのあいだで暮らすようになりました。私たちは、このかたのまばゆい姿をながめました。父さんからよこされたひとり息子のやさしくて親切で、うそいつわりのみじんもない、輝くばかりの姿を目のあたりにしたのです」（ヨハネ1・14）。

イエスは、決して分けへだてしません。自分を裏切る人に対してさえ、同じ食卓でひとときをともにするように招きつづけます。――「さあ、朝飯にしよう！」（ヨハネ21・12）。イエスは、十字架の上で大きく手を広げて、あらゆる人びとやすべての生きものをつつみこむように受けとめてくれます。ちょうど、父親がどら息子をしっかりと受けとめて、迎えるときのように。母親がおなかのなかに宿った子どもを、ありのままにつつみこんで守り育てるように。

しかし、私たちは、たいがいの場合、自分を嫌うあまり、落ちこんでしまい、善いことをする気力も失せ、明るく生きることを諦めてしまいがちです。つまり、自分の罪だけにこだわりすぎて、いじけてしまうのです。ところが、私たちにとって、何よりも必要なことは、神さまのおもいに信頼しながら、新しい一歩をふみ出すことです！

❏14　イエスと私たち

大自然のすべての生きものや、存在するあらゆる物質は、おたがいに空気をとおして、つながっています。空気はながれて風となり、あまねく広がります。風は目に見えませんが、確かに存在するいのちの力です。いにしえの人びとは、風の流れを聖なる力として理解していました。すべてを活かしたいと願いつづける神さまのおもいが満ちあふれながら、あらゆるものをつつみこみ、支えています。むかしも、いまも、そして将来も……。ずっと、神さまのおもいだけが、確かにながれてゆきます。

神さまから離れようとしてしまう人の弱さや、おたがいに逆らい合ってしまう人間どうしの憎しみ合いも、神さまのあったかいおもいにつつみこまれて、圧倒的な愛情しかない状態に至ります。——そのことに、最もよく気づかせてくれたのが、イエス。そして、イエスのおもいは神さまのいだいていたおもいそのもの。

その同じおもいがイエスと同じ人としてのいのちを生きる私たちひとりひとりの心の奥底にも、確かに息づいています。そのような、尊い現実に、意識的に目覚めて、絶えず感謝しつづけてゆくのがキリスト者の役割なのでしょう。「神さまのやさしい親切と、人をしあわせにするほんとうの道はイエス＝キリストによってあらわされました。だれも、いまだに、神さまを見た者はいません。神さまのおもいを、あますところなく生き抜いたイエスだけが、神さまを実感させてくれました。イエスこそは、父さんの胸のおもいそのもの。神さまの御姿そのもの」（ヨハネ１・17－18参照）。

❏15　イエスと相手との具体的なふれあい

自分と相手との活きた関わり。ふれあいのとうとさを言葉で説明するのは難しいでしょう。なぜなら、ふれあいのとうとさとは、全身で感じ取るものだからです。人間は、もともと皮膚で考えることから、あらゆる物事を学び始めます。つまり、生後まもない赤ちゃんが母親の顔や手にふれながら、愛情のこもったぬくもりを実感して、活かされることのよろこびを理解してゆくことが学びの始まりです。まさに、「学」の旧字（學）からも察せられるように、母親は子どもを宿し、育み、両手でかかえこんでいつくしみながらともに生きます。親子のふれあいによる関わりが積み重ねられるにしたがい、周囲の物事を理解するゆとりも生じ、子どもの思考能力も発達します。

ここで、イエスのふるまいについて眺めましょう。イエスは相手に、ふれます（ルカ8・54など）。――たとえば、目の見えない人のまぶたを手でふれます（マタイ9・29、20・34、ヨハネ9・6など）。耳の聞こえない人の耳穴に指をそっと添えます（マルコ7・33など）。重い皮膚病で苦しんでいる人に対して手を差し伸べてさわります（マルコ1・41）。

まさに、ふれることは、相手を受けいれる態度の表明です。つまり、ふれることは、相手をありのままにつつみこむ穏やかでいつくしみ深いふるまいです。イエスは「神さまの御手があなたをつつみ、守ってくださる」というメッセージを自らのふるまいをとおして相手に実感させたのです。ですから、ふれることは、神さまのいつくしみの具体的な表現となっています。

人びとも、イエスにふれればいやされるという、ほのかな希望をいだきました。たしかに、イエスにすがりつく人びとがたくさんいたという事実が、福音書のいたるところに描き残されています。とくに、十二年もの間、出血で苦しみつづけていた女性のエピソードは読者の心を打つ感動的な内容です（ルカ8・40―56）。

会堂長の十二歳の娘が瀕死の状態と聞き、いやしのわざを行いに急いで出向くイエス。その道すがら、イエスの服に、十二年間も出血を患っていた女性が、しっかりとふれました。安堵と救い。

十二という数に注目すると興味深いことが明らかになります。つまり、会堂長の娘が十二年の人生の歩みを病気で終えようとするとき、十二年の苦しみに押しつぶされそうになっていた女性が最後の望みの綱をイエスに求めました。まさに、十二という数そのものが、人それぞれ、苦しみの状況は異なってはいても、苦しみの重みは等しく人を押しつぶすほどの強大さを伴っているという現実を、まざまざと表現しています。

十二は、イエスがとくに信頼を寄せて選び出した代表的な弟子たちの人数でもあります。当時、中近東地域では、完全で美しい数として十二という数字が大切にされていました。神さまから選ばれて大切にされたイスラエル民族も全部で十二部族でした。底辺が地に足がついたように安定していた三角形と四角形の辺の数をかけ合わせたときに算出される究極数が十二だったからです。理想的な数としての十二を、あえて苦しみのつづいた年数として用いることで、その苦しみがいかに破壊的な重みを伴って、その人の人生を豊かにすることの邪魔をしていたか、完全な破滅へと導くものであったのかが物語られているのです。

偉大な救い主の後を追ってつめかけた大勢の群衆によって、もみくしゃにされながらもイエスは、重い苦しみを背負った相手の状況を、個別に、真剣に受けとめます。――「だれがわたしにふれたのか」、「わたしからいのちの活力が出て行ったのを感じたのだ」という言葉には、相手をかけがえのない者として大切にいつくしむ気持ちがにじみでています。

十二歳の生涯を閉じようとしている会堂長の娘のもとへ出向く途中に、イエスが出会った十二年の患いを抱えた女性は、イエスにすがりつくことで、神さまのいつくしみをつかみ取りました。しかし、イエスが会堂長の家に到着したときに、十二歳の娘は、すでに冷たくなっていました。しかし、「イエスは娘の手を取り、『娘よ、起きなさい』と呼びかけられた」（ルカ8・54）のです。すでに自力でイエスにふれることもかなわずに亡くなった少女。しかし、イエスは少女の手を取って、いのちを呼び覚まします。

ここから、私たちが主イエスと出会っていのちのつながりを実感してゆくときに、二つの可能性があることがわかります。――①長患いの女性のように、自力で、イエスを捜し求めて、そのいつくしみをつかみ取る場合。そして、②会堂長の娘のように、あらゆる望みが絶たれたのちに、イエスからの配慮によって起き上がらせていただく場合。つまり、主イエスは、私たちひとりひとりの積極的で自発的な姿勢を大切に受けとめてくださると同時に、私たちがたとえどんな最悪な事態に陥ってしまい、救いの手立てが途絶えた場合でさえも、そこから回復させてくださるのです。

心の奥に潜む慈しみの念が、思わず感極まって相手を大切につつみこむふるまいとして表現されてゆくこと。ふれること。そのような愛情のあふれこそ、「イエスの技法」と呼べるものなのでしょう。神さまの慈しみは絶えず成りつつあるものです。あらゆる人を巻き込んで、創造のわざは継続されます。しかし、神さまのわざのダイナミックな展開としての主イエスのいやしは、具体的な相手とのふれあいによって実現してゆきます。

❏16　はらわたがちぎれる想いに駆られるイエス

「するとイエスは、はらわたがちぎれる想いに駆られ、その手を伸ばして彼に触り、……」（マルコ1・41）。二千年前のイエスは、出会う相手に対して神さまの愛情を分かち合って旅をつづけました。そのイエスの激しい感受性に関する記述が、新約聖書文書の至るところに記録されています。「はらわたがちぎれる想いに駆られるイエス」。――まさに、そこにこそイエスの生き方の真髄が存しています。信仰とは、イエスを

「はらわたのちぎれる想いに駆られた神さまの愛を体現した姿」として理解し、その同じ感触を私たちにもつかませるべく迫るものなのです。

誰もが感じることだと思いますが、「はらわたが収縮するほどの愛情」が厳然として在ります。それは「はらわた的な愛」と言うことができます。あるいは、「内臓感覚的な愛情」とも呼べるでしょう。たとえば、大事な子どもを愛おしく感じるときに、親は「内臓がギュッとしめつけられる感触」を実感します。恋人同士の関わりを思い浮かべてもわかると思いますが、大切な相手のそばに寄り添うとき、「からだの奥底から何だかしみじみとした愛情の迫り」をひしひしと実感したことがみなさんにもあるかもしれません。

相手を受け容れて、ともに生きようとすると必ずわきあがってくる「はらわたのゆれうごき」。人間の内臓の奥からこみあげてくる愛情のうながしが、目の前の相手に向かう気力を生じさせます。思わず、相手に馳せ寄り、助けてしまうときに、そこに聖霊の働きが脈動しています。しかし、あくまでも、無心になっている状態、何の打算もない状態の場合だけですけれども。

神さまのみむねを生きる人間の尊いわざは「はらわたがちぎれる想いに駆られること」なのです。神さまの愛にうながされて生きる人間が真の人間です。愛情が脈動していること。それが人間を真に活かし、人間たらしめ、学問を真正なものとするのです。神さまと人間との協働関係が、そこにおいて成り立っている場としての聖霊の働き。聖霊の働きにうながされた愛情のふるまいを実感できるかどうかが、私たちには問われています。「内臓感覚としてのいつくしみの念」を、いまこそ、見直すことが大切でしょう。キリスト教信仰が目指している究極の目的は「内臓感覚としてのいつくしみの念」、つまり「神さまからつつみこまれて、ゆるされて、安心している状態」を実感してゆくこと、そして周囲の人びとにも同じ感触を伝えてゆくことです。

❏17 イスラエル民族の内臓感覚重視の思考法と現代

イエスはイスラエル民族の一員でしたが、そのは「内臓の痛み」と「心の痛み」を連動させて総合的に実感しています。疲労のきわみで、過労の苦しみを想起し、そこにおいて神さまが手を差し伸べてくださることに信頼して、からだそのもので神さまの愛情を実感するイスラエル民族は、まさに「内臓で考える」人びとです。

たしかに、生命系統発生学の視点で考えても、内臓から神経が発達して、神経結節としての脳が生じるわけですから、人間は内臓で考える生きものだと言えるでしょう。私たちも、腹の痛みには耐えがたく、何もできずに、のたうちまわるわけで、内臓の感触は全存在をゆさぶる切実な現実です。

参考までに、口腔外科を専攻している医学者の西原克成先生の見解を『内臓が生みだす心』（日本放送出版協会、二〇〇二年）から以下に引用しておきましょう。「脳は腸から始まるにすぎないので、腸には従属的です。従って腸の要求をなんとか実現するようにしか脳は機能しないのです。財産争いも色情も名誉欲も、理性、すなわち脳の体壁筋肉システムの計算と精神・思考で制御できないのは、腸管内臓に宿る五欲というものが系統発生五億年の自我の生命記憶をひきずっている欲求だからです」（一九六頁）。

古代から現代に至るまで次のような見解がすたれることなくつづいています。「人間の心は、人間の存在そのものという全体において偏在している」という立場です。たとえば、日本でも、先に引用した西原先生の『内臓が生みだす心』において、内臓に心が宿っているという視点で研究が深められています。いわゆる、東洋的な「内臓感覚」が心の活動の座とされています。

西原先生の視点は、実は、信仰的な感性を備えた東洋人たちにも共通するものです。たとえば、イスラエル民族は神さまの慈しみを表現するメタファーとして「母親の子宮」（レヘムの複数形の動詞化としてのラハミーム）のイメージを大切にしてきました。キリスト者も、イエスによって示された御父の慈しみが感極まる様子を「相手を深く大切におもうあまり、はらわたが激しく突き動かされる」（スプランクニゾーマイ）という用語を用いて表現しています。

ヘブライ語聖書における「子宮によってつつみこんで慈しむ」という表現も、ギリシア語聖書における「はらわたする」という表現も、ともに「内臓の収縮活動」であることを考え合わせれば、イスラエル民族の信仰体験およびキリスト者の信仰体験は共通して、「内臓感覚」において「心から相手を慈しみたいという神さまの切羽詰まった能動的な駆り立て」を体感することと重なっています。

同様に、東洋圏に属している日本でも、人生を賭けた心からの決断を伴う行動にまつわる用語が多数存在しています。――たとえば、「断腸のおもい」、「はらわたが煮えくり返る」、「腹の虫がおさまらない」、「腑に落ちる」、「腹を据える」、「腹のうちを見せる」、「責任を取っての腹切り」など、さまざまな表現があります。どの表現も身体感覚と心の想いとが連動しており、切り離せないほどの一体化を伴った「いのちそのものの震え」を描き出そうとしています。つまり、心を込めて生きる人間の姿が内臓感覚的な用語によって表明されており、内臓的思考あるいは大脳辺縁系思考が展開されているのです。そのような見解は、「内蔵全体において心が在る」という立場に他なりません。

さらに最近では「脳と身体と環境という大きな一つのシステムこそが心である」という発想もあります。心は、単に個人という個体の内側に閉じ込められるものではなく、環境との関わりにおいて生成し存続するものとされています。

❏18　古代の教父たちの神学思想を受け継ぐ教会共同体

これまで、キリスト者の信仰生活の出発点としての「イエスのふるまい」を眺め、さらにはイエスの生活背景をイスラエル民族の思考法から明らかにしつつ、現代の東洋人の生活感情とも結びつけてきました。ここでは、「イエスのふるまい」がギリシア・ローマ地域でどのようにして受け継がれて教会共同体の伝統となったのかをまとめておきましょう。

ヘブライ語聖書にはじまってギリシア語の新約聖書へと結実し、教父たちの思想においても深められていた「神の似像」としての人間の視座にもとづけば、どんな人間であっても人間であるというだけですでに神さまによる創造のわざにあずかって活かされているのであり、神さまとのつながりを生きる道に召されていることになります。とすれば、そのような人間が「はらわたのちぎれる想いに駆られるとき」に、すでに神さまの愛を如実に体現していることになります。

二世紀の聖エイレナイオスによれば、「神の似像」（神のかたどり Imago Dei［神のかたち＝素質］）と「神の似姿」（神に似てゆくこと Similitudo Dei［神のすがた＝努力の積み重ねによる最終到達形態］）とは区別されます。彼によれば、「神の似像」とは、神さまから人間に対して理性や自由意志や愛が与えられたことを意味します。一方「神の似姿」とは、神さまと人間との関係性を表現します。人間は神さまとの関係性を深めつづける存在ですが、人間が自由意志を悪用して神さまに逆らって自己中心的に生きようと志した（堕罪＝関係性を自ら断ってしまうこと）がために「神の似姿」としての在り方を失いました（神さまとのつながりが切れました）。しかし、人間における理性や自由意志や愛は人間の自己中心的な態度によっても決して失われませんでした。つまり、人間には親子であるがゆえに「神さまの愛」のエネルギーが、どんな状況においても残っているわけで、私たちは自らの心の底に眠っているエネルギーを大切に用いて再び「神の似姿」へと向かって前進し始めます。

古代の教父たちは、人間の可能性を信じつつ、さらなる高みへと前進してゆく道を共同体として歩む大切さをあらゆるキリスト者に呼びかけつつ、励ましを与えつづけました。その伝統は今日でも、教会の教父（指導者）としての教皇たちの回勅などや司教の教書にも受け継がれて、あらゆる人に向けられています（とくに「はらわたがちぎれる想い」を扱った最近の回勅としては教皇ヨハネ・パウロ二世の『いつくしみ深い神』や教皇ベネディクト十六世の『神は愛』が重要です）。

❑19　ケノーシス（徹底的な自己無化、へりくだり）による最善なるペルソナ性（人としての尊厳性＝人格性）の実現

「はらわたのちぎれる想い」になるとき、人間は相手のもとへと駆け寄ります。自分をまったくかなぐり捨てて。自分よりも相手を優先します。極端に言うと、自分を棄てて相手を活かします。自分の身をまるごと相手に差し出して相手を生きながらえさせようとします。それはイエスの十字架上のささげ尽くしの姿と同様です。自分を徹底的に譲り渡して相手を活かすとき、人間は最も人間らしくなり（人格者となる＝最善なるペルソナ性を輝かせる）、真のいのちが実現します。

「神さまの徹底的な自己無化」とは、「神さまのへりくだり」つまり「ケノーシス」のことです。「ケノーシス」とは、受肉した神の子イエス＝キリストの全生涯において体現された救いのダイナミズムの総体を指し、究極的には「神さまによる人間に対する愛」（フィラントロピア）のことです。つまり、「神さまの徹底的自己無化」（ケノーシス）とは、神さまが人間に対する愛ゆえに自分の立場を棄ててまでも人間のほうへと歩み寄り、人間とともに生き、人間を極みまで大切にしつつ活かすためにいのちをささげてまでも支え

る姿を指します。いわば、徹底的に自分を無にして、ひたすら相手を活かす烈しい愛のダイナミズムのことです。

しかも、「神さまの徹底的な自己無化、へりくだり」（フィリピ2・7）は御父・御子・聖霊という三位一体の神さまが一致して成し遂げる歴史における愛情表現であり、人間によるあらゆる反抗も裏切りも憎悪もありのままに受けとめるほどの寛大な受動性に裏打ちされていると同時に、人間に対する積極的な関わりかたとなっています。三位一体の神さまの愛によって包まれて生きるとき、人間は成熟してゆくこととなり、個々人も共同体もともに活性化されつつも、それぞれの固有性を決して失うことなく多様なままで生身の現在性において美しく栄光化されます。

こうして「御父―御子―聖霊という三位の連動性において躍動する神さまの愛の働き」の総体に着目する必要があります。三位一体の神さまは具体的な相手（私たちひとりひとりも含まれています）への愛のゆえに御自身を棄ててまでも大接近するのであり、そのような捨身の愛情表現はイエスの十字架上の死の姿において歴史的に体現されます。何としても相手を活かしたいという強烈なおもいが自分をささげ尽くす姿にまで至らせるのです。ちょうど、母親が子どものためならば、自分のいのちさえも決して惜しまないのと同様です。そのとき、母親は自分を無くしますが、決して虚無のうちに犬死にするのではなく、むしろ、子どもへの深い愛のゆえに最善なる自分らしさを生きることになるのです。

❏20　聖書の「創造」理解

これまで、御子イエス＝キリストが御父である神さまの深いおもいを伝えるために地上で生まれて活動されたことを述べました。御子イエス＝キリストは御父である神さまの愛情深さを伝えるためだけに生まれ、あらゆる相手と関わりました。御父と御子の心の奥底にみなぎっていた愛情のおもいは、キリスト者の教会共同体においては聖霊として理解されており、洗礼を受けたあらゆるキリスト者の心の奥底においても聖霊の働きがみなぎって他者を大切にする生活に踏み込ませるのです。

御父である神さまがあらゆるものを大切に育もうとされて愛情を込めて相手の名前を呼ぶことで、いのちを始めさせる出来事を描いた創世記の荘重な記述を下敷きにして、今日も御父である神さまの深い愛情の呼びかけがつづいていることを告白したのがヨハネ福音書でした。ヨハネ福音書によれば、御子イエス＝キリストは御父である神さまの発話として私たちのもとに顕われ出ているとされています。神さまが愛情をこめて語るその「ことば」そのものが、イエス＝キリストとしてこの世に顕われ出てくるわけです。御子イエス＝キリストは、まさに「神さまのことば」なのです。

こうして創世記もヨハネ福音書も創造の出来事を愛の語りとして、神さまからの切実な愛の呼びかけを描こうとしており、決して自然科学的な世の開始という狭い事象を説明しようとしているわけではないことがわかります。物事の始まりというよりは、愛の出来事のかけがえのなさを第一に優先して描こうとするのが聖書の意図です。人格的な関わりの奥深さこそが聖書が私たちに告げようとする眼目なのです。

もちろん、十七世紀以降のヨーロッパにおいては自然科学が格段の進歩を遂げており、その影響のもとで生きている現代人も科学と神学との関係、たとえば進化論と神学との関係が最も気になるところではあるでしょう。たしかに、二十世紀の古生物学者でイエズス会司祭のテイヤール・ド・シャルダンは、壮大な宇宙論や進化論を提唱することで、あらゆるものは最終的な統合の場としての「オメガ点」に向かって成長してゆくという考え方を公的に示しました。そして、聖ヨハネ・パウロ二世教皇も、一九九六年十月に以下のような要旨の見解を述べたようです。「進化論はいまだ仮説の域を出ないものにすぎないものであり、人間の肉体のレベルでの進化論は認められますが、しかし人間の魂は神によって創造されたものであるがゆえに進化論とは異なる状況で理解されるべきものである」。

きわめてキリスト中心主義の視座を強調して神学的な結論を提示するティヤールの見解を科学的に検証することは難しいですし、聖ヨハネ・パウロ二世の見解を自然科学者に認めさせることにもまだまだ時間を要しますので、そうした論点に集中してしまうと、聖書本来のメッセージとずれが生じたり、あるいは自然科学者の気持ちを逆なでしたりすることになりかねません。私たちが着目すべきことは、「神さまの愛の深みの呼びかけ」が確かにあるという信仰生活上の事実のほうなのではないでしょうか。

創世記がバビロン捕囚の苦難のなかで書き留められたメモ書きを編集することで成り立った希望の物語であった点を考慮に入れることのほうが重要なのかもしれません。

他国の侵略を受けて祖国を破壊され尽くし、すべてを失ったイスラエルの民がバビロニア帝国に捕虜として連れ去られるという絶望の日々のまっただなかでこそ、神さまの愛情深い呼びかけが必ず生じて「最悪のカオス状態」（昏迷状態）を「理想的なコスモス状態」（調和状態）へと変容させる創造のわざのみなぎるとき（カイロス＝恵みのとき）が実現するという信頼の念をいだくことが、信仰者の掲げる「創造」理解なのではないでしょうか。それは本篇の最初のほうの話題で描いた「灰色の人生」から「薔薇色の人生」への転換の出来事なのであり、ヨハネ福音書にもとづけば、闇において光が輝く復活の日々の始まりとも重なり合うものなのでしょう。

※註　本篇の福音書の引用文は、山浦玄嗣訳『ケセン語訳新約聖書　ヨハネによる福音書』（イー・ピックス出版、二〇〇四年）を参照しながらも筆者の解釈を加えてあります。

二

つながり

啓示・伝達・信仰

基礎神学

❑21　キリスト者の心がまえ――信仰の立場で物事を眺める

ここでは、まず、「信仰」に関して定義づけをしている教皇ベネディクト十六世の言葉を以下に引用しておきましょう。――「信仰とは、神さまへと向かって行こうとするときに人間が根本的な決断をする際の出発点となるものであり、神さまのことばをはっきりと表現し、受け容れることです。そして、信仰とは、あらゆる物事を説明する際の鍵となるものです。信仰には希望も含まれています。信仰は希望を指し示すものであるからです。信仰とは、単に善良さを醸し出すものに留まらず、むしろ人間の主体的な生き方として定着すべきものです。信仰とは、神さまによって愛されているあらゆる存在を肯定的に受け容れることでもあるのです。私たちは各人が『神の像』であることを認めるように努め、あらゆる人が愛されるようになることを望むものです。そして、神から人間に対して与えられた愛によって、人間も神さまへと向かう愛に導かれて希望をもって決断し、信仰の道を歩みつづけてゆくのです」(Joseph Cardinal Ratzinger, *Salz der Erde: Christentum und katholische Kirche, an der Jahrtausendwende*, Deutsche Verlags, Stuttgart, 1996, ss.125-126. 拙訳)。

いま、引用をした原本としての『地の塩――キリスト教とカトリック教会』というインタビュー集のなかで、枢機卿時代の教皇ベネディクト十六世はキリスト者の生き方の核心をつかんでいます。一言でまとめると、「神さまから受けた愛を土台にして常に信頼と希望をいだいて生きること」です。

なお、教皇ベネディクト十六世は最初の著書『キリスト教入門』において「信仰＝希望＝愛」の連続性に関しても力説しています。つまり若き日のヨゼフ・ラッツィンガーは「信仰・希望・愛に基づく人間性」(一コリント13・13)について強調しています。その論旨と回勅『神は愛』の「信仰と希望と愛は互いに結ばれています」(三九項)という記述とは対応しています。

『信仰・希望・愛』の連動性と一貫性に関しては『キリスト教入門』において詳細に説明されていたものです。該当箇所を以下に引用しておきましょう。――「誤解を招くことを覚悟のうえで、素直に言うと、特定のグループに所属する者がキリスト者なのではありません。むしろ、キリスト者として生きる決意をすることによって真の人間となった者こそが、真の信仰者であるのです。真の信仰者とは、自らのために掟を奴隷のように遵守し奉ることではなく、素朴な人間の善良さに向けて開かれた者のことなのです。愛の原理が本物なのであれば、そこには、当然、信仰も含まれていることになります。このようにしてこそ、愛が真実性を増すのです。最終的に人間が受け容れざるを得ないような自己の生き方の不充分さを自覚させるような信仰なしには、愛は身勝手な行為と成り下がってしまうものです。つまり、謙虚な信仰の姿勢がなければ、愛は愛ではなくなり、単なる独善となってしまうのです。信仰と愛とは、相互に支え合い、相結びつくものなのです。同じように、愛の原理のうちには希望の原理も含み込まれており、瞬間性や孤立化から解放された全体性を志向します。それゆえに、この考察の帰結は、必然的に聖パウロの言葉に落ち着くこととなるのです。それは、キリスト教信仰の土台としての言葉です。――『それゆえ、信仰・希望・愛、この三つは、いつまでも残ります。そのなかで最も大いなるものは愛です』（一コリント13・13）」(Joseph Ratzinger, *Einführung in das Christentum. Vorllesungen über das Apostolische Graubensbekenntnis*, Munich, 1968, ss.253-254. 拙訳、他に回勅『神は愛』三九項)。

教皇ベネディクト十六世が「信仰」という主題を取り上げるのは、なぜでしょうか。現代の世界において信仰の立場に立って物事を眺める姿勢が忘れ去られているからです。いまの世の中では、至るところで神さまや人びとへの素朴な信頼感が薄れており、人間が自力で困難な課題を解決しようと躍起になるばかりで、傲慢な勝ち組の人びとと赤貧の負け組の人びとが画然と分かれてしまうありさまです。結局は誰もが皆、その日暮らしの行きづまりの閉塞状況できゅうきゅうとして、息苦しさを実感しています。

しかし、人が、ほんとうに人間らしく生きるには愛情の土台が不可欠です。私たちは誰かから大事にされて生きるよろこびを実感すると同時に、誰かの役に立ちたいとも思うものです。生きるにはお金も立場も必要ですが、ただそれだけでは虚しくて無味乾燥な状態で孤独に陥らざるをえません。いくら豪邸に住んで豪華な生活を好き勝手に楽しんでいるにせよ、誰からも相手にされなければ寂しくて生きている意味がありません。

愛され・愛するよろこびは、神さまと人間との信頼関係の根底に潜む根本的な要素です。さらに、人間同士の信頼関係を成り立たせているのも、やはり、愛され・愛するよろこびです。キリスト者は、たとえどんなに最悪な状況に置かれても、愛を土台にした信頼関係に希望を見出しながら生きつづけます。どんなに悲惨な状況に陥ったとしても、生きることを決してあきらめないのです。つまり、愛と信仰と希望は常につながり、一体化しています。信仰の立場で物事を眺めることがキリスト者の心構えであり、その眺めは愛を土台にしているので、どんな困難にもくじけることがないほどのゆるぎない希望に満たされています。

❑22 キリスト者の生き方――愛を土台にして歩む

教皇ベネディクト十六世は六十余年にわたり、愛を土台にして生きる人間の可能性を追求しています。しかも教皇に就任してから回勅『神は愛』を発布し、つづいて回勅『希望による救い』を公にしました。そして、自発教令『信仰の門』を世に送り出すことで、結局は愛・希望・信仰という三つの徳を強調しています。

これまで伝統的には、信仰・希望・愛という順序で対神徳が説かれてきました。キリスト者が神さまに対していだくべき徳に関してはパウロが第一コリント書13章で説明しています。教皇もパウロと同様に愛を一番重視しています。なぜならば、愛に支えられつつも、自分の人生の行く末ばかりか人類の未来にも希望をいだいて、信頼を込めて生きることがキリスト者の歩みだからです。

第二バチカン公会議開幕五十周年を記念して設定された「信仰年」（二〇一二年十月十一日～二〇一三年十一月二十四日）には、各地で、それにまつわるイベントやシンポジウムが盛んに開催されました。しかしながら、単なるおまつりや研究会だけで満足するだけでは何の意味もありません。結局は、キリスト者として愛を深めること、生きることこそが大事だからです。「信仰年」を単なるイベントとしてお祝いしただけで満足するわけにはまいりません。そして、「信仰年」をシンポジウムなどをとおして研究するだけでも足りません。イベントやシンポジウムよりもまず、あなた自身がキリストの愛をいかに受け継いで生きてゆくのかが切実に問われています。キリスト者は自分のことだけを考えるだけでは足りないわけで、むしろ他の相手のことを優先して支えてゆかないと意味をなさないのです。自分自身が受け取った大切なメッセージを、決して独り占めせずに、他の人にも分かち合ってゆく度量の大きな愛情表現こそが不可欠になります。

❏23　信仰生活を深めるための手がかり――「秘跡」と「祈り」と「ていねいさ」

これまでは信仰生活を深めるための理論的な背景を説明してきました。ここからは、信仰生活を深めるための実践的な手がかりを紹介してゆきましょう。「秘跡」と「祈り」と「ていねいさ」を深めるという具体策です。信徒の方々が信仰生活を深めるための手がかりとしても役立つことでしょう。

一　秘　跡

教会共同体は、キリスト者が信仰生活を具体的に深めることができるように常に配慮しています。とくに、十六世紀のトリエント公会議において「七つの秘跡」が定められました。キリスト者が神さまとともに生きることができるような具体的な手がかりが、はっきりと制定されたのです。「七つの秘跡」とは、①洗礼・②堅信・③聖体・④ゆるし・⑤病者の塗油・⑥叙階・⑦結婚ですが、それらに共通していることは「よろこび」を生じさせる力があることです。「よろこび」とは、自分が神さまによってつつみこまれて活かされていることを実感して安心できる状態のことです。

秘跡の目的は、キリスト者ひとりひとりを神さまとのつながりの状態へと招いて安心させ、最終的には生きるよろこびを実感させることにあるのです。つまり、ひとりひとりがその人らしくすこやかに生きてゆけるように支えるのが七つの秘跡なのです。教会共同体は、メンバーのひとりひとりのかけがえのない人生を輝かせると同時に共同体全体の連携をも強めてゆくために存在しています。ですから、ひとりひとりのキリスト者が大事にされてゆく必要があるのです。同時に、キリスト者は自分のできる範囲で教会共同体全体を活性化することも忘れてはならないのです。個人の尊厳と共同体全体の一致団結とが常に呼応するかたちで教会共同体は成熟してゆくように神さまから招かれています。

二　祈り

i　射　祷

射祷――短い祈りが射祷と呼ばれています。射祷とは、たとえば「イエスさま！」あるいは「神さま、お守りください！」という短い言葉を心のなかで唱えながら祈ることです。それならば、家事や仕事をしながら祈るときに最適です。また、高齢者として病床に横たわって休息をとっている方々にとっても祈りやすい方法だと言えます。あるいは、伝統的な祈りの言葉（主の祈りや天使祝詞などの祈りの言葉をはじめとして、さまざまな聖人たちの作成した祈りの言葉など）を度忘れしてしまった方にとっても、射祷は役立ちます。ともかく、射祷には、祈りの言葉や形式に決まりがありませんので、気楽に祈れます。特別な聖年などを祝うにあたり、射祷を活用してみるとよいでしょう。おのずと祈る回数が増えて、気持ちが洗練されることになります。これほど楽で手間のかからない祈りの方法は他にないと言えましょう。

ii　**心の叫びの祈り**――もちろん「信仰宣言文」や「主の祈り」や「天使祝詞」や「栄唱」さらには「ロザリオ」などの形の定まった祈りを唱えることも重要ですが、同時に各自の自由な心の叫びをありのままにささげる祈りかたも有益です。御父に向かって、心のなかで叫んでみることをお勧めします。その際に、射祷のように言葉を用いる必要は必ずしもありません。むしろ、心のなかにうずまいてくるおもいを、そのまま神さまにささげてしまうことが重要です。

iii　**相手の顔を思い浮かべて神さまにまかせる祈り**――もうひとつの祈りかたとしては、自分の家族や友人など大切な相手を思い浮かべて神さまにまかせる祈りも可能です。とくに、気が散って祈りに身が入らないときなどに、心のなかで親しい相手の顔を思い浮かべながら「神さま、どうかこの人を支えてください。この人にしあわせが訪れますように」と祈るとよいでしょう。おのずと、心がほぐれてきて、祈りに集中できるようになります。

iv　**祈りの基本的な姿勢**――通常、私たちは祈る際に自分の求めたいことがらを中心にしてしまいます。しかし、イエス＝キリストが教えてくださったように、真の祈りは御父へと向かうものです。そのことは、「主の祈り」の文言を見れば明らかです。「主の祈り」は、あらゆるものをいつくしむ天の御父をほめたたえる感謝の言葉から始まっているからです。そして、御父に対する祈りの後で、ようやく人間の必要なことがらを求める祈りがつづきます。しかし、御父は相手のしあわせを第一に考えているお方ですから、御父のみむねが行われることそのものが実は私たち人間の利益に直結しているのです。こうして私たちの祈りには、すべてをよい状況へと導く御父に全幅の信頼を置くことが求められています。

自分の望みだけを前面に出して現世利益を願う自己中心的な態度の祈りから御父を讃美する祈りへと、祈りの意向を清めることがキリスト者にとって重要です。祈りが清められてゆくには、自分の気分や感情に左右されない心の姿勢を保つことが必要です。そのためには、聖書を読みながら祈ることが欠かせません。ただ自分だけで祈り始めると、だんだんと自分の思いが強くなってしまい、閉鎖的になってしまいます。しかし、聖書の言葉をゆっくりと味わいながら沈黙のうちで心を鎮めてゆくときに、御父が自分に対して何を望んでおられるのかが、見えてくるようになります。

v　レクチオ・ディヴィーナ（祈りを伴う聖書の読み深め、聖書謹読、霊的読書）の技法

――聖書を読む際に、心をこめて一つひとつの言葉を味わいながら祈る姿勢がレクチオ・ディヴィーナあるいは聖書謹読と呼ばれる技法です。神さまにうながされて読む、という意味です。自分の早合点で聖書を読まずに、むしろ神さまが私たちに対して愛情深くかかわってくださることを静かに受け取るような読み方です。この読みを実現するには、先ほども述べたように、何よりも自分の心を清める必要があります。虚心になって謙虚に頭を下げて、神さまに「どうか助けてください」と強く問いかける勇気が必要です。

キリスト教が最も厳しい迫害の状況に置かれていた二世紀から四世紀に、地中海周辺で一番栄えた交易の拠点アレクサンドレイアで活躍したオリゲネスが聖書の三通りの読み方を提唱しています。彼は数多く

の大人や女性や子どもに幅広い影響をおよぼした要理学校の教師でもありました。オリゲネスの提唱した聖書の三通りの読み方の第一は「文字どおりの解釈」であり、第二としては「教訓的な解釈」であり、第三としては「霊的な解釈」でした。これらの読みの方法は決して優劣をつけずに、むしろ同時進行的に用いることが一番有益です。

　聖書を読むに際して、キリスト者は、まず聖書本文の言葉ひとつひとつを丁寧になぞる必要があります。それぞれの言葉の意味を辞書で調べながら、原文のもつ意味内容を精確に知ることが肝要です。こうした忍耐強く地道な作業が「文字どおりの読み方」です。

　次に、聖書の「教訓的な読み方」についてですが、聖書の意味内容をつかみはじめたキリスト者は次第に聖書のメッセージを自分自身の生き方と重ね合わせて比較するようになってゆき、自分の生き方を聖書の内容に照らし合わせて修正するようになります。聖書の内容を教訓として自分の生き方を正すことになるわけで、これは倫理的あるいは道徳的な読み方とも言えます。

　こうして、聖書本文の意味をつかんだうえで、自分自身の生き方を反省しつつ回心の歩みに入りはじめたキリスト者は、さらに自分の心の底において脈うつ神さまからのはたらきかけを実感するようになります。これが「霊的な読み方」です（教皇ベネディクト十六世使徒的勧告『主のことば』八六－八七項、カトリック中央協議会、二〇一二年、一四四－一五〇頁も参照のこと）。文字どおりの厳密な読み方が言語学的かつ意味論的な仕儀であるのに対して、聖書の霊的な読み方は、もっと一挙に全体を把握するような大らかな読み方です。心で聖書を読むという動きです。

三　ていねいさ

i　相手を優先するがゆえに自分をからっぽにして生きる（ケノーシス）

――キリスト者は、毎日、祈りを重んじていますが、同時に相手を優先して支えるという努力も積み重ねてゆきます。各自が相手を優先して支えれば、相手も感謝して応えてくれます。こうしておたがいに助け合うことができるようになります。愛情のやりとりがキャッチボールのように繰り返されてゆくにつれて、おたがいのつながりは、よりいっそう強まります。つまり、おたがいに仕え合うことによる「仕合わせ」が実感されるのです。

相手を優先して支えるという生き方の究極的な姿は「自分をからっぽにしてまで相手にささげつくして、相手を豊かにすることで、相手も自分もともによろこぶ」という愛のダイナミズムにまで発展します。まさに、使徒パウロはイエス＝キリストの生き方を「自分を無にして」（フィリピ２・７）という標語で説明しています。使徒パウロから見た時、イエス＝キリストは自分を無にし、自分を空しくして生きたお方で、そういう点で際立っていました。自分を空しくする、自分をからっぽにするということは、自分のすべてを他の人に与え尽くしてささげる生き方を示しています。つまり、イエス＝キリストは相手を優先して大切にする姿勢で生きたのであり、その歩みを使徒パウロもキリスト者の生き方として受け継いでいるのです。相手を優先して大切にする姿勢は、まさに御父のいつくしみ深いおもいにもとづいています。

ii　私たちの生き方とイエス＝キリストの愛

――みなさんのなかには子どもを育てた方がいると思いますが、親として生きる時、母親も父親も共通して子どものことしか考えません。自分を横に置いて、自分を捨ててでも子どものことを優先します。子どもに対する愛情が第一になります。たとえば、お母さんは子どもが病気になった時、徹夜で看病します。自分が疲れていても眠くても、子どものことを気づかいます。お父さんも、自分が疲れていても家族のことを考えて、特に子どもの成長を願って、遅くまで会社で仕事をしつづけます。一家を支えるために自分のすべてをささげ尽くして働きつづけます。母親も父親も共通して、相手のことを第一に考えて自分をささげる生き方をしています。自分の都合よりもまず大切な子どものことが頭に浮かぶのです。

積極的に大切な人を愛する、そのためだけに生きようとする尊い生き方。これは実はイエス＝キリストの生き方と同じです。みなさんも気がつかないうちに、本当に大切な人を目の前にした時に自分を無にする、ささげる、相手に向かって愛情をすべてささげ尽くすという生き方を実行していると言えます。ですから、イエス＝キリストの生き方は、はるか遠く二千年前の出来事ではなくて、私たちの生き方ともつながっています。特に子どもを育てたお母さん方やお父さん方は、子どもに愛情を注いで一生懸命育てたその尊いわざを通して、イエス＝キリストの歩みと同じ生き方を家庭の中で深めておられます。

悪意の渦巻く社会、どうにもできない悲惨な状況がつづく中で、イエス＝キリストだけが相手を思って愛しつづける積極的な態度を貫きとおしました。そこに意味があります。私たちが信じているイエス＝キリストは、決して人を見棄てることなくいつも私たちひとりひとりのことを考えて助けてくださる、強いお方であるということがわかります。私たちは、子どもとか友だちとか、まわりの人を大切に想っている時は決して私たちを見棄てないイエス＝キリストと一緒に歩くことができますし、いつでもイエス＝キリストと重なって人生を進んでゆけます。そういう大切なポイントを想い起こしたいものです。

ょうか。人が自己中心的になって神さまを忘却し、他者を傷つけても平気でいられるときに、ていねいな態度が欠如してしまっていることが多いと言えます。なぜならば、自分の利益や自己保身に走る人は、ぞんざいな態度で神さまや他者をなおざりにしているからです。しかし、ふっと自分自身の態度に注目して反省をしてみるときに、自分のぞんざいな態度のおろかさが見えてきます。

同時に、私たちひとりひとりもまた過去において他者からぞんざいにあつかわれて傷ついたことがあったのを思い出すことでしょう。こうして、私たちは誰かからぞんざいにあつかわれることの哀しみと痛みを思い出すことで、自分たちもまた神さまや他者を哀しみと痛みのなかに引きずり込んでしまっていたことに気づくこととなります。そこから新たなる一歩が始まります。「もう二度と神さまや他者をぞんざいにはあつかわないようにしたい、ていねいに生きてゆきたい!」という決意を為すことで回心の日々がスタートしてゆくのです。

当たり前のことを、心を込めて、ていねいに生きる。——すでに洗礼を受けるときに、今後いかなるときであっても相手を優先して支えてゆく道を選んだ、いわば「愛の道のプロ」としての私たちキリスト者の人生の歩みというものは、ただそれだけに尽きるのではないでしょうか。

□24　「基礎神学」について

一　「基礎神学」と「護教論」

ところで、ここで筆者の専攻分野である「基礎神学」(Teologia Fondamentale/ Fundamantaltheologie/

Fundamental Theology）について紹介しておきましょう。「基礎神学」とは、神学の土台を理性的に究め、神学諸学を有機的に関連させて体系化すると同時に総合的な全体像を確定することに資する学問分野です。一九六二年から六五年にかけて開催された第二バチカン公会議以降、ローマ・カトリック教会が自らの原点を確認するとともに現代社会に対して対話的に関わることで寛大に理解を示し、開かれた態度をとるにおよんで、この学問が目覚ましい発達を遂げました。

「基礎神学」は、もともと第二バチカン公会議以前は「護教論」（Apologetics）つまり「キリスト教の立場を論敵から防御しつつ、自分たちの立場を弁護するための理論を整える学問」として存在していました。それゆえに専ら「キリスト教の正統性を証明すること」に力点が置かれていました。「護教論」とは組織の立場を護るという意味で防御的で内向きの方向性を備えた学問でした。

「護教論」とは、キリスト者が自らの信仰の立場を理性的に弁明するために設定した科目でした。歴史的には「護教論」は特に二世紀に発展しました。まさにローマ帝国によるキリスト教迫害が最も激しかった時代でした。つまり、キリスト者は反対者に対して自らの拠って立つ信仰の立場を弁明する必要性に迫られたのです。

しかし、第二バチカン公会議をとおしてローマ・カトリック教会が全世界的な規模で自らの使命を再確認してからというもの、「基礎神学」という名称とすることで、教会共同体は、①「神学の基礎的な要素を理性的に考察して信仰を深めるきっかけを創り出す役割」と、②「神学諸分野の知見を総合的に結びつけて現代人の生活と連携させるきっかけを示すというコミュニケーション的な対話の技法を鍛える役割」を担うことになりました。こうして、この研究分野は第二バチカン公会議以降には「基礎神学」と呼ばれるようになり、「現代のあらゆる問題との対話」を積極的に行う最前線の学問としての性質を備えることになったのです。それに付随してテーマも学際的かつ幅広いものとなりました。「基礎神学」とは、ちょうど哲学と神学との境界線上に位置する学問でもあります。

二 「護教論」から「基礎神学」へ

それでは、まず、「基礎神学」の成立前史を概観しておきましょう。つまり、「護教論」の歴史的な展開をたどることにしましょう。

i 「護教論」の出発点——希望を表明するための弁明

「基礎神学」の成立以前の「護教論」の拠り所となっていた聖書箇所は以下のとおりです。——「ただ心のなかでキリストを主とあがめなさい。また、あなたがたのうちにある望みについて説明を求める人に対して、いつでも弁明（apologia）のできるように用意していなさい」（一ペトロ3・15）。この聖書箇所には、信仰の「内省・礼拝」および「表現」というテーマが隠されています。

キリスト者はまず、自らの信仰を深く自覚して（内省）、キリストを大切にあがめたうえで（礼拝）、次に他者から要請された場合に、いつでも自らの信仰の立場を相手に通じる的確な言葉で説明する（表現）義務を負っています。こうした二様の道行きとしての「信仰の内省・礼拝」および「表現」は総じて「弁明」という術語でひとつにまとめられています。

そして、神学はあらゆる人に「希望」の由来を物語る作業なのです。それゆえに、神学の範囲は教会だけに限定されてはいません。とりわけ、二世紀の聖エイレナイオスによって「神の似像」という発想が提出されましたが、あらゆる人は神さまとのつながりにおいて本来的な自己の本性を成熟させてゆく者なのです。しかも、そのような神さまと人間との協働は、コロサイ書全体にも記されていますように、あらゆる被造物をも巻き込んで全宇宙的視野の共生を実現してゆくことになるのです。まさに、「神さまのいつくしみ」は万物に注がれているのです。こうして、「護教論」とは「希望を表明するための弁明」として基礎づけられていることが明らかとなるのです。

ii　「和解の解釈学」としての基礎神学

「基礎神学」とは「和解の解釈学」として理解することができるものです。「神さまと人間との和解」が「基礎神学」の根本テーマであるからです（イエス＝キリストによる救いを吟味することが重要となります）。「和解」とは、①「罪のゆるし」（ローマ6・11－14）、②「神さまとの和解」（二コリント5・18－21）、③「キリストとの一致」（エフェソ3・17）、④「愛において歩みだす新しい生き方」（ガラテヤ5・2－6）を内実としています。

「基礎神学」が取り扱うテーマにはさまざまなものがあります――「啓示と信仰」・「復活」・「奇跡」・「諸宗教対話」・「伝承理解」（聖書正典論・聖書霊感論・典礼・教導職・諸教父の聖書解釈）などです。

しかし中心的なテーマは「和解」です。基礎神学が取り扱うさまざまなテーマは、「和解」という要点によって統合されるのです。以下のとおりです。――「啓示と信仰」は「和解の関係性」の問題です。「復活」は「和解の決定的現実」です。「奇跡」は「和解のしるし」です。「諸宗教対話」は「和解への歩み」です。「伝承理解」は「和解の伝達」を論じることです。

最終的には、「神さまと人間との和解」を現代人の言葉を用いて総合的に説明することによって、実際の「回心」に導くのが「基礎神学」の果たす役割なのです。

iii 「基礎神学」の二つの意義――「信仰の内省」と「信仰の表現」

「基礎神学」の二つの意義は、「信仰の内省」および「信仰の表現」を究めることに存しています。つまり、「基礎神学」は、第一に、「キリスト教信仰の根拠を究める研究分野」（信仰の内省を深める）です。そして、第二に、「キリスト教信仰を現代人に納得のゆくように説明する方法を考察する研究分野」（信仰の表現方法・宣教方法を考える）です。

iv 「基礎神学」の基本テーマ――六つの主題

「基礎神学」の研究上の基本テーマは以下の六つです。先ほども述べましたように、基礎神学が扱う個々の主題は「和解」という視点で理解するときに、ひとつに統合されます。

1 啓示と信仰との諸問題（和解の関係性）
2 聖書・伝承・教導職・教義の解釈（和解の伝達）
3 哲学と神学との関係性・信仰と理性との関係性・認識論の諸問題
4 キリスト論・教会論の理性的説明（和解の決定的現実・和解のしるし）
5 諸宗教対話や無神論との対話（和解への歩み）
6 神学の方法論の模索・現代化

v 「基礎神学」の性質――「土台」かつ「頂点」

「基礎神学」は神学および隣接する諸分野（哲学的解釈学・聖書解釈学・教父学・教会史・教義学・倫理神学・霊性神学・教会藝術・典礼学・教会法学・社会学・心理学・人間学・情報工学など）の「土台」

（出発点）としての意味をもつ学問です。同時に、「基礎神学」は諸分野の統合体系化を目指しつつ、諸分野の相互関係性を明らかにする「頂点」（総まとめ）としての意味をもつ学問でもあります。ということは、「基礎神学」が「神学基礎論」としての性質と同時に「神学総論」としての性質をも併せ持つ学科目であることが明らかとなります。

vi 「基礎神学」の研究方法――ローマ・カトリック教会における「神学」の三つの側面に則って

さらに、「基礎神学」の研究方法に関して述べておきましょう。「基礎神学」は、堅い信仰の立場に根差しながらも、理性の能力を最大限に用いて現象の諸データの冷徹な分析批判による解釈・吟味を繰り返してゆく「信仰の哲学的内省」を方法とします。その際に、①認識論・②解釈学・③構造主義・④象徴記号学などを用いています。

なお、「基礎神学」は「啓示の神学」でもあり、「信仰の神学」でもあり、「教会の神学」でもあります「啓示の神学」とは、一度限り啓示されたイエス＝キリストの福音の解釈と霊的影響の解明を目指します。そして、「信仰の神学」とは、信仰実践の学として、信仰の研究および宣教の具体化を目指します。

さらに、「教会の神学」とは、使徒伝承の重要性を確認することを目指します。つまり、聖霊の導きにおける聖書・伝承・教導職・典礼における祈りにおいて、個人および共同体両レベルで「啓示―信仰」が深められてゆくことができるように、キリスト者の思考や実践の筋道を整えるのです。

三 「基礎神学」と「教義神学」

「基礎神学」は、いわば、人間の世界理解を深める学問です。それゆえに、哲学と神学の境界線上を横断するかたちで、人間がいかにして神さまの次元へと超越してゆくことができるのかを理性的に問うことが、特に重要となってきます。

「教義神学」（教義学、Dogmatic Theology）がキリスト教信仰を前提にして、より深い信仰理解に根差した教えの意義の研究を目指すのに対して、「基礎神学」の場合は神学の構成要素を哲学的に眺めて、どのような人にも共通する真実を突きとめて、相手に通じる言葉で説明し直します。ですから、哲学的解釈学やコミュニケーション論の知見をも援用することになるわけです。もちろん、言語哲学や心理学や社会学や諸宗教神学も道具として用いることは言うまでもないことです。

「教義神学」の立場で研究する場合、信仰者が自らの信じている教会の教えの要点の意味を考察することになります。一方、「基礎神学」の研究に携わる者は、あらゆる人間に共通する要素を考察し、信仰の立場への導入役を果たします。同時に、「基礎神学」は神学諸科目全体の関連性を総合的に秩序づけて集大成する役割も果たします。こうして、神学は「基礎神学」にはじまって教義全般の意義を問いつつも「基礎神学」によって体系化されて終着点に到達するものだと言えます。

「基礎神学」も「教義神学」も共通して、神・世界・人間という三要素に関して考察を深めます。神さまがこの世界においてどのように人間と関わるのか（啓示の道筋）、一方、人間がこの世界においてどのように神さまへと至るのか（信仰の道筋）、そういう二様の動きを考察することで真のコミュニケーションの構造を把握して描き出すことが「基礎神学」ならではの作業となります。「基礎神学」も「教義神学」も両者ともに、ヨーロッパの生活の土壌で発展してきた学問です。そういう意味で、ヨーロッパの学問論と「基礎神学」および「教義神学」との関わりを見究めることも必要不可欠となります。

❏25 信仰生活の三つのタイプ（神学の三つのタイプ）

ところで、キリスト者の信仰生活には、伝統的に、三つのタイプがあるように思えます。いわば、「教義（教え、信仰の知的な理解の仕方、「真」）・実践（生活、信仰をあかしする社会的な奉仕活動、倫理、「善」）・礼拝（信仰の深みを究め尽くす祈りの洗練、典礼・霊性、「美」）」という三つの傾向がキリスト者の生き方には見受けられるのです。そのような視点は第二バチカン公会議文書の『啓示憲章』八項において述べられていますし、基礎神学の大家のジェラルド・オコリンズも『基礎神学の復権——現代の神学の三つのスタイル』(Gerald O'Collins, *Retrieving Fundamental Theology: The Three Styles of Contemporary Theology*, Paulist Press, New York/ Mahwah, 1993, pp. 16-39.) や『基礎神学の再考——新たな基礎神学の提唱』(Gerald O'Collins, *Rethinking Fundamental Theology: Toward a New Fundamental Theology*, Oxford University Press, U.K., 2011, pp. 322-341.) という研究書のなかで強調していることです。

オコリンズによれば、キリスト教の信仰を探究する「神学」という営みには、「①学問的スタイル」・「②実践的スタイル」・「③観想的スタイル」という三つのスタイルがあるとされています。つまり、信仰が深められてゆくためには、「知性」・「行為」・「礼拝」という三つの要素をバランスよく調和させるべきだという主張がなされているのです。

いま述べた視点は、実は、『啓示憲章』第八項を根拠にして導き出されています。その第八項を引用しておきましょう。——「教会は、その教義と生活と典礼とにおいて、みずからあるがままのすべてと、信ずることのすべてを永続させ、あらゆる世代に伝えるのである」(南山大学監修『第2バチカン公会議公文書全集』サンパウロ、二〇〇五年十二刷、二〇六頁)。第八項で言われている「教義」・「生活」・「典礼」が、オコリンズによる「知性」・「行為」・「礼拝」に対応しています。信仰とは、人間の「知性」に訴えかける確固とした論拠を備えており、人間の「生活」そのものを豊かに熟成させ、人間を「祈り」のうちに神さまとの関わりに導くものだからです。

西欧では、古代ギリシア以来、「真・善・美」の調和が大切にされていますが、そのような価値観はキリスト教においても換骨奪胎されつつ、「教義・生活・典礼」の調和による信仰の深まりとして理解されています。つまり、まず、キリスト教信仰における「教義」は古代ギリシアの「真理探究」に照応しています。そして次にキリスト教信仰における「生活実践」は古代ギリシアの「善なるものの探究」に照応しています。さらに、キリスト教信仰における「典礼」は古代ギリシアの「美的経験の極致である観想の探究」に照応しています。オコリンズは、古代ギリシアの「真・善・美」の調和の構造とキリスト教信仰の「教義・生活・典礼」の調和の構造とを重ね合わせて照応させることによって、「神の国を告げ知らせたイエス＝キリストが登場する以前の人間の在り方」と「イエス＝キリストの登場以降の人間の在り方」とを連続したものとして捉え直します。

さて、①物事を深く考えながら知的に学ぼうとする人。②具体的な奉仕活動や社会変革を目指す人。③ひたすら祈りを大事にして霊的成長を心がける人。あなたは、どのタイプでしょうか。

いま述べた三つのタイプは、①「知性派」、②「社会派」、③「神秘派」とも言い換えることができるでしょう。「知性派」は物事の真実を追究し、「社会派」は生活の中で公私にわたって善を目指し、「神秘派」は心の美しさを尊びます。いわば、それぞれのタイプが目指していることは、真・善・美という価値観ともつながっています。

まず、「知性派」とは、学問的に信仰の内容を分析しながら理性的に説明しようとするタイプです。このタイプの人は「教え」を重んじます。聖書学や神学や歴史の研究・解説書出版・教育現場での知識の伝達などをとおして活躍します。

次に、「社会派」とは、生活の中で活動しながら周囲の人びとを大事にするタイプです。このタイプの人は「活動」を重んじます。社会福祉活動・医療活動・教育活動・ボランティア活動・共同生活などをとおして社会に貢献します。

さらに、「神秘派」とは、神さまとのつながりやあたたかい実感を味わうタイプです。このタイプの人は「祈り」を重んじます。黙想や個人的礼拝、信心を深めます。

どのタイプにも意味があります。そして、バランスよく生きる必要があります。もしも、キリスト者が「知性派」としてだけで生きようとすれば、単なる頭でっかちの批評家で終わってしまい、口先だけでは美しい言葉を述べますが、具体的には何もはじめようとしない傍観者になり下がります。

それから、もしも、キリスト者が「社会派」としてだけで生きようとすれば、単なる慈善活動家で終わってしまい、冷静な理念や沈思黙考のひとときが軽視されてゆく危険が出てきます。

さらに、もしも、キリスト者が「神秘派」としてだけで生きようとすれば、エックハルトが言うように、単なる自己満足の主観的な高揚感を味わって自己陶酔するだけで、社会生活を無視することになりかねません。

いくつかの小教区を少し通りすぎると、実に、さまざまな声が聞こえてくるような気がします。司祭たちは歎きながら、ひそかにつぶやきます。――「カトリックの教えを大事にし、組織管理と規律を徹底させ、信徒に、もっと教理を教えこまねばならない」。熱心な信徒たちは意気込んでさけびます。――「個人的に祈るだけじゃだめだ、ミサ後の会議や行事に全員を参加させて、ボランティア活動も始めよう」。年配の信徒たちは、使命感にかられて、執拗に苦言を呈します。――「祈りの時間を増やし、典礼儀式を強化して、ラテン語を見直し、聖歌練習も徹底させねばならない」。

どの意見も大切です。しかし、それぞれのタイプの人びとが自分の立場だけを正論だと自負してしまい、異なった立場の人びとの状況を理解しようとしないなら、それほど危ないことはありません。おたがいの言い分をすなおに示しながら寛容に話し合う機会を増やすことが望ましいはずです。

ところで、『カトリック教会のカテキズム』や『カトリック教会の教え』(ともにカトリック中央協議会)は、キリスト教の信仰生活を説明した公式の解説書です。「読みごたえがある」、「詳しくてよい」、「わかりやすくて丁寧だ」という意見と「厚すぎて、全部読みきれない」、「細かい内容で、詳しすぎる」、「頭がよくないと理解しきれない」という意見が聞こえてきます。

ともかく、二冊ともぶ厚い本であることは共通していますが、①教え、②秘跡と典礼、③倫理、④祈りと霊性、という四つの部門で構成されています。ちょうど、「教え」が①に対応し、「活動」が②と③に対応し、「祈り」が④に対応しています。つまり、信仰生活の三つのタイプをまんべんなく網羅しながらつなげているのが二冊の本なのです。バランスよく、三つの要素を大事にしながら統合しているわけです。

❏26 徹する姿勢

筆者は、数カ所のカトリック系大学や司祭養成機関などで神学や哲学を教えていますが、講義の際に神学生に質問したことがあります。――「あなたは、将来どんなタイプの司祭として活躍していきたいですか？　知性派？　社会派？　神秘派？　どれでしょうか」。

その学生は答えに窮していました。――「学問を深めて教えるのも大変だし、社会の中で奉仕活動に徹するのも骨が折れるし、かと言って霊的指導者として生きるのも難しそうだし……」。

筆者は答えました。――「最初から諦めるのではなく、自分のタイプを見極めてゆくことが大事だと思います。人からの評価ではなく、『自分はどうするか』です。本を読んだり、奉仕活動をしたり、祈りを深める工夫をしながら、探してゆけばよいでしょう。

または、バランスよく三つのタイプを大事にするのもいいかもしれないね。まあ、焦らずに、いまから、自分の特色を発見しながら鍛えていけばいいしね。大切なことは、自分で選んだことを地道につづけることかもしれない。一人の人間の寿命は限られているから、あらゆることを全部こなせるわけではないのだから、誠実に一つを選んだら、たとえ周囲から批判されるときがあっても一つに徹するということだね。

たとえば、私の場合は、奉仕活動にも祈りにも自信がなかったけど、本を読んで考えながら書く仕事が向いているように感じました。だから徹底的に本を読んで考えて知性を深めて教える役割に徹することにして、いま、教壇に立っているわけです」。

実は、どのタイプにしても、「徹する」のは大変なことなのです。気をつけないと何の特色もない、なまぬるい司祭になってしまいかねません。ともかく、現在の日本で活躍している司祭たちを眺めてみると、人によって、さまざまな特色があるのが見えてきます。大学で教えている司祭もいれば、海外からの出稼ぎ労働者や、ホームレスの方々の世話をしている司祭もいますし、人びとの相談事に力を尽くして応じつづける司祭もいます。どのタイプも尊い働きをしていると思います。それぞれの性質を活かした多種多様なはたらき方があってもよいのでしょう。

❏27 傾き

それから、一人の人間が成長するにしたがって、ある時期は「知性派」に傾くこともあれば、ある時期は

「社会派」になっている場合もあり、ある時期は「神秘派」に憧れるときもあるでしょう。

これも個人的なことなのですが、もともと美術系統の仕事を志そうと考えたこともあり、同時に音楽評論にも興味をいだいていたのですが、国語が得意だったので古文漢文や近現代文学を読み漁りながら文筆の才を鍛えることにしました。修道会に入った都合上、長上の指導に従い哲学を専攻するうちに、次第に人文学系統の学問の魅力に引き寄せられ、古今東西の書物を論理的に細かく分析したり、自分でも習作を書きつづったりした時期もありました。そして、黙想指導者になりたくて聖イグナチオ・デ・ロヨラの『霊操』を熟読したり、カルメル会の聖人たちの著作をもち歩いていたり、あらゆる修道会の精神性を比較検討したり、神秘思想や霊性神学や心理学や精神医学の研究書を幅広く読み深めた時期もありました。

ただし、社会派になろうという気は一度も起こりませんでした。毎年、夏期休暇期間中に、サレジオ神学院の先輩や後輩たちがアジア地域に奉仕協力隊として派遣されてゆくのを横目で見ながらも、決して興味がわきませんでした。もちろん社会的な奉仕活動の重要性は認めますが、自分には荷が重いわけです。活動家を尊敬しますが、筆者には決して真似できません。

人には「傾き」というものがあります。もって生まれた性質、どうしても関心のある物事、その人に固有な感性というか価値観があるわけです。ですから、無理をせず、のびのびと自分の長所を活かすときに「自分らしさ」が輝くのでしょう。各自が自分の「もちあじ」をすなおに受けいれながら周囲を大事にしてゆくときに、おたがいが活かし合う尊い「つながり」が生じてきます。

❏28　派閥争い？

昨今の日本のカトリック教会には、大きく分けて「社会派」か「神秘派」かの、どちらかに傾くという動きが見えており、「知性派」は影が薄いようです。

たいていの場合、社会派の人は具体的に世の中を変えてゆこうと努力するので、政治的な色合いも出てきます。ですから、神秘派の人からは「左翼的だ」と批判されがちです。一方、神秘派の人は自分だけで閉じこもって祈りに時間をかけたり、従来の伝統を死守しようとしたりする傾向もあります。だから、社会派の人からは「右翼的だ」というレッテルを貼られがちです。さらに、知性派の人は、役に立たない知識の遊戯をしている暇な酔狂《すいきょう》びとのように誤解される場合もあります。ですから、「どっちつかずの日和見主義だ」と、社会派の人からも神秘派の人からも断罪されがちです。

社会派のキリスト者が時事問題に敏感になって署名運動やデモ行進を展開すると、神秘派のキリスト者が教会の「共産主義化」を歎きます。一方、神秘派のキリスト者が伝統的に受け継がれてきた方法論をそのままの形で用いようとしたり、古いしきたりを守ろうとすると、社会派のキリスト者が教会の「保守性」に憤慨したりします。さらに、知性派のキリスト者がキリスト教の教義体系を地道に研究していると、社会派や神秘派のキリスト者が「イエスは実践と祈りを大事にして、本は書き残さなかった」と叫びながら横槍を入れます。知性派のキリスト者も心のなかでは、社会派や神秘派のキリスト者の無知を痛烈なまでに嘲笑っていたりします。悲しいことに、どのタイプのキリスト者も、自分の正しさを主張したり、異なる立場を批判したりしがちです。同じ仲間であるはずのキリスト者が些細な理由での派閥争いに時間を費やしてしまっています。

❏29　橋渡し

いずれにしても、派閥争いは虚しいものです。こうした無益な争いは、いまにはじまったことではありません。実はちょうど二千年前、せっかくイエスから招かれて同じ釜の飯を食うようになった弟子たちも「誰が一番えらいか論争」に明け暮れておりました。もともと、弟子たちは出身も職業も異なっていましたし、性格や目指している理想も千差万別だったわけで、意見がまとまらないわけです。今日、私たちは、どうでしょうか？　まさか、コミュニケーションを重視するイエスの姿を忘れて、弟子たちの短所を真似してはいないでしょうか。

筆者は、つねづね考えています。——「知性派の人」も「社会派の人」も「神秘派の人」も、みんな大事だと。どのタイプも欠けてはならない貴重な意味をもっていて、おたがいに「つながり」を深める必要があるのではないでしょうか。そして、最近は、あらゆる派閥のキリスト者たちを再び一つに結びつけて協調することを目指していた聖ジョン・ヘンリー・ニューマン枢機卿の著作を読みながら、自分なりにささやかな夢をいだいています。——おたがいに手を握り合って協力したら、最良のチームができるだろうに……。異なったタイプの人びとが、おたがいの長所を活かすことで、それぞれの弱点をカバーしながら、団結すれば、怖いものなしなのだろうに。異なったタイプの動きを全部つなげてプロデュースしたら、さぞ大きなことができるだろうに。だからこそ、橋渡しの役割をしてゆかなければならないでしょう。

実に、「橋渡し」をしてくれるのがイエスです。イエスはさまざまなタイプの人びとの派閥争いや憎しみ合いのまっただ中で十字架にかけられて殺されました。しかし、イエスのおもいは、あらゆるもの同士の「つながり」をもたらすことでした。

三

たべること

御子イエス
＝キリストの言葉とわざ

キリスト論

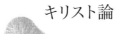

❑30 道・まこと・いのち――力強いイエス＝キリストの呼びかけ

「私は道であり、まことであり、いのちである」（ヨハネ14・6）とイエス＝キリストは語りました。イエス＝キリストは人助けをして相手を神さまのもとへと導く仕事をしています。ですから、イエス＝キリストは人を神さまのもとへと送り出す「道」です。つまりイエス＝キリストはひとつの通路です。イエス＝キリストは道として、目的に到達するための確実な歩みを弟子たちに約束しています。

イエス＝キリストが述べる言葉は常に「相手を助けたい、相手を支えたい、相手を幸せに導きたい、相手を神さまのもとへとつれてゆきたい」という切実な想いに満ちあふれています。相手を優先する愛情深さが、イエス＝キリストを駆り立てています。彼の述べる言葉には、うそがありません。まっすぐです。それが「まこと」ということです。一度、相手に対して述べた言葉を決してくつがえさないのがイエス＝キリストの特長です。

道であり、まことであり、いのちであるイエス＝キリストの生き方は正直で裏表がありません。たとえ、反対者による抑圧を受けたとしても、イエス＝キリストは相手を守り抜こうとする強さを備えています。あらゆるいのちを護って闘い抜く強さがイエス＝キリストにはあります。相手のいのちをかばって支える、相手が生きながらえて幸せになるように望む姿勢が「いのち」というキーワードにまとめられています。「道であり、まことであり、いのちである」イエス＝キリスト。そのように力強い呼びかけが弟子たちに与えられています。

❑31 武術・禅瞑想とキリストの道――すきとおったあったかさ

ところで、筆者自身は、現在はキリスト教の立場で生きております。しかし、もともと最初は仏教的な背景の家庭で育ちました。親戚はお寺でしたし、家でも坐禅に取り組みましたし、洋画家（二科会審査委員）

だった父親も日本古来の弓道の師範でした。武術をとおして心を養うということや、静けさのなかで目的に向かって自分のわざを磨き上げるという厳格さのなかで筆者は育ちました。弓道という武術と禅の瞑想とが祈りの深まりにおいて一致するわけです。武術と仏教瞑想とは連動しています。実際にからだのかたちを整えて、呼吸を鎮めることで心もおだやかに落ち着きます。ひたすら心を無にして、まったき静けさのなかで自分の生き方を見究める鋭さを磨くことが毎日の生活の基本となっていました。そのような生活感覚を筆者も受け継ぎました。

その後、中学生になったときに、筆者は川崎サレジオ中学校（現サレジオ学院中学校）に通っていたこともあってキリスト教の洗礼を受けました。聖書を読むことで、イエスという人物が二千年前に必死で何かを伝えようと旅していたという事実を発見しました。イエス＝キリストは相手を優先して、相手の幸せを願って、相手を徹底的に支える生き方をしていました。自分を顧みずに、まず相手を大切にもてなす、というイエス＝キリストの心意気に筆者は心底ほれました。いさぎよくも親しみのあるイエスの独特な態度としての「すきとおったあったかさ」に、すっかり魅了されたわけです。しかも、イエス＝キリストは反対者とも真正面から闘って、弱い立場の人びとを護り抜きました。こうして筆者はイエス＝キリストの強さにも魅力を感じました。それで筆者はキリスト教の立場に入ったわけです。

しかし、自分の心を落ち着けて、静けさのなかで目標を見据えるという武術や禅瞑想の態度をも筆者はひきつづき活かしました。からだにしみ込んだ、おさないころからの習慣は決して消え去らないものなのでしょう。あとになって意識的に聖書を読み込んで自ら選び取ったイエス＝キリストの魅力ある態度も大事なのですが、同時に自分自身のおいたちのなかで身につけた習慣をも活かす道を筆者は選び取りました。つまり、キリストの道と武術・禅瞑想というからだに染み渡る智慧は決して矛盾するものではないのです。

ですから、筆者個人としては、諸宗教とキリスト教という「対立」はみじんも感じられないのです。日本古来より伝わる武術と祈りの深みを実現する禅仏教の瞑想とは、常に心に落ち着きと静けさをもたらすものです。静かな心で、おだやかに、イエス＝キリストのように相手に歩み寄って適確に支える鋭さの感覚を研ぎ澄ませること。潔い武人のように高貴な優しさを生き抜くこと。相手のことを大事に考える「おもいやり」を究めること。武術・瞑想とキリストの姿勢とは連続しています（アガペー［人知をはるかに超えるまことの神さまの愛］を生きることに向かうグループの真正性）。ほんものを求めるときに、異なる要素の根底に潜む何かがつながりはじめるのではないかと、筆者は考えています。

❏32　人生の極意――キリストとともに歩む

イエス＝キリストは「私は道であり、まことであり、いのちである」（ヨハネ14・6）と、弟子たちに対して遺言を残しました。私たちはキリストといっしょに歩めば間違うことがありません。キリストは決してうそをつかないまことの態度を示し、相手の幸せを願って愛情深く支え、そこに確かないのちが育まれます。「道・まこと・いのち」という簡単な言葉で、イエス＝キリストは弟子たちに人生の極意を示しました。イエス＝キリスト自身が心がけていた生き方が「道・まこと・いのち」という呼びかけをとおして見えてきます。「道・まこと・いのち」。これらは、宗教が異なっていたとしても、あらゆる人間にとって共通の生き方の土台となるキーワードです。

社会人として活躍されているみなさまは、どうか、あとにつづく子どもたちのこともおもいやれるような愛情を大事にしてみてください。イエス＝キリストのように。相手を最優先して支える態度を目指してみてください。イエス＝キリストのように「私は道・まこと・いのちである」と自信をもって相手に述べることができる日が来るかもしれません。うろたえて、おびえている後輩たちを支えるには、まっすぐで力強い励ましの言葉が必要になります。イエス＝キリストのように。相手の幸せを願って真剣に生きようとするみなさまひとりひとりが社会で成熟した大人として活躍するときに、みなさまの生き方をとおして今日もイエスが働いてくださるのかもしれません。みなさまが聖書を読みながら、イエス＝キリストの尊い態度を受け継ぐこともできるわけです。

仏教の場合は、心をからにして、自分の欲望をなるべく減らして生きる方向性を備えています。ものをまっすぐに観る静けさを生み出す力を、仏教が備えているわけです。キリスト教の場合は、イエスのように相手を優先して支える愛情深い態度を備えています。それぞれの宗教がもつよさをつなげながら、人類全体に役立つ生き方として総合化してゆくときに、まわりの人びとをあたためることになると予測されます。

新型コロナウイルスの苦しみのなかで、不便さや孤独を感じる人もいるかもしれません。社会が停滞しています。しかし、そういう状況のなかで、ひとりひとりが真剣に目覚めて、相手を助けたいと望めば、相手を護ってゆきたいと勇気をもって願えば、そこから社会が変わってゆくはずです。たとえば、ささやかなあいさつ、小さな親切など、日常生活のなかで相手を優先する態度を心がけてみましょう。社会的な状況がよくない場合であっても、人間のよさというものは、困難を自分の力でアレンジして変えるだけの能力をかくしもっているものです。一歩ふみだして、新しいものごとを創り出す勇気をもつことが大事です。

イエス＝キリストは追いつめられて、反対者たちから殺されました。しかし、イエス＝キリストは最悪な状況のまっただなかで弟子たちを励ましながらも前進しつづけました。さらに、イエス＝キリストは死んでなお、決してあきらめることなく、生きつづける意志を保ちつづけました。相手を優先して愛情深く護ろうとする姿勢の尊さを見直しましょう。自分のことよりも、まず、相手に集中すること。相手を支えるおもいやり深さが今日こそ必要です。

❏33　二〇二二年度の意義——二〇二三年十月の第十六回通常シノドス（世界代表司教会議）に向けて

二〇二二年度に、私たちは「第二バチカン公会議開幕六〇周年」という記念すべき時期を迎えました。そして、ローマ・カトリック教会共同体は二〇二三年十月および二〇二四年十月にも開催されることになる第十六回通常シノドス（世界代表司教会議）に向けて各教区の全成員を挙げて準備に余念がありません。なぜならば、現在、教皇フランシスコは教会共同体の在り方を刷新して見直すために特に「シノドス性」（協働性、ともに歩むという性質、旅する神の民の歩み、聖霊の働きに促されて御子キリストとともに歩みつつ御父へと向かう教会共同体の道行き）を強調しているからです。

一　教皇フランシスコによる教会共同体の在り方の見究め（識別）

教皇フランシスコは十六世紀に活躍したイエズス会の創立者の聖イグナチオ・デ・ロヨラの『霊操』（キリストと出会うための黙想の指導書）による霊的指導の経験にもとづいて、現在の教会共同体が、果たして第二バチカン公会議が目指していた理想の教会共同体に合致しているのかどうかを慎重に見究めようと努めており、もしもずれがあるとすれば刷新しなければならないと考えています。つまり、キリストの生き方を基準として、現在の教会共同体の不充分さを見直すことで「識別された教会共同体（見究めのきく教会共同体、見識を備えた教会共同体）」（A Discerning Church）への歩みをひらくことが教皇フランシスコの意図なのです。その際、キリスト者各人は「①集まり、②たがいに耳を傾け合い、③今後の進み方を識別する」ことになります。二〇一三年三月十三日の就任時以来の九年間にわたり、教皇フランシスコは教会共同体の在り方を見究めようとしているのです。つまり、キリストとともに歩む共同体を目指しています。

聖イグナチオ・デ・ロヨラの『霊操』は、通常は、個人的な回心を促す修養の仕方として理解される場合が多いものです。しかし、教皇フランシスコは教会共同体という共同体的な一人格としての「キリストの花嫁」の回心を目指しています。なぜならば、個人と共同体とは連動しており、各人の回心は同時に共同体全体の回心とも結びついていますので、「個人―共同体」としての一つの人格としての「キリストの花嫁」としての回心に踏み出す教皇フランシスコの姿勢は至極まっとうなものです。

二　相手といっしょに歩む――シノドス的な方法論

教皇フランシスコは、これまでの通常シノドス（世界代表司教会議）を踏まえたうえで、「シノドス的な方法論」を提唱しています。とくに以下の文章において「シノドス的な方法論」が明確に表明されています。

「最も重要なのは、私たちがそれぞれ違う点をもちながらも、共に同じ道を前進することを可能にするハーモニーなのです。このシノドス的アプローチこそ、世界がいま、切実に必要としているものです。相手を倒そうと対立や闘争に向かうのではなく、それぞれの違いを表に出し、互いに耳を傾けた上で成熟に向かっていけるプロセスが必要なのです」（教皇フランシスコ［早野依子訳］『コロナの世界を生きる』ＰＨＰ研究所、二〇二一年、一一四頁）。

右の文脈で述べられている方法論（アプローチ）は「相違点を表出させた上で、それぞれを半音高い音として保持したままハーモニーを生み出す」（前掲書、一一二頁）すこととしてたとえられています。聖霊の支えによる共同体の調和という発想は教皇フランシスコが頻繁に強調する考え方です。相手を支える宣教を促進する実践を生き抜いている牧者が共通して発見する教会共同体の指導方針は、マルコ・ポッツァ師との対話集『CREDO』（原著二〇二〇年）に収載されている「講話3　一致団結をもたらす聖霊」の箇所においても明確に述べられています。聖霊による支えによって結びつけられたキリスト者の共同体として前進する教会の根本的な存在様態が教皇フランシスコによって頻繁に強調されていることからもわかるように、シノドスは聖霊の支えを確認する機会となっているのです。

「聖霊は私たちを一致させて教会共同体を活性化し、それぞれ異なる部分を一つの調和のとれた建物にまで構成します。……私たちひとりひとりの多様性をそのまま用いて活かしながら、聖霊は全体の統一性を構築します。聖霊が原初の創造のときから、そのようにしてきたのは、カオス（混沌）状態をコスモス（調和）状態に変える力に満ちているからです。まさに、調和を生み出す専門家が聖霊なのです。聖霊は、それぞれの人間の多様性や豊かさをそのまま活かす力量を備えています。聖霊は、それぞれの人が最も自分らしい個性を活かしながらも、同時に異なる相手を補うことで、いっそう強い絆によって統合されるように、いまもなお、創造のわざを継続する専門家です。聖霊は、このように多様なものたちを導く創造者であると同時に、多様なものたちを結びつけ、調和を与えることで、多様性に統一性を与えるお方でもあります。このように矛盾した現実を一つに結ぶほどの実力を備えたお方は聖霊をおいて他にはいないのです。……聖霊は異なる音色を一つのハーモニーにまで仕立てあげています。聖霊は教会共同体を形づくり、子どもたちや兄弟たちの居場所として、つまりあたたかい家庭としての世界を形づくります」（教皇フランシスコ、マルコ・ポッツァ［阿部仲麻呂訳・解説］『CREDO』ドン・ボスコ社、二〇二二年、八九頁、九〇頁、九一頁。原著は以下のとおり。Papa Francesco in dialogo conMarco Pozza, *Io credo, noi crediamo. Una riflessione inedita sulle radici della nostra fede*, Rizzoli, libreria Editrice Vaticana, Milano,2020.）。

三 「シノドス性」（道であるキリストとともに歩む共同体の性質）について

第十六回通常シノドス（世界代表司教会議）の主題は「シノドス性」（イタリア語で「シノダリタ」、英語で「シノダリティー」）です。「シノドス性」とは邦訳することが困難なほどに多様で豊穣なる意味を担う術語ではありますが、『教会の生活と使命における協働性』五項にもとづいて敢えて邦訳すれば、「教会共同体を形作る性質」または「協働性」あるいは「共同体の全成員がキリストとともに福音的な道を歩むという性質」と言えるでしょう。「シノドス」の原意はギリシア語の「シュン」（ともに）と「ホドス」（道）という語が複合して「ともに道を歩むこと」という名詞を形成していることによります。

しかもヨハネ福音書14章6節の文脈でも明らかなように、「道」は「キリスト」御自身を指し示しますので、「シノダリティー」という術語からは**「キリストという道においてキリスト者同士が相互に支え合ってともに歩む」**という意味がおのずと浮かびあがってくることになるでしょう。そのことは、興味深いことには、いまから三十年前に『道の形而上学』（道の神学）の構築を提案したイエズス会の門脇佳吉師もすでに指摘していることでもあります。以下に引用しておきましょう。

「キリスト者とは、この『道』を求め、この『道』とともに歩む者なのである。いや、もっと正確にいえば、次のようにいわなければならないだろう。私たちが『道』を求める前に、私たちはすでにこの『道』によって生かされ、支えられている。だからこそ、この『道』を求め、それを見出し、この『道』とともに歩むことができるのである。自覚したキリスト者とは、この『道』の働きに身をも心をも刺し貫かれていることを悟り、真実を尽くしてこの『道』と一つになって生きる者となることである」（『道の形而上学——芭蕉・道元・イエス』岩波書店、一九九〇年、三頁）。

□34　どうしても変われないエゴイストたち

ひとりひとりはエゴイスト（利己主義者）です。みんな、それぞれ、自分さえよければ、それでいい。正直に認めたいものです。たとえキリスト者であっても、表面上は、きれいごとを言いながら神さまのいつくしみを語っていたりもするのですが、本音は「自分がかわいい」のです。筆者も、ミサのときに、説教壇に立つと、気が重いです。とてもむなしいです。自分の偽善性にも気づいています。何も語ることができず、苦悩します。

確かに、環境破壊を食い止めようという理想に賛成であっても、いまの生活のやり方を、いきなり全部変えることはできません。筆者も、電気を浪費しながら夜遅くまで仕事に没頭しています。大量の紙を無駄にし、夏はエアコンで涼しく過ごし、コンビニエンス・ストアがないと生活物資の調達に支障をきたし、弁当を食べる時に、ついつい割り箸を使っていたりもします。自分の生き方を変えようとはせずに、いくら理想論を叫んでみたところで、あまり意味はないのでしょう。

それでも、エコロジー運動は、単なる美しいスローガンやファッションやイデオロギーではないはずです。しかも、人間が「環境を保護する」と語ることも、ずいぶんとおこがましいことだと思います。環境破壊をしておいて、いまさら正義漢ぶるのは醜いものです。資源を勝手に濫用し、空気を汚染しておいて、いまさら保護を叫ぶのは都合がよすぎますし、偏った視点しかもてない人間の了見の狭い頭で善処しようというのも、ある意味で傲慢なことです。

□35　ゆっくりと真実を見つめて生きる――スローライフ

いまの人類は、にっちもさっちも行かない状況に立たされています。先進国の一部の人間にとっては、少しばかり快適な生活が、確かにありますが、窮屈な生活を余儀なくされて、あえいでいる人たちもたくさんいます。たくさんの人の涙の上に私の恵まれた生活が実現しているのです。実に、罪深い現実です。

日本人として私たちが快適に生きることそのものが、そのまま他の国の人びとの生活を圧迫することに結びついています。誰かの願いがかなうところ、必ず誰かが泣いているのです。まさに、構造的な悪のシステムが存在しています。しかも、わかっていても変えられない、どうしようもなさ（ローマ7・7－25）に打ちのめされざるをえません。

もはや、人類は、後ろにも戻れないし、かといって前にも進めないし、どうにもなりません。横に転がるしかないのかもしれません。ともかく、これからエコロジー運動の三類型を紹介してみます。

第一の道は「昔に戻ろうという発想」です。しかし、原始時代のそぼくな生活には、もはや後戻りできません。快適な日本の生活様式を捨てるのは、無理でしょう？　冬も暖房なしで過ごせないでしょう？

第二の道は、「将来は何とかなるという発想」です。しかし、何ともなりません。先送りの姿勢で、無責任な楽観主義を押し通し、いまの滅茶苦茶な破壊生活を正当化しないように気をつけませんと。

こうして登場したのが、「スローライフ運動」です。つまり、第三の道です。無理に懐古趣味にはまるわけでもありませんし、やみくもに将来を楽観するわけでもありません。むしろ、「逃げないで、現実をしっかり受けとめ、大地に根ざして、人情味を大事にして、いまを愉しみながら、あせらず、のんびりすごしてゆこう」という発想です。無理に前後に進もうとするのではなく、横に転がって新鮮に歩み直すこと。あらゆるいのちのつながりに気づいてゆこうとする運動です。

現在、スローライフ運動は、さまざまな形で展開されています。スローフード、スローミュージック、スローコミュニティー、スローレジャー、スローエネルギー、スローラブ、スローボディー、スロービューティー、スローリビング、スローマネー、スロービジネス、スローリーディング。

たとえば、スロービューティーについて説明しましょう。顔の表面上だけを美しく見せようとするのをやめて、日ごろの生活習慣や体内分泌を整えながら、美しい景色を眺め、ゆったりとハーブティーを飲みながら友人と語り合い、絵画や古典の名作を味わうことで教養を身につけ、美しい心を養うように努力することによって身体の内側からにじみ出す真実の美しさを大切にすることです。素肌のままで、身体の内側から生じてくるその人の善さがおのずと顔を輝かせて周囲を魅了するわけです。付け焼刃の塗りたくり厚化粧で誤魔化すのではなく、時間をかけてゆっくりと美しくなってゆくということです。

以前、イタリアで生活していて感じたことですが、イタリア人は「あらゆるいのちのつながりを大事にしている国民」みたいです。具体的に言うと、どんなに忙しくても家族そろって昼食のひとときを心から愉しむのがイタリア魂であるわけです。この点は尊敬できます。昼食を家族そろって食べるという、ただそれだけのことなのですが。しかし、イタリア人は単純な一事を毎日しっかり守りつづけています。

イタリアでは、昼前には官公庁も商店街も学校もほとんどシャッターを降ろし、各人は自分の家庭に戻ります。そして三時間以上かけて食事を愉しみます。現地の特産物を活かした調理の仕方が工夫され、しかも各家庭には他では味わえないお袋の味があります。農家も漁師も自分たちの育てた作物や魚介類に愛着をもっており、自信をもって市場に送り出します。小売店も安い値段で良質な食品を提供することに誇りをもっています。材料を買い集めてきた母親は娘といっしょに台所に立ち、先祖代々伝わった味を伝授します。まさに、あらゆるいのちのつながりが凝縮されるひとときが昼食なのです。

日本の生活のなかでイタリアの生活様式を実践することは、まず無理です。三時間も昼休みをくれる会社などありえませんし、仕事場と家庭の距離が離れすぎているので、往復しただけで時間切れになりますから。

つまり、日本という国では、ゆとりのない社会構造がまかりとおっていて、変えたいと思っても、どうにもならないわけです。システムを変えるには、もう一度、明治維新みたいな根本的な刷新を力ずくで推し進めないといけないかもしれません。

しかし、日本人にも日本人なりのスローライフは可能です。何も他国の真似をしなくてもいいわけです。家族で温泉旅行に出かけて、現地の名物料理を味わうのもいいでしょう。あるいは、のんびりとお茶をすすりながら俳句を読み、風の流れを肌に感じ、さわやかにそよぐ竹林に群がるスズメの鳴き声を聞き、わらべと遊び、大自然のいのちの響き合いを愉しむのもおつなことかもしれません。

最近、松尾芭蕉や良寛さんの生き方や四国八十八カ所お遍路めぐりの旅が見直されていたりします。あらゆるいのちのつながりに気づくとき、エゴイズムの狭さが、ほんわかと溶けてゆくような気分になるのは、果たして私だけでしょうか。いのちのつながりを意識するとき、感謝の念が生じます。

❏36 食事――おもい・つながり・感謝

食事。――そこに、おもい・つながり・感謝が息づいています。きっと、あたりまえのことを、どれだけ心をこめて大事にできるか、が問われているのでしょう。相手を大事にしようとするおもい。相手をおもう気持ちを具体化する食事。食事をとおして実感できるつながり。

しかし、実際は、とても難しいことです。わかっていても、家族そろって食事をするのを避けたいときもあるわけです。筆者の講義先の大学生は言いました。――「家族で食事？　そんなの理想論ですよ！　会話がない気まずい食事は嫌です」。筆者も本音では同感です。それに、本当に気心知れた友人というのも、なかなかいません。

誰かから食事に招かれると仕事や取り引きの話が中心になってゆき、たがいの姑息な計算と駆け引きの連続になったりする場合もあります。ですから、独りで食べたほうが気楽です。でも、寂しいです。

さらに、夫婦共働きの家庭では、子どもとの共食が不可能です。本当に、現実は厳しいものです。きっと、コミュニケーションが壊れてきているのですね。わずらわしい人間関係に縛られずに好き勝手に生きたいから、一つの食卓につくのを避けているうちに、いつのまにか孤独な人が増えてしまったのが、案外、真相なのかもしれません。

ともかく、古今東西、本来的な「食事」が、「感謝のひととき」であることに変わりはありません。多くの生き物の尊いいのちが私たちの身心に受け入れられて再生します。米・魚・牛・豚・鶏、心をこめて稲を育てた農家の人びと、トラックで輸送してくれた気さくな運転手たち、小売店で良心的に取り次ぎをしてくれた方々、家族を想いながら腕によりをかけて食事を準備した母親……まさに、あらゆるいのちがたがいに働き合ってダイナミックに協調し、食卓に結集されるとき、かけがえのないつながりが生じています。まさに、「食卓協働態」が実現してゆくのです。

「食卓協働態」とは、宮本久雄師（東京大学名誉教授）の名言です。イエスがあらゆる人びとと連帯して、神さまのいつくしみが実現していることをあかしする際に「食卓」を囲んで、ともに助け合いつつ新たな家族として生きる姿勢を貫いたのであり、そのようなダイナミックな生き方を宮本師は「食卓協働態」と呼んだわけです（『存在の季節――ハヤトロギア（ヘブライ的存在論）の誕生』知泉書館、二〇〇二年）。

現在では、キリスト教信仰共同体が「ミサ」をささげることによって、イエスが目指していた「食卓協働態」の尊いわざを受け継ぎながら、あかしをつづけています。キリスト者がいのちの豊かさを実感する場であるミサが「感謝の祭儀」と呼ばれるのも意味深いことです。

ミサの出発点になった「最後の晩餐」は、それまでのイエスの食事の集大成です。どんな人をも招き寄せて、いっしょに食事したイエス。その姿は、まさに神さまのいつくしみの体現に他ならなかったのです。

ユダヤ民族にとっての解放の食事である過越の出来事も含めて、歴史上のあらゆる家庭の心あたたまる食事の体験の数々が、深いおもいを通じて一つに凝縮され、イエスの食卓に結晶化しています。

ふだん、私たちは仲の良い人としか食事をともにしませんが、イエスは違います。自分から相手の友になり、食卓をともにします。差別された弱い者たちはイエスから受けいれられることで存在をゆるされ、新たないのちの輝きを得て、再び生きはじめます。周囲から見棄てられ、自分でも自暴自棄になって人生を棄て、まさに死んでいた者が生き返ります。

実に、神さまのいつくしみはイエスによって「食事」をとおして実現していったのです。イエス自身のメッセージも「祝宴」のイメージで語られた「神さまのいつくしみが圧倒的なまでにすべてをつつみこむ状態」（＝神の国）でした。

神さまのいつくしみの「おもい」がギュッと圧縮されて、感極まって、あふれだす。創造。いとしさを、ありったけにぶつける神さまが、あらゆるものを活かしはじめるとき。わけへだてをしない神さまのやさしさ。イエスが自分を裏切る弟子たちといっしょに食卓を囲む姿。どうしようもない人間たちを、とことんつつみこんで、いのちを豊かに分かち合う「まどい」の雰囲気。

イエスは、ひたすら相手を信じて、語り合い、自分をささげ尽くします。最後は、自分そのものを十字架の上で与え尽くしました。自分の身心そのものをあますところなく食物としてささげつづけるイエス。

今日もミサの御聖体をとおして、キリスト者は神さまのおもいの凝縮したイエスのいのちをいただいて活かされます。搾取と破壊のうずまく弱肉強食の人間の現実のなかで、ミサこそ、あらゆるいのちのつながりを実感させる貴重な場なのです。裏切り者の弟子たちは、後になってから気づきました。イエスと食卓を囲んだときに、心も身体も豊かに活かされはじめていたことに、大事にされていたことに。

「さあ、朝飯にしよう!」(ヨハネ21・12)――弟子たちが、それまでの自分たちの生き方の偽善性に気づいた、まさにそのときに、復活のイエスの声が聞こえてきました。

今日もまた朝の食事のひとときがはじまります。感謝しながら、ゆったりと味わう……。さしあたって、あらゆるいのちのつながりに気づくとき、確かに何かがはじまります。ちょうど、先行きの見こみのない混沌とした罪の闇の中に一条の光がさしはじめる創造のときのように……。

❏37 「たべもの」になること

あらゆる人を生かすために、イエスは来られました。いわば、イエスは相手を活かすいのちの「たべもの」として自分自身をささげ尽くしたのです。

人が生きるためには、力づくで他の生き物を殺してまでも、相手を食べねばなりません。つまり、「たべもの」とは、殺されていった生物の姿なのです。魚や牛や稲などのいのちを奪い取って食べることで、人は生きることができます。まさに、生きることは、殺すことに他なりません。生き物のいのちを奪わなければ生きていけないのが自然界のあらゆる生物の宿命です。

しかし、イエスは、自然界のあらゆる生物の宿命を逆転させるような驚くべきわざを行ってくださったのです。自らのいのちを与えつくして相手を活かす。――これこそが、新しい生き方そのものです。

生きるために相手を殺して、そのいのちを体内にとりこむという現世の哀しき自然法則を乗り越えて、森羅万象を救いの関わりへと変容させてゆく神さまのわざがイエスによって実現したのです。これこそ、神さまの愛情の現われとしての最高のしるし、奇跡、あまりにも深い智慧《ちえ》だと言えるでしょう。愛情のおもいにもとづいていのちをささげ尽くす十字架の死を眺めるときに、そこに「森羅万象の救いの関わりへの変容」あるいは「新しい生き方」を発見することが大切なのかもしれません。

実に、「感謝の祭儀」（＝エウカリスティア＝ミサ）こそは、主イエスを通して示された神さまのおもいが明らかになるひとときです。パンとぶどう酒をささげることによって、十字架の上に挙げられたイエスの姿を垣間見ることになるからです。「まことのいのちのたべもの」としてのイエスの全存在を体験する場が「感謝の祭儀」なのです。生きるために「主のからだ」をいただく貴重な場が「感謝の祭儀」なのですから、これほどのチャンスを逃すわけにはいかないでしょう。

しかし、イエスを神の子とは認めようとはしない気分になる場合もあるとともに、さらにはミサをあまり大切にしていないときもあり得る私たちは、貴重なチャンスを真剣に受けとめてはいないのかもしれません。自己中心的な視点で生きているときには、福音書のなかに登場するユダヤ人たちのようにイエスの言葉をいささかも理解することができないのです。

何とかしてあらゆる人間を助けたいという切実な神さまの愛情のおもい。その深いおもいを体現してくださった主イエス＝キリスト。まことのいのちのたべものとしての主のからだを食べることで、いのちをささげ尽くす新たな生き方があることを実感する私たち。――いのちをいただいた人は、ひたすら感謝するしかないのでしょう。エフェソ書5章15－20節で、使徒パウロが詳しく説明してくれているように。

人間があらゆるいのちを奪いながら自己の野望をエスカレートさせてゆくという世の中の趨勢《すうせい》がますます勢いづく昨今、それでも、今日も「感謝の祭儀」のなかで神さまが「いのちのたべもの」として人間を活かしつづけていいます。

❏38 「ささげもの」としての生き方

「ささげもの」としての生き方。試練を乗り越える前向きな歩み。いのちをささげるという新しい価値観のもとで物事を眺めることの大切さをかみしめてゆきたいものです。――カトリック教会の典礼暦*の年間第二十九主日（B年）の三つの朗読箇所（イザヤ53・10－11／ヘブライ4・14－16／マルコ10・35－45）は「ささげて生きること」を一貫して強調しています。

イエスの弟子となることとは、実は「ささげものとしての生き方」を貫徹することに他ならないのです。ですから、ヤコブやヨハネのように権威あるポジションを望むことはイエスの生き方とは百八十度異なっています。つまり、自分を権力の座に据えて、あらゆる人を支配下におさめて搾取することではなく、むしろ自分をささげ尽くして相手を活かすいのちの糧となることがイエスの弟子には要請されているのです。

私たちは、毎日、いのちを奪うことによって自分を活かしています。魚や肉や野菜も、自然界のいのちであり、それらを食物として摂取することで私たちは自分のいのちを健やかなものとして生きながらえてゆくわけです。そうしますと、生きることは奪うことです。生きるために欠かすことができない必要最低限の食物だけで満足することができないのが人間の哀しい特徴です。

弟子たちは、いつでも誰が偉い立場に出世するのかで争っていました。自分をなるべくよいポジションに置くことで、自分の意のままに世間を動かそうとする人間の欲望がまるだしとなっています。そして、弟子たちにかぎらず、私たちもまた同様な方向に突き進む危険をかかえています。誰もが、そうなのです。

しかも、弱い立場に置かれた人ほど権力を手に入れようとすることになるのです。一度でも、他人からぞんざいに扱われたことのある人ならば、偉い立場にのぼりつめていこうと決意することになるでしょう。もう二度と他人からぞんざいに扱われないようになるためです。そして、その日の食べ物にも事欠く生活を送っていた人が、金持ちとして生きる道を目指すのも同様です。もう二度とひもじい思いをしたくないという切実な願いが極端な拝金主義に突っ走るきっかけとなるのです。

もしかしたら、弟子たちは、他人からぞんざいに扱われた哀しい過去を背負っていたのかもしれません。愛情の不足した悲惨な状況のなかで押し潰された苦しみの記憶が、執拗なまでの権力志向へとつながっていたのかもしれません。ということは「偉くなりたい」という望みは、「もう二度とぞんざいに扱われたくはない、誰からも尊敬されて愛されていたい」というひそかな本音から生じるものだと解釈することもできます。

イエスは、弟子たちに勧めます。――「すべての人のしもべになりなさい。多くのひとのためにいのちをささげなさい」（マルコ10・43－45）と。自分の哀しみを嘆くような後ろ向きな生き方ではなく、むしろ積極的に相手を支えて活かす道に入るように諭すのがイエスの独自の呼びかけとなっているのです。

＊キリスト者の教会共同体では一年間を通してイエス・キリストの生涯を記念します。ローマ・カトリック教会の典礼暦では、主日（日曜日）と祭日のために、三年周期（A年・B年・C年）で旧約聖書と使徒書、福音書の朗読が行われ、主要な救いの歴史と、キリストの神秘を記念してゆきます。

❏39　いつくしみ深い言葉とわざ

神さまのいつくしみが、イエスの「言葉」と「わざ」を通して明らかになっています。「言葉」と「わざ」は表裏一体です。つまり、「ダーバール（言＝事）」の視点です。イエスが所属していたイスラエル民族には「創造的な実力に満ちた神さまのことばの圧倒的なはたらき」つまり「ダーバール」という発想が根づいていました。神さまのおもいは相手を励ます言葉として積極的に周囲に拡散しつつ現実世界を変革してゆく力に満ちているのです。

神さまが愛情のこもった言葉を発するやいなや、相手の充全な救いが必ず実現します。いわば「言行一致」、あるいは決して嘘いつわりのない責任感に裏打ちされた約束（契約）です。人間の場合は、むなしい口約束だけで終わってしまい、具体的な援助などを何もしないことが多いのですが、神さまは決して相手をぞんざいにはあつかいません。神さまは、約束したことを必ず果たします。「言葉」と「行い」とが常に連動しており、決して切り離すことができないのです。

神さまの愛情深いおもいを体現したのがイエスでした。イエスの全生涯において、彼の「言葉」と「わざ」は常に一致していました。いわば、「言行一致」です。イエスが愛情をこめて「言葉」を相手に向けるやいなや、すぐに、救いの「わざ」が実現していきました。そのような様子は、福音書のなかで「奇跡物語」として描かれています。「奇跡物語」は神さまのダイナミックな創造のわざ、言行一致の責任あるはたらきかけ、確実な救いを表現するための記述様式です。

厳密に言うと、新約聖書のなかで、イエスが病気の人をいやすときのエピソードが登場しますが、イエスのわざは「しるし」（セーメイオン）として説明されています。つまり、イエスのわざは決して「奇術」あるいは「魔術」などの「唐突に人を驚かせるようなわざ」（タウマ）なのではなく、むしろ「神さまのいつくしみが、いま・ここに実現しているしるし」（神の国の実現のしるし）として描かれているのです。ですから、ほんとうは「奇跡」という呼び方はふさわしくないのかもしれません。イエスをとおして実現した「神さまのいつくしみのしるし」と呼んだほうが正確なのでしょう。

神さまによる創造のわざが、ダイナミックに、絶え間なく実現しつづけてゆくという事実を新約聖書全体が強調しています。

❏40　イエスの賢さ

ところで、イエスの賢さには、いつも驚嘆させられます。「皇帝のものは皇帝に、神さまのものは神さまに返しなさい」（マタイ22・15－21）。これほどまでに適確な答え方は他にはないでしょう。もしも、筆者自身が同じ状況に追い込まれたとしたならば、とてもイエスのようには明快な答えを出せないとおもいます。福音書を読み返しながらイエスの言動をたどるたびに、上からの智慧というか、絶対的な実力を垣間見させられます。

「皇帝か神さまか、どちらを選ぶのか」という問いは、どちらを選んだとしても窮地に陥るように計算されていた巧みな「わな」でした。イエスに質問を浴びせたファリサイ派の弟子たちは上司の悪意あるたくらみを忠実に実行に移しました。その弟子たちは、表面上はイエスのことを尊敬しているようにふるまいつつも、心のなかは悪意に満ちていました。二者択一のわな、それはまことに巧みに仕組まれていました。同じ状況は、いつの時代でも起こります。悪意をもって他者を陥れようと画策する人間は、相手に二者択一のわなを仕掛けるものです。相手は圧力によって、焦り、おもわず目先のことしか見えなくなり、敵のおもうつぼにおとしいれられてしまいます。

この世の運営者と万物の創造者との価値観の瀬戸際で生きているのが人間というものなのでしょう。俗なる世界と聖なる世界との絶えざる「つなひき」の状況において、あらゆる人は人生の選択を迫られています。しかし、あれかこれかという単純な二者択一のわなにはまらない、新たな視点を見つけることが重要となります。つまり「相手を尊重する」という視点です。

この世の支配者をも尊敬し、彼らのものは彼らに返し、万物の主宰者である神さまをも尊敬し、神さまのものは神さまに返す、という「相手を尊重する」姿勢を保つことが人間の誠意なのではないでしょうか。誠意をもって生きること。自分の利益のために他者を陥れるのではなく、相手を尊敬することが大切なのだという「愛の動機」をイエスがファリサイ派の弟子たちに教え諭そうとしている様子が典礼暦の年間第二十九主日（A年）の福音朗読箇所（マタイ22・15－21）からひしひしと伝わってきます。

相手のことを想い起こして丁寧に祈るパウロは、相手を活かす聖霊の働きに気づいています（一テサロニケ1・1－5b）。人間の思惑をはるかに超えた上からの智慧そのものである聖霊の働きを注意深く見つめるパウロは私心のない誠実さを大事にしていました。

神さまは自由に相手に使命を与えます。キュロス王に純粋な救世活動を託したように（イザヤ45・1、4－6）、パウロもまた神さまからの召し出しを受けて他者を助け出す使命を帯びていたのです。

❏41　ともに生きるイエス

キリスト者は、ひとつに集まり、主を迎えて喜び祝います。いまこそ、神さまがともにおいでになることを実感して生きるときなのです。

二千年前、会堂にはたくさんの人がつめかけ、イエスの一挙手一投足に注目していました。イエスはイザヤ書を朗読します。そして、言います。――「この言葉は、今日、あなたがたが耳にしたときに実現した」。神さまのいつくしみが広がり、あらゆる人びとが解放されます。それは、いまなのです。すでに、神さまの恵みが実現しているのです（ルカ4・16－22参照）。

その後、イエスは、多くの人びとを大切にして、いやしました。会堂での朗読と説教を通して、イエスは公にデビューしたのです。しかも、力ある神さまのわざを実現する者として。

イスラエルの宗教家の多くは、聖書の言葉を引用して解説するだけで、出会う相手を実際にいやすことができませんでした。きれいな言葉を語ったとしても、それらの言葉は借り物の言葉でしかなかったのです。しかし、イエスの場合は異なっていました。活きた本物の言葉が相手を勇気づけ、生きる気力を生じさせるほどの力強さが備わっていたからです。

イエスの生涯は、人びととともに集まり、神さまを喜び祝うことに尽きました。とくに、会堂でデビューしたときにイザヤ書を朗読し、十字架の上でいのちをささげたときにもイザヤ書に登場する「苦しむしもべ」の姿を自ら生き抜いたのです。

つまり、イエスの公の活動は、徹頭徹尾、イザヤ書の思想を実際に生きることであったわけです。神さまによる解放を実現するために、自分のいのちをささげつくして苦難を背負うしもべとしてイエスは生きました。

いまも私たちは教会でミサをささげます。ひとつに集まり、主を喜び祝います。日ごろ、それぞれの場で生きている人たちが、ひとつに集まるとき、共同体はひとつのからだとして活き活きと歩み始めます。

❏42 「自己中心的な生き方」から「他者を支える生き方」へ

神さまの憐れみを実感して、生まれ変わってゆくこと。つまり、人間として成熟してゆくこと。そのことが、典礼暦の年間第七主日（C年）の三つの朗読箇所の要点です。

第一朗読では、「サウル王」と「ダビデ」の生き方が対比的に描かれています。第二朗読では、「第一の人であるアダム」と「第二の人イエス」が暗示されるかたちで説明されています。そして、福音朗読では、

「神さまの憐れみに対して鈍感な弟子たち」が「神さまの憐れみを生きる者」へと回心してゆくようにイエスから呼びかけられています。

「サウル王」はダビデに嫉妬します。ダビデが若く、力にあふれ、民衆の人気を一身に集め始めていたからです。だから、「サウル王」は、自分の立場を守るためにダビデのいのちを付けねらい、殺そうとしています。このような生き方は、まさに「第一の人」としての生き方です。「自己中心的」に生きているにすぎないのです。「アダム」によって象徴されているように、すべての人間の心のなかには「自分のことしか考えない」傾向が潜んでいます。イエスの弟子たちでさえも、同じ感覚によって支配されてしまっています。

しかし、「ダビデ」は神さまの恵みに支えられながら、サウル王をゆるす行動に出ます。「ダビデ」はアダム的な第一の状態から抜け出しているのです。そして、ダビデの子孫としてこの世に来た「イエス」は神さまの憐れみを弟子たちに伝えようとしています。そうすることで、「第二の人」つまり「神さまの憐れみを生きる人」として新たな一歩をふみだすように呼びかけているのです。

「自己中心的な生き方」(第一の人の状態)から「神さまの憐れみを深める生き方」(第二の人の状態)へと成長してゆくことがキリスト者の道です。

「神さまの憐れみを深める生き方」は、「両頬を打たれても諦めない」というイメージで説明されています。あなたは、「これは、無理だ」と言いたくなるかもしれません。しかし、すでに、あなたも気づかないうちに、「両頬を打たれても諦めない生き方」を大切にしています。親ならば、子どもから、たとえ「うざい」と言われても、反抗されつづけても、めげないで子どもを大切にしつづけていくのが当たり前だからです。親であるということは、実は、「両頬を打たれても諦めない生き方」を、いつのまにか自然体で生きていること、つまり「神さまの憐れみをおのずと生きていること」なのです[二〇一九年二月一七日　年間第七主日（C年）〔サムエル上26・2、7－9、12－13、22－23／一コリント15・45－49／ルカ6・27－38〕」。

キリストを愛すること。つまり、御父のおもいをあますところなく生きたキリストから遣わされた聖霊を受けて、聖霊の内において生きること。こうしたメッセージを、復活節第六主日（A年）の三つの朗読箇所〔使徒言行録8・5－8、14－17／一ペトロ3・15－18／ヨハネ14・15－21〕が示しています。

私たちは、たいていの場合、自分自身にこだわっています。自分の都合を最優先しており、他人に対しては無関心な態度をとったりして、神さまのことは眼中にはないわけです。結局、人間というものは、自分を甘やかしており、心地よさを求めつづけてしまうのでしょう。しかし、キリストは相手に対して、自己中心的な視点から抜け出して、聖霊の息吹に支えられて生きるように勧めています。

イエス＝キリストは常に弟子たちのことを気づかっています。つまり、キリストは自分の使命を終えて御父のもとへと帰ってゆく際に、弟子たちの将来を支える弁護者としての聖霊を遣わす約束を与えています。聖霊は御父と御子との深い一致のよろこびを弟子たちに想い起こさせると同時に、弟子たちのことを世間の冷たい風当たりから守る役目をもっています。

弁護者というイメージは、相手を決して見捨てることなく、徹底的に守り抜く保護者としての力強さを実感させてくれます。キリストは力強く弟子たちをかばいつづける意図を明確に表明しており、その強靭な意志は聖霊の愛情深い支えとして後世におよぼされてゆくのでしょう。

キリストは常に相手を第一に優先して支えようとします。他人に対して関心を示し、親身になって関わりつづけます。御父である神さまが人間ひとりひとりを決して見捨てることなく、守りつづけるのと同様、御子キリストもまた弟子たちをかばい、いつまでもともに過ごそうと志します。相手とのつながりを徹底的に保ち、相手の成長を願う親心を備えている御子キリストの姿勢は、まさに御父の慈愛深い包容力を忠実に反映すると同時に、いつまでも相手のことを想いつづけている一貫した関わりの誠実さの具体化としての聖霊の派遣とも密接に結びついています［二〇一七年五月二一日　復活節第六主日（A年）（使徒言行録8・5－8、14－17／一ペトロ3・15－18／ヨハネ14・15－21）］。

❏43　放蕩息子を抱きしめる親の愛情深さ——信仰の指導者の資質

恥辱を取り除き、和解を実現させ、かぎりない慈しみを注ぐ神さま。——典礼暦の四旬節第四主日（C年）の三つの朗読箇所から、神さまのおもいが明らかになります。

この三つの朗読箇所（ヨシュア5・9a、10－12／二コリント5・17－21／ルカ15・1－3、11－32）を読んでいると、「神さまは御自分の御独り子をお与えになるほど、世を愛された」（ヨハネ3・16）というヨハネ福音書のメッセージが、おのずと想い出されます。神さまは、常に、おしみなく最良な恵みを私たちに贈ってくださいます。

福音朗読のなかで、イエスは、あらゆる人びとに向かって、味わい深い「たとえ話」を物語ります。イエスが言いたいことは、「神さまが私たちとともに生きる父であること」あるいは「神さまがあまりにも慈しみ深いこと」です。

「たとえ話」のなかに登場する父親は、二人の息子を大切にしています。帰ってきた弟に対しては、無言で抱きしめます。あえて、言葉をかけないのです。からだで、だきとめることで、言葉を超えた深いおもいを子どもに実感させたからです。私たちも、大切な場面では言葉を失います。思わず行動してしまいます。理屈ではなく、存在そのもので体当たりします。

一方、父親は兄に対しては、「子よ」と、しみじみと語りかけます。ゆっくりと、おだやかに、心をこめて相手を説得しようとする愛情に満ちた語りかけがなされているのです。「子よ」という短い呼びかけこそは、父親が息子に対して誠実に向き合ったときに搾り出されてくる心からの叫びとなっています。「おまえは私の大切な子どもだ」という父親の愛情が「子よ」という短い呼びかけに凝縮されています。

「無言で抱きしめること」も、「短い呼びかけで関わろうとすること」も、ともに父親の深い慈しみの姿勢の極致です。神さまは、まさに、相手に応じてさまざまな関わり方をとりながらも、どの相手をも「自分の大切な子ども」として愛しているのです。

イエスは、イスラエルの宗教指導者たちによって差別されておとしめられていた庶民たちを、無言で抱きしめていやしました。そして、いたけだかな宗教指導者たちに対しては「子よ」と親身に呼びかけて、ともに歩もうとします。あらゆる人の父親としての神さまの慈しみ深い愛情を、イエスはみずからの生き方をとおして明らかに示してくださいました。

今日、私たちひとりひとりの目の前にやってこられるイエスは、はたして、どのようにふるまうのでしょうか。そして、私たちひとりひとりは、まわりの相手に対して、どのように行動してゆくのでしょうか［二〇一九年三月十七日　四旬節第四主日（C年）（ヨシュア5・9a、10－12／二コリント5・17－21／ルカ15・1－3、11－32）］。

❏44　まっすぐに生きる

サタン。――神さまに逆らう者。つまり、神さまのわざを阻止する者。ペトロは、誰よりも早くイエスの本質を言い当てました。しかし、その直後に、「サタン、引き下がれ」という厳しい叱責をイエスから受け取りました。私たちは、どうでしょうか。果たして、今日、主イエスから何と呼ばれるのでしょうか。

「あなたは、神さまのおもいを理解せず、人間的な解決をはかろうとしている」。――私も、キリスト者として何らかの善行を実践しようとしているときに、まるで、イエスの声が耳元に響いてくるかのような気持ちにさせられます。そうです。私たちは、ときとして、偽善的に生きてしまう場合があり得るのです。神さまのいつくしみを生きるよりも、むしろ自分にとって都合のよい解釈を加えて満足してしまうことが、この日常生活のなかでは圧倒的に多いのです。

ちょうどペトロのように表面上は、かっこうのよい言葉を口にしたとしても、実際は、真実を理解していないという哀しい現実が、キリスト者のふるまいのなかにも、たしかにあるのでしょう。年間第二十四主日(B年)の第二朗読でも強調されるように、自分勝手な理屈をつけて、何とか自己正当化を試みる両極端の姿勢(「実践の伴わない信仰主義」と「信仰の伴わない実践主義」)におちいる場合が、キリスト者ひとりひとりにも、たしかにあります。どうしても、神さまのおもいよりも自分の気持ちを優先してしまい、神さまのいつくしみ深いおもいを理解して生き抜くことができない私たちひとりひとり。自分では、神さまに従っているつもりでも、全然別の方向へと逸れてしまうばかり。神さまのおもいをねじまげてしまうときに、私たちひとりひとりは神さまから遠ざかってゆくばかりで、神さまに逆らうサタンのような歩みを、おのずとしているのでしょう。

しかし、第一朗読のなかでも強調されていますように、「主なる神さまが助けてくださる」ので、希望が出てきます。自分の狭い了見から脱出して、自分の弱さをありのままに認め、主イエスに信頼して助けを叫ぶこと。――そこから、はじまります。「自分の十字架」を背負うだけで、じゅうぶんなのです。つまり、自分のどうにもならないほどの弱さを、すなおに認めて、主に助けを求めて歩みなおすことが、「自分の十字架を背負うこと」なのです。主イエスが、あらゆる人の罪の重みを一身に背負ってくださるのですから、私たちひとりひとりは「自分の」弱さから逃げないで、ありのままに主イエスのふところに飛び込めば、それでじゅうぶんなのです。主イエスは、私たちに必要以上の重荷を負わせることはないのですから。むしろ、黙ってすべてを肩代わりして助けてくださるのが主のいつくしみ深いおもいのありがたみなのです。だからこそ、常に、主に感謝したいです［二〇一八年九月十六日　年間第二十四主日（B年）（イザヤ50・5－9a、ヤコブ2・14－18／マルコ8・27－35）］。

❏45　自分の心をどのように整えるか――心のもちよう

実を結ぶ種。神さまからの呼びかけは、決して無駄にはなりません。必ず、何らかの実りをもたらして豊かなよろこびを実現するような実力を備えています。

しかし、受け容れる土地によって、種の成長の度合いは異なります。神さまは、あらゆる相手に対して平等に呼びかけています。種としての神さまのみことば。しかし、私は、ときとして神さまの呼びかけをはねのけてしまう場合があります。かたくなな心は、まるで岩だらけの土地のようです。

だからこそ、いつでも、心をやわらかく耕しておくことが欠かせません。柔軟な姿勢で、彼方からの呼びかけを受け容れる準備をすること。うめきながら、待つこと。神さまの子どもたちの栄光に輝く自由の実現を願いつつ、ひたすら待ち望むことが、私たちには欠かせないのです。

神さまからの呼びかけをすなおに受け容れるときに、人びとは、それぞれの素質に応じて実を結びます。神さまの呼びかけが、あらゆる相手に対して平等に与えられているにせよ、受け容れる私たちの心の状態に応じて、神さまのみことばの展開の仕方は千差万別の様相を呈してゆくのです。

私たちは、自分の至らなさに気づいていない場合が多いのでしょう。だからこそ、いつでも、どうして私は実を結ぶことができないのでしょう、と神さまに対する不平をつぶやくのです。そして、まわりの人と自分とを比較して悔しさをにじませ、行き場のない怒りに燃えるのです。こんなにも頑張っているのに、どうして私よりもあの人のほうが豊かな実りを得ているのでしょう、と文句を述べたくなるわけです。

それでも、神さまは、今日も、また呼びかけています。決して諦めることなく、神さまは、ひたすら愛情深い呼びかけを響かせつづけているのです。決して偏ることなく、常にあらゆる相手に対して平等に関わる寛大な神さまからの呼びかけは、イエス＝キリストの「たとえ話」によって私たちの心に深く残ります。イエス＝キリストによる「謎」に満ちた独特な語り口調は、今日も、私たちの心に食い込んで、新たな意味づけを絶え間なく生み出してゆくのです［二〇一七年七月十六日　年間第十五主日（A年）（イザヤ55・10－11／ローマ8・18－23／マタイ13・1－23）］。

❏46　「信仰のイエス＝キリスト」・「史的イエス」・「史的キリスト」

初代教会では、イエスを「キリスト（救い主）」として信じることが定着してゆきました。つまり、「信仰の立場で眺めたイエス＝キリスト」を理解することが人間にとって最も大切なこととされました。

あえて語弊を恐れずに言えば、初代教会のキリスト者たちにとっては、ある意味で、イエスの人間的な生い立ちや暮らしぶりは、どうでもよかったのです。新約聖書をまとめたキリスト者たちにとっては、何よりも、イエスが「キリスト（救い主）」として人間社会の現実をつつみこんで、あたためつづけていった（救っていった）という「神さまの愛のわざの実現」こそが大切なポイントだったのです。

ところが、十八世紀後半から今日に至るまで、「史的イエス」という視点が登場してきています。新約聖書に書き残されている「キリストの出来事」に注目せずに、人間としてのイエスがどのように人生を生き抜いたのかを、まるで記録映画を撮るかのように順序よく再構成して過不足のない「伝記」を完成させようとする試みです。

この立場でキリストを描こうとするときに、新約聖書内部の記述のズレからもわかるように、どうしても不明な部分や矛盾する箇所がたくさん出てきます。

たとえば、共観福音書(マルコ福音書・マタイ福音書・ルカ福音書)の描き方とヨハネ福音書の描き方とは方法が異なっていますので、四つの福音書を矛盾なく一つの作品として再構成しようとすると、エピソードの並べ方や時間の推移に矛盾が出てきてしまい、イエスがいったいどのような生涯をたどったのかを確定できなくなります。

四つの福音書をまとめたそれぞれのキリスト者たちにとって、元来、時間的推移に沿って伝記を書く意図がなかったのですから、十八世紀から現代に至る伝記作者たちがいくら血まなこになって歴史的なイエスの伝記を再構成しようとしても、それは無理なことです。

いま見たような「史的イエス研究」(伝記作成のための研究方法)の限界をわきまえたうえで、岩島忠彦師(イエズス会司祭、上智大学神学部名誉教授)は、新たに「史的キリスト」という理解の仕方を打ち出しています(『イエスとその福音』教友社、二〇〇五年、『イエス＝キリストの履歴』オリエンス宗教研究所、二〇一一年)。新約聖書全編にわたって、弟子たちによってあかしされているイエス＝キリストの生き方は、すでに「信仰のまなざし」に基づいて描き遺されているという立場です。つまり、新約聖書は、信仰のまなざしで眺めたキリスト(救い主)の姿を歴史のなかで書きとめたものなのです。ですから、歴史的な人物としてのイエスの伝記を書いたわけではなく、むしろ、救い主のわざが人間の歴史のなかでどのように明らかになったのかを確認するための信仰の記録である、という視点に立っているのです。いわば、「信仰の立場に立って物事を理解する姿勢」（神学）が何よりも大切にされていたのです。

新約聖書の記述は、現代の人物評伝の立場から見れば、不充分でしかないわけで、イエスの全人生を忠実に順序よく活写したものではないのです。信仰を深めるために大切なポイントのみに焦点を絞って、信仰の立場に立った解釈を施しているのです。このような次第ですから、現代人の感覚で新約聖書を読んでしまうと、誤解が生じてしまいます。新約聖書を編纂したキリスト者たちにとっては、イエスの生涯の記録映画をつくるつもりなど毛頭なかったのでしょう。ただひたすら、救い主が強調していたメッセージの要点を浮き彫りにさせて、その独自の感触を忠実に後世に伝える努力を払ったのです。

❑47 「聖骸布」が物語ること

イタリア、トリノの大聖堂に「聖骸布」が安置されています。十字架から取り降ろされたイエス＝キリストを仮に葬る際に、その御遺骸をつつんだとされる亜麻布です。その布には、イエス＝キリストの全身像が残っています。汗や血や香料が、ちょうど比率よく調和して布の上にイエス＝キリストの身体の輪郭が見事にしみこんでいます。

日本では、ガエタノ・コンプリ師（サレジオ会司祭、チマッティ資料館元館長）が聖骸布の研究を深めています。彼が川崎サレジオ中学校（現サレジオ学院中学校）校長だったときの一九八一年に筆者は中学一年生でしたが、聖骸布の話を聞かせていただき、研究会に入りました。それ以降、関心をもって、美術史や解剖学やイコン変遷史などのさまざまな関連文献を読み漁って今日に至っています。そして、十九世紀から二十世紀を経て今日に至るまで継続されている科学者たちの検証の努力の積み重ねによる諸般の研究成果にもとづいて、筆者は個人的には、聖骸布がイエス＝キリストの遺骸をつつんだ布であったことを認めています。ともかく聖骸布が、歴史上、重要な役割を果たしてきたことは疑いようのないことです。たとえば、東方教会のイコンにおけるキリストの顔の描き方も聖骸布の発見によって変化していったことがわかっています。それから、聖骸布に付着していた花粉類を電子顕微鏡などで詳しく調べると、確かに二千年前のイスラエルにしかない植物の花粉であることが発見されているのです。また、十字架にかけられたイエス＝キリストの傷跡は手の甲ではなく、手首の骨を貫通するかたちで残されていることもわかりました。もしも、手の甲に釘を打ちつけて十字架に固定したとしても、いざ、十字架を立ててみると、手の甲が身体の重みを支えきれずにちぎれてしまうことも検証されており、十字架刑の際に、釘はイエスの手首に打ちこまれたことが明らかになりました。

しかし、仮に聖骸布が存在していなかったとしても、キリスト者の信仰は、少しもゆらぐことはないはずです。聖骸布に過度にこだわらなくとも、教会史上の聖人たちの熱意あるあかしにもとづいて、イエス＝キリストが歴史上活躍したお方であることを自明のことととして信じることができるからです。

❏48　選び——キリストこそが私たちを呼び出してくださる

神さまが、あなたを選びます。通常は私たちが何かをなしとげるという感覚がありますが、キリスト者の信仰生活においては、まさに「神さまによる選び」がテーマになっています。

現代の社会は、選択を余儀なくされる社会です。いわゆる、自分で責任をもって人生を生きてゆくのが当たり前となっています。受験、就職活動、結婚、リストラ……さまざまな局面で、選ぶことの難しさが出てきますし、相手から選ばれて薔薇色の人生を歩む場合もあれば、逆に相手から切り捨てられて苦渋の人生を耐え忍ばねばならない場合も出てきます。人間同士の選びは必ず競争を生み出します。そして、勝ち組と負け組という二つの階層が社会のなかで出現します。

しかし、教会共同体のミサのなかで読まれる聖書朗読箇所は、異なった「選び」の真相を物語っています。何よりも「神さまによる慈しみ深い配慮に満ちた選び」が強調されているのです。この視点こそが、まさに福音なのではないでしょうか。よろこばしいメッセージです。神さまがあなたを見守るときのまなざしは温かいのです。人があなたを切り捨てたとしても、神さまがあなたを大切にして使命を与えてくださいます。

神さまから選ばれて預言者となったアモスは、もともとどこにでもいそうな普通の働きびとにしかすぎませんでしたが、人びとに向かって回心を呼びかける役割を果たすように選びだされました。

さらに、イエスが選んだ弟子たちの出自や性格をよく眺めてみますと、千差万別で、結構欠点もありますし、あまり立派ではないような人びとばかりのように思えてきます。しかし、人間ひとりひとりに重点が置かれているというよりは、神さまのおもいの体現者である救い主イエスこそが相手を最大限に受け容れて、いっしょに神さまの国のあかしをする旅に出るのです。慈しみ深い神さまは私たちひとりひとりを「イエス＝キリストによって神さまの子にしようと」計画されているのです。

選ばれて遣わされた弟子たちは、杖と履物だけを装着して旅に出ます。杖と履物だけというと、何かあまりにみすぼらしく、しかも唐突で、準備不足のように思えます。しかし、杖と履物を装備して出発するという光景は、実は出エジプト記のなかにも記されています。エジプトの圧迫のなかで息も絶え絶えになっていたイスラエル民族が、ようやく脱出の第一歩を踏み出そうとするときに、杖と履物を身につけていたのです。イエスが弟子たちに対して命じた旅仕度は、いまや「新しい出エジプトの出来事」が始まろうとしているという希望の呼びかけに他ならなかったのかもしれません。だから、この福音の内容は、大きな喜びが迫っているときに、人があらゆるものを差し置いて駆け出すのに似て、神さまの慈しみに信頼して前向きに歩みつづけることが何よりも大事なことであるというポイントを教えてくれるのではないでしょうか［二〇一八年七月十五日　年間第十五主日（B年）（アモス7・12－15／エフェソ1・3－14／マルコ6・7－13）］。

四

いのち

聖霊における
万物の交流

❏49　後から、わかる——風、思い巡らし、実り

読者のみなさんは聖霊を実感していますか。実に聖霊との関わりを確認するのは大変難しいのです。人は聖霊を経験しながらも、そのときは決してわかりません。後から、だいぶ時間が経って「ああ、そうか！」と徐々に納得します。台風が見えないのと似ています。強い風が発生した後に落ち葉や瓦などがあたりに散らばります。聖霊は時として激しく吹きすさび、人の人生をまったく変えてしまうとともに、時としておだやかな微風のように人の心を密やかにくすぐります。変幻自在。風はおもいのままに吹きます（ヨハネ3・8）。

しかも、「私は聖霊を実感した」と公言した時点でにせものになるので、自分から大げさに吹聴してはいけないのです。それゆえ非常に謙虚に心の奥で感謝して思い巡らす姿勢が一番重要となります。ちょうど二千年前に聖母マリアが常に聖霊の導きの驚くべき出来事の連続を心に留めて思い巡らしていたように（ルカ1・29などを参照）。

聖霊によって変えられた人は結果を出します。使徒パウロが言うように（ガラテヤ5・22－23）。つまり聖霊による実りは①愛、②喜び、③平安、④寛容、⑤親切、⑥善意、⑦誠実、⑧柔和、⑨自制です。聖霊の働きによって心の底が温められて、人生の新たな一歩を踏み出そうと決意した人は九つの特徴（右の①－⑨）を備えます。これら九つの特徴を備えない場合、いくら「私は聖霊に満たされた」と公言しても、虚しい嘘をつくことになります。

よく信心深い人が「聖霊が助けてくれた」とか、「これができたのは聖霊さまが働いたから」とか、あまりにも頻繁に強調する場合があります。何でも聖霊のおかげにするので、安っぽくなります。しかし聖霊は活ける相手です。聖霊を自分の専有物として取り込むことはできません。聖霊を、かけがえのない相手として、もっと慎重に尊敬して丁寧に関わる必要があります。

❏50　生活習慣上の感触――私たちのいのちの根源

　これは私事ですが、十四歳で修道院付属の小神学校に入ってから、毎日、先輩の司祭たちが「創造主なる聖霊よ、来て下さい」（Veni Creator Spiritus）という九世紀のラバヌス・マウルスによって作られた祈りの言葉を唱えたり、歌っていたりするのを耳にして育ちました。世界中のローマ・カトリック教会のさまざまな修道院の伝統は「聖霊に対する祈り」をささげることを堅持しており、一日を聖なるものにしようとする意気込みによって活性化されました。聖霊という御方が強力な支えを確かに実現する、というゆるぎない信頼感が修道生活の根幹に存します。たとえ意識していなくとも、聖霊を身近に感じて、助けを願う習慣が修道院の生活には行き渡っています。

　理屈ではなく、聖霊がともにいて励ましてくれる、という生活習慣上の感触が修道院のみならず教会のあらゆる場に息づいています。祝日や黙想会の際に頻繁に歌われる「聖霊をほめたたえる讃歌」はラテン語の美しいリズムと流麗なメロディーとの相即状態をとおして、歌う者と聴衆の心をひとつに溶け合わせ、信仰の熱意をいや増す効果があります。

　ところで親切なイエスが、珍しく厳しい口調で「聖霊を冒瀆する者は決してゆるされない」と述べます（マルコ3・28－29）。しかも、御父や御子の悪口を言う者はゆるされるが、という前置きがついています。御父のみむねを最高度に理解して生き、伝えるためだけに派遣された御子は、相手の不作法な態度をゆるすだけの寛大な態度を示します。寛大さにおいて、御父と御子は連携します。しかし、聖霊に対する不作法な態度は決してゆるされないわけで、そう言われると誰もが戸惑います。三位一体の神さまという視点で考えて、御父と御子が寛大ならば、聖霊もまた等しく寛大さを発揮すべきではないか、と。しかし、聖霊は各自の心の底に潜む神さまの働きなので、人を活かすいのちそのものであるがゆえに、聖霊を悪く言う人は自分で自分の首をしめ、いのちの根源を圧迫し、自らを死に至らしめるわけです。ですから、いかなる時であっても聖霊を否定することは避けねばなりません。

❏51　そばにいる強力な味方——教会共同体の創設

キリスト教が発展し始めた一世紀にさかのぼりましょう。ヨハネ福音書で聖霊は「弁護者」あるいは「助け主」（パラクレートス）もしくは「慰め主」と呼ばれます。つまりイエス＝キリストが弟子たちに対して、「私はあなたがたに弁護者としての聖霊を遣わす」（ヨハネ16・7）と約束しました。しかも、イエスは弟子たちに伝えました。たとえ迫害者たちから詰め寄られても、弁護者である聖霊が何を話せばよいのかを教えてくれるのだから、臆せずに堂々とふるまえ、と（マルコ13・11を翻案しました）。

弁護者は、そばにいる強力な味方です。私たちは独りだけでは不安です。しかし聖霊がそばにいるのを自覚すれば、安心できます。聖霊は安心感を与える強力な味方です。

イエスをキリスト（救い主）と信じる弟子たちは教会共同体を着実に育てあげました。彼らは、イエスが最も辛い時期に寄り添えませんでした。弟子たちは自己保身にこだわり、イエスを見棄てて十字架のもとから逃げました。しかし聖霊の後押しを受けて、彼らは強い信仰者に生まれ変われました。聖霊が圧倒的な愛情の力を注ぎ、弟子たちを再び集め、教会共同体を創りました。聖霊という強力な味方がいるからこそ、どうしようもない人間が立ち直って最上の結果を出せました。

❏52　ペルソナ——相手のために響ける自分

さて、御父・御子・聖霊は「三位一体の神」と呼ばれます。つまり、御父である神さま、御子イエス＝キリスト、聖霊という三者は一貫した姿勢で相手を活かします。しかも一貫した愛を相手にささげつつも、それぞれの独特な性質を発揮しつつ歴史において活躍します。

御父である神さまや御子イエス＝キリストについてはイメージしやすいでしょう。御父は、姿こそ見えませんが、常にイスラエルの民を力強く導く主権者として旧約聖書の随所に登場します。そして、御子イエス＝キリストが三年間かけて十二人の弟子とともに旅しながらイスラエルの民ひとりひとりを丁寧に支えたことは新約聖書全体をとおして明確に記録されています。しかし聖霊をイメージするのは難しく、つかみどころがありません。

御父も御子も聖霊も、それぞれがペルソナです。ペルソナとは「相手のために響ける自分」のことです。ペルソナをペル（のために）とソナーレ（鳴り響く）という二つに分解すれば意味を理解できます。相手との響き合いを通して、自分らしさが際立ちます。相手といっしょに協力して生きるときに、安心感や温かさが生じます。生きる気力がみなぎります。頼れる相手に出会うことで、自分の居場所が見つかり、相手からも頼りにされて自分の生き方が肯定され、自信がもてます。相互補完的な支え合いは、まさに「仕合わせな状態」を創造します。古代ローマ帝国西方のラテン教会では、聖ヒラリウスや聖アウグスティヌスによって聖霊が「愛の交わりの絆」として理解され、中世期以降のローマを拠点とするカトリック教会で「創造主」として讃美されるゆえんです。

ペルソナは日本語ですと「人格」と訳されます。人格とは、人間としての理想的な品格を備えた高潔な姿のことです。しかしペルソナは、もともとは神さまの姿のことです。その神さまから愛されて、いのちを授かって、この世に生まれた人間ひとりひとりも神さまの子としての尊さを備えるがゆえに神さまに似た者としてペルソナと名指されます。

日本はキリスト教国ではないので、ペルソナを訳すときに神さまの姿としての意味合いを含めません。それで「人格」という訳語が定着しました。ところがキリスト教を話題とする場合、必ず神さまが登場するので、神さまの姿を表わすペルソナを邦訳する際に「位格」という造語が出来ました。こうして、ペルソナを訳すときは、神さまの場合は「位格」とし、人間の場合は「人格」としました。欧米ではペルソナは「位格＝人格」として理解されますが、日本語だと人間性だけに話題が集中します。

❑53　啓示と信仰——二つの道が循環する信仰生活

いま私たちは聖霊のいぶきに活かされ、教会の時代を歩んでいます。四世紀の神学者であるナジアンゾスの聖グレゴリオスは『第五神学講話』（三八一年）のなかで聖霊の働きを説明します。彼は、聖霊は論理的かつ合理的（理性の能力によって納得しやすいかたちで理解すること）には理解できない、と論敵たちに対して繰り返し述べました。むしろ、聖グレゴリオスにとって、聖霊は救済的かつ秘義的に実感される親密な相手として尊敬と信頼を込めて想い出されます。

ナジアンゾスの聖グレゴリオスによれば、キリスト者が信仰生活を送るに際して二つの道が重要となります。第一の道は、歴史的な神さまの啓示の出来事です。第二の道は、内面的な人間の応答の経験（信仰）の出来事です。第一の道と第二の道は絶えず響き合い、循環します。「啓示」と「信仰」が呼応し合ってキリスト者の生活を洗練させます。啓示は、神さまからの積極的な働きかけ（愛情に満ちた呼びかけ）です。信仰は、人間側からの徹底的な受容の姿勢です。神さまは絶えず語りつづけ、人間は神さまからのメッセージを受け留めます。

第一の道、つまり啓示について述べます。神さまの働きは、歴史的には、御父↓御子↓聖霊という順序で明らかとなります。つまり、旧約聖書は御父の姿を示し、新約聖書は御子の姿を示し、その後につづく教会の時代が聖霊の姿を示します。キリスト者は歴史を神さまの呼びかけの深まりの視点で理解します。つまりキリスト者にとっての歴史の理解の仕方は救いの三段階の展開に沿います。旧約時代↓新約時代↓教会の時代、という三段階の歩みが信仰者にとっての救いの歴史の展開です。旧約時代の神さまの働きは旧約聖書にまとめられ、新約時代の神さまの働きは新約聖書にまとめられ、教会の時代の神さまの働きはキリスト者それぞれの活躍によって表現されます。

第二の道、つまり信仰について述べます。人間は、聖霊の働きによって強く後押しされ、御子イエス＝キリストの生き方を発見し、御子が指し示す御父を求めます。ある人が徐々に目覚めつつ、洗礼を受けてキリスト者として生きる決意を固める際、心の奥底で聖霊が圧倒的な後押しをする場合があります。それで求道者は急に熱心に聖書を読み始めたり、奉仕活動に力を入れたりします。心の底からわき起こる熱情が人生を変革します。何の前触れもない神さまの後押しが聖霊の働きです。それにしても二つの道（啓示の三段階と信仰の三段階）を通して救いが実現することそのものに神さまの優しさが込められています。一挙に神さまの豊かな恵みが人に対して注ぎこまれれば、許容量の少ない人は破裂してしまうからです。だから段階的に啓示が与えられます。そして、人が神さまへの信頼を込めて回心する際にも段階的に応えればよいのです。

❑54 「私たち」という極意――いっしょに生きれば自分らしくなれる

三位一体論の専門家であるヘリベルト・ミューレンという二十世紀のドイツの神学者は『三位一体におけるペルソナとしての聖霊』（Heribert Mühlen, *Der Heilige Geist als Person*, Münster, 1966.）という著書のなかで「私たち」(聖霊なる神の我々)という共同体的な人格の可能性を意味深く考察しました。親しく生きている者同士の愛情のこもった響き合いが「共同体的な人格」として周囲に影響をおよぼす場合があるからです。たしかに、私たちひとりひとりは誰かから受け容れられて励ましを受け、今度は自分も誰かを受け容れようという気になります。さまざまな人びとの連帯関係が各人を各人らしく成熟させます。私が私であるには、必ず複数の人びととの関わりが必要になります。大勢のあいだでもまれてこそ、各自は自分の長所や短所を発見できます。人びとのまったただなかにいることが自分の自分らしさを自覚するチャンスとなります。「私たち」という連帯の感触が各自の生きる力を最大限に発揮させる極意を身に覚えさせます。相手といっしょに生きれば自分らしくなれます。

ミューレンはヨハネ福音書(14・17-23)を根拠として、御父(我)が御父になるためには御子(汝)とともに生きることが欠かせず、御子が御子になるためにも御父とともに生きることが欠かせず、御父と御子との心もちの深い一致と連帯のためには聖霊(我々)の働きの空気感において活動しなければならないと考えました(御父と御子のあいだのペルソナとしての「我々」としての聖霊)。それぞれのペルソナが自分らしい姿を生きるには関係性のまっただなかで響き合って連帯しないと駄目だ、という神さまの切実な想いをミューレンが発見しました。

「共同体的な位格の関係性(交わり)」に与るキリスト者たちは「共同体的な人格」を生きます。三位一体の神のいのちの構造に招き入れられて生きるときに、人間は神の子どもとしての本来在るべき理想状態を身に覚えます。聖ヨハネ・パウロ二世教皇が使徒的勧告『奉献生活』(一九九六年)で強調した「三位一体の神のいのちの交わりの姿に与って共同生活を営む奉献生活者たち(あらゆるキリスト者たち=司教・司祭・修道者・信徒)」という根本視座もミューレンの発見の延長線上に抜きだされたものの見方なのでしょう。この視座は、社会における一般的な見方としての「法人格」という発想にも結び付きます。個人ではなく、法人として共同体的な存在感を発揮して社会を変革する立場は、人が独りでは決して為しえない善を強力なかたちで推し進める際のゆるぎない保障となります（しかし、逆に自分勝手に物事を悪用する場合は最悪の事態に陥ります）。

❑55　聖霊の働きの見究め——聖イグナチオ・デ・ロヨラによる『霊操』

　ふだんは隠されている聖霊の働きを慎重に見究めて理解する黙想の訓練を積み重ねたのが、十六世紀の聖イグナチオ・デ・ロヨラでした。彼が古代教父の祈りの伝統に触発されて創案した黙想の方法論は、数多くのイエズス会員や信徒に対して適用され、いくども改訂されて『霊操』（Exercitia Spiritvalia, 1548.）として集大成されました。『霊操』は、ひとりひとりの人間の心を導く聖霊の働きを識別するための案内書です。心のなかで働く「神の霊」と「悪霊」の差異を見究めて、反省を積み重ね、新たな決意を固めることが識別です。

　聖イグナチオが『霊操』のなかで、「識別」（霊動辨《べん》別、心の底で働く神さまの霊と悪霊とを峻別しつつ神さまのみむねをわきまえる仕儀）に関する具体的な指示をまとめている箇所は、「初心者のための霊動辨別の規則」（『霊操』三一三－三二七項）および「熟達者のための霊動辨《べん》別の規則」（『霊操』三二八－三三六項）です。特に参考となる条文を前者から引用します（イグナチオ・デ・ロヨラ［門脇佳吉訳・解説］『霊操』岩波書店、一九九五年、二六〇－四頁を要約します）。——「第2則　悪霊は相手を①責め苛み、②悲しませ、③前進させないばかりか、④偽りの理由により不安にさせ、⑤行く手に障害を設ける。善霊は①勇気や②力や③慰めを与え、④涙や⑤霊感や⑥平和を与え、⑦すべてを容易にし、⑧すべての障害を取り除きながら善行に励ませ、⑨前進させます。／第3則　霊的慰めとは、①万物の創造主においてのみ愛すること、②主の愛に感動して涙があふれ出ること、つまり信望愛の増大するあらゆる場合と内的悦びです。／第4則　荒みとは、①暗闇、②混乱、③卑しい地上的なものへと引きつける動き、④誘惑から生じる不安です」。善霊とは聖天使の働きであり、神さまの慈愛深い働きとしての聖霊の意向に沿って人間を回心させる働きを指します。悪霊とは、神さまの意向と逆走する自己中心的な傲慢さに凝り固まる堕天使の働きを指します。なお、『霊操』全体の構成は以下の通りです。

第一週　罪の自覚と痛悔　①「根源と礎（不偏心を説く）」（二三項）／第二週「キリストの救いのわざ」の観想　②「キリストの国（呼びかけ）」（九一－一〇〇項）、③「二つの旗についての黙想（キリストの旗とルシフェルの旗）」（一三六－一四三項）、④「謙遜の三段階（対話）」（一六五－一六八項）／第三週「キリストの受難」の観想／第四週「キリストの復活」の観想　⑤「愛に達するための観想（愛の実行、愛に満たされた交流 communicacion）」（二三〇－二三七項）

右の通り、イグナチオの『霊操』は四週間を通して、各人が三位一体の神さまの働きに支えられて活かされることを黙想し（聖霊の導きに促されて御子を通して御父へと回心の道筋をたどる＝信仰の道を進む）、全身全霊で神さまに感謝しつつ讃美の祈りをささげて、新たに生まれ変わり、徹底的な奉仕者となることを目指します。

❑56「相手」としての聖霊

ふだんあまり意識されないことですが、聖霊は生きている相手です。活けるペルソナです。聖霊は、この私が自分の内側に都合よく吸収できるような所有物などでは決してなく、むしろ、私とは同化し得ない独立した相手（絶対他者）です。しかし聖霊は私の心の奥底に潜むいのちの根源でもあり、おだやかなよろこびのうちに、きわめて私の心の内面とひとつになって生きています。聖霊は、親しい相手として、私自身よりも私のことを親身に熟知して関わってくれる神さまの激しい愛情のエネルギーであるとともに、活ける相手です。最も身近な他者としての聖霊の働きを身に覚えて生きることができるよう、心から叫びたいものです。「創造主なる聖霊よ、来て下さい」と。

❑57　風と息――いのちのつながり

風が吹く。ときに激しく、嵐のように。ときに穏やかに、そよ風のように。あらゆるものは、風となって吹きよせる空気を呼吸しています。

息は、いのち。息は、愛情。太古の昔から今日に至るまで、空気は風の流れとなって世界中のあらゆる地域に広がっています。その空気を私たちも呼吸しているのです（自然のなかの風＝人体を吹く呼吸）。いのちの息吹が風としてあらゆるものを貫き流れてゆきます。

空気をもらい、空気を返す……。まさに、いのちは一息のあわいにおいて営まれています。呼吸の不思議さ。つながり。絶えざる生死のひびき合い。常にいのちをいただく日々。

同じ空気を肌で感じながら呼吸することによって人も動物も植物も無機物でさえも時代と場所の違いを超えてたがいに関わり合いながら一つに結びつきます。いわば、いのちの連帯が実現しているのです。

❑58　神さまのいつくしみのはたらき――聖霊

神さまのいつくしみの力に満ちた根源的な霊のはたらきは、ちょうど空気のように目には見えません。そして、あまりにも身近すぎます。だから、人は聖霊の大切さに気づかないのでしょう。しかし、確かに聖霊は私たちのいのちの背景（Life-Context）となっています。聖霊というのちの息吹の場においてあらゆるものは活かされます。

聖霊降臨（使徒言行録2・1-41）のときに弟子たちが圧倒的に実感した神さまのいつくしみの力は、神さまのいのちの息吹を吸いこんだ弟子たちの呼吸を通して世界中至るところに広がっており、将来も廃れることなくつづいてゆきます。いつまでもいつまでも。

まさに、弟子たちが聖霊降臨の日に呼吸した空気を、あらゆる時代のあらゆる場所のキリスト者たちも二千年かけて呼吸しつづけてきたのであり、その同じ空気を私たちも呼吸しています。もはや、神さまのいつくしみの息吹と無関係な場所も時代もありえないのです！

キリスト者がさまざまな人と出くわすときに、たいていの場合、「あの人はキリスト者であるか、そうでないか」を気にしてしまい、周囲の人びとのことを勝手に区分けして論じがちです。ほんとうは連帯していることを忘れて、自分と他者とを差別してしまうのです。

しかし、神さまは実に寛大な方法で、万人ばかりか、動物、植物、無機物を含む万物全体をいつくしんでくださるのです。まさに、あらゆるもの（＝森羅万象）は、聖霊のあたたかい活力につつまれながらも、その活力をそれぞれのものの奥底に宿し育んでいます。「神さまは語ります。——終わりのときに、私の霊をすべてのものに注ぎましょう」（ヨエル3・1、使徒言行録2・17）。いまは、「はじまり」のとき。曲がった時代が終わるとき。約束されていた神さまのいつくしみのはたらき（聖霊）が確かに私たちをつつみこんで、あらゆるものを圧倒的に刷新してゆくとき。ほんとうの連帯を取り戻すとき。

□59　ありえないところから神さまのいつくしみが……

誰からも注目されることのないナザレの田舎の目立たないおとめマリアや山里に住む年老いたエリサベトは聖霊に満たされて、幼いいのちを新たに宿しました。まるで道端に咲く野草の葉にいつのまにか載っている朝露のように、当時の人びとがまったく予期しない場所から、人類史のみならず宇宙史をも大きく変えるほどの神さまのいつくしみが着実に広がってゆきました。このような救いのわざの展開を「救済史」と呼ぶことができます。

「お前は私の愛する子、私の心にかなう者」（ルカ3・22）。——天が裂け、聖なる霊が鳩のように降りました。そのときイエスの新しい宣教活動が始まりました。門出の時。御父のいつくしみをあらゆるものにおよぼす御子イエスの活動は、常に聖霊のあたたかさに満たされたものでした。そして、イエスは十字架の上で殺されてから復活し、四十日間弟子たちとともに歩んでから御父のふところへと戻り（昇天）、その十日後の五旬節の日に、天が裂け、聖なる霊が炎の舌のように降ったときに、弟子たちの使徒としての新たな歩みがはじまりました（使徒言行録2・1–47）。聖霊降臨の出来事が弟子たちの人生を刷新させました。

神さまのいつくしみに満たされて、一同の気持ちは一つになりながらも、それぞれの多様な性質が豊かに展開してゆきます。つまり、バベルの塔の出来事のような「相互分裂」ではなく、同じ目的意識に支えられた「相互同調」が実現してゆくわけです。これこそ、まさに、「教会の誕生日」と呼べる出来事です。私たちの共同体も、常に新鮮に生まれつづけてゆくのです。今日も、明日も、あさっても……。相互の連帯の日々が深まります。

さらに、毎年「聖霊降臨」（ペンテコステ＝五旬節の出来事）を祝う私たちひとりひとりも神さまから大事にされて、神さまの子どもとしての新たな使命を託されています。

神さまからのいつくしみを多く受け、多くゆるされた者は、心の奥に深くしみとおった神さまのいつくしみをおのずと他者にも多く与え、おのずから多くゆるさざるを得なくなります。弟子たちは自分たちのいのち惜しさにイエスを裏切って十字架のもとから逃げ去りましたが、御父のいつくしみを身をもって伝える復活の御子イエスの姿を自覚させられ、ゆるされ、心に平安（シャローム）を抱きながら勇猛果敢な使徒として全世界へと派遣されてゆきました。イエスからゆるされた弟子たちこそが「よろこびの知らせ」（福音）を告げることができます。

私たちも同様です。おそらくは神さまのまなざしで眺めれば、私たち各人は、たとえ欠点が多くても、罪深くても、そのままのあなたとして大切で可愛い相手として映るのでしょうか。ともかく、私たちはゆるされたことにひたすら感謝して、回心の第一歩をふみ出せば、それでよいのでしょう。洗礼を受けたときに、ひとりひとりは神さまのあったかさにつつまれて、すでにゆるされているからです。ですから感謝しながら前向きに生きてゆけば、それでよいのでしょう。

キリスト者であることは、ゆるされたよろこびをお祝いすることです（ルカ15・11－32）。ですから、まじめに堅苦しく掟を守ることだけでは足りないのでしょう。人間の態度がどんなに欠点だらけであったとしても、神さまは、深い理解を示してくださり、ただひたすら、あったかくつつみこんでくださるのです。ちょうど、放蕩息子をあたたかく迎え入れた父親のように。罪や欠点ではなく「あなたそのもの」をありのままに受けとめて、可能性を信じきってくださるだけ。最終的には、罪も憎しみも病も死も、神さまの愛情の前で色あせてしまい、すべては神さまのやさしさだけに満たされてしまうのでしょう（信仰＝希望＝愛）。

❏60　わかること――聖霊の後押し

それまでは、わかり合えていなかった人びとが、突然、心をかよわせるようになってゆきます。聖霊降臨は、神さまと等しい者になろうとしてバベルの塔を建設する人間たちの傲慢さに終止符を打ちます。傲慢さゆえに、おたがいの気持ちを無視してしまい、おたがいに支え合うことを忘れた人間たちが、聖霊の導きによって再び一致するからです。

しかも、聖霊の導きは、豊かな実りをもたらします。パウロは数多くの実りのリストを掲げます。愛、喜び、平和、寛容、親切、善意、誠実、柔和、節制。これら九つの実りは、開かれた明るさを帯びており、他者のしあわせを願う祝福の心を備えることの尊さを実感させます。聖霊がもたらす実りは人間同士の一致にとどまらず、さらに人間の生き方そのものをも洗練させます。人間は自力では実りを生み出すことができません。しかし聖霊による支えがあるときに、人間は安心して才能を開花させることができるようになります。

聖霊の働きは、相手に真実を、ことごとく悟らせます。物事の意味がわかるという経験は、生きるよろこびを倍増させます。御父のいつくしみを徹底的に生き抜いた御子イエス＝キリストは、その心の底に隠されていた愛情深さを弟子たちに対して授けようとします。御父と御子のあいだに響き合う聖霊の息吹の慈愛の実力が弟子たちを目覚めさせます。

しかし、聖霊の働きは、後になって、ようやく明らかになります。弟子たちが真実をことごとく悟るようになるのは、イエスが去ってからのことでした。ひそやかに、相手の心の底に働きかけて、相手の生き方を変革する聖霊の働きがなければ、弟子たちでさえも回心することができなかったのです。ところが、弟子たちは聖霊の働きによって強められてこそ、自立して積極的な活躍をつづけることができたのです。まさに、相手を自立させて、真実をあかしする勇気をもたらすのが聖霊の特長なのでしょう［二〇一八年五月二〇日聖霊降臨の主日（B年）（「わかる」――使徒言行録2・1－11／「実り」――ガラテヤ5・16－25／「ことごとく悟らせる」――ヨハネ15・26―27、16・12―15)」。

❏61 聖書と生活、うずまくなかでの再発見

①「聖書に記録された過去の想い出」と②「現在の日常生活」とは絶えず循環しながら深まってゆきます(解釈学的循環)。つまり、①聖書を熟読して味わうと②生活が変わってくるのであり、②心をこめて生活すると①聖書が深く読めるようになるわけで、①の聖書熟読と②の生活実践はたがいに刺激を与え合いながらうずまき、相乗効果的に実り豊かに人生を輝かせてくれるのです。

実に、このような「循環」には、ありきたりの日常生活のなかでも新鮮なまなざしで、ものを見させてくれる聖霊の導きが潜んでいます。まさに聖霊降臨は「意味発見の出来事」であり、人間の自分勝手な主観的幻視ではありません。むしろ神さまが先に手を差し伸べることで自らのいつくしみを明らかに示すというコミュニケーションの事実です。

社会の中の弱者や疎外された人びとと関わり、いやし、政治家や宗教指導者たちのねたみによって殺されたイエス。このイエスは滅び去ったのではなく、復活し、いまでも私たちとともに生きつづけています。

この世の悪意や憎しみや罪や死によってさえも決して滅び得ない、いのちの力が確かにあるという確信。どんなに最悪な状況の中に飲みこまれている人であっても、神さまのいつくしみによっていやされて生きつづける希望があります。それゆえキリスト教信仰は世界中のさまざまな地域の多様な人びとの心の拠り所となり、受け容れられつづけているのでしょう。

❏62 食物連鎖

いまから二千年前に、イエスは徹底的に神さまのいつくしみを体現しながら、決して妥協することなく、行き着くところまで突き進んで壮絶なまでに自らのいのちを与え尽くして死にきりました。

現在の私たちが、そのような烈しいイエスの生き方をそのまま真似することは到底できないでしょう。しかし、その心構えを心に刻みこむことだけは、できるはずです。そのようなイエスの言葉とわざを想起記念するのがカトリック教会のミサ（聖餐）です。

ミサのなかで聖霊の充満を願う祈り（エピクレーシス）がささげられ、主イエスが御父のいつくしみを、いまここでも私たちにおよぼしてくださることを実感するのです。

いまから九十年ほど前に活躍した日本の独創的思想家である西田幾多郎に影響を与えた逢坂元吉郎牧師は、聖ジョン・ヘンリー・ニューマン枢機卿の『トラクト』第九〇号に触発されて、教会共同体のことを「キリストの肉を食ろう処、聖霊のみちみつる処である」と定義しました（「教会　下」〔石黒美種編『逢坂元吉郎著作集』上巻、新教出版社、一九七一年、三七六頁〕）。

主イエスの言葉と行いを想い出しながらともに食事するときに、確かに何かが変わります。いのちの深まり。記憶の重なり。団結。神さまのいつくしみによって勇気づけられ、招き集められた人びとの集いはキリストをかしらとする一つの尊いからだとなるわけです。

いま、教会は、「各自の全身全霊をかけた深い霊性経験」と「地球全体という生態系すべてに関わる聖霊の働き」という二つの要点を見直しながら、つながりを重視したいのちの視点へと開かれてゆく新たな門出の時を迎えているのではないでしょうか。

教会とは、いのちの流れを感じるところ。まず、何よりも存在することをたがいにゆるし合うことが大切。たがいに、認め合うこと。そこから、はじまるのでしょう。

食物連鎖。――この私が生きるために、多くのいのちが犠牲になっています。残念ながら、あらゆる生きものは生きるために、他の生きものを殺さなくてはならないのです。これが、この世の法則です。しかし、殺されたものは、殺すものを活かすいのちとして絶えずゆるしながら私のいのちのなかで生きつづけてゆきます……。イエスの復活のように。

あらゆる人を活かすために、イエスは来られました。いわば、イエスは、相手を活かす「いのちのたべもの」として自分自身のいのちをあますところなくささげ尽くしたのです。

人が生きるためには、力ずくで他の生きものを殺してまでも、相手を食べねばなりません。つまり、「たべもの」とは、殺されていった生きものの姿なのです。魚や牛や稲などのいのちを奪い取って食べることで、人は生きながらえることができます。まさに、生きることは、殺すことに他なりません。他の生きもののいのちを奪わなければ生きていけないのが自然界のあらゆる生きものの宿命です。

しかし、イエスは、自然界のあらゆる生きものの宿命を逆転させるような驚くべきわざを行ってくださったのです。――自らのいのちを与えて相手を活かす。これこそが、新しい生き方そのものです。生きるために相手を殺して、そのいのちを自分の体内に取りこむという現世の哀しき自然法則を乗り越えて、森羅万象を新たな関わりによる救いへと変容させてゆく神さまのわざがイエスによって実現したのです。これこそ、神さまの愛情のあらわれとしての最高のしるしだし、奇跡、あまりにも深い智慧だと言えるでしょう。

私たちが聖書を読むことによって、深い愛情のおもいにもとづいて、いのちをささげ尽くすイエスの十字架の死を眺めるときに、そこに「新しい生き方」を発見することができます。

実に、「感謝の祭儀」（エウカリスティア＝ミサ）こそは、主イエスをとおして実現した神さまの愛情のおもいが明らかになるひとときです。「新しい契約」としてのパンとぶどう酒とをささげることによって、十字架の上に挙げられたイエスの姿を眺めることになるからです。

ヘブライ書は、イスラエルの伝統のながれのなかでのイエスの血の意味を確認した書簡です。十字架の上で血をながしながら、いのちをささげ尽くす姿を眺めるときに、きっと、私たちは神さまの愛情深さの過激なまでの徹底ぶりに全身をゆさぶられることでしょう。

確かに「契約の血」という表現は、日本人にとってはあまりにもなまなましいかもしれません。しかし、血をながすほどに神さまが私たちを大切にしていることを強烈に印象づけるのには最も適切な表現なのかもしれません。あなたも神さまから徹底的に大切にされています。

まさに、「まことのいのちの食べもの」としてのイエスの全存在を体験する場が「感謝の祭儀」なのです。生きるために「主のからだ」（＝御聖体と御血）をいただく、かけがえのない場が「感謝の祭儀」なのですから、これほどのチャンスを逃すわけにはゆかないでしょう。

生かされていることに気づくときに、感謝したいものです。ミサが「感謝の祭儀」と呼ばれていることの、何と意味深いことでしょう。殺してしか生きながらえることのできない私が、ゆるされ、活かされていることに気づいて感謝するひとときなのですから……。

何としても、あらゆる人を助けたいという切実な神さまの愛情のおもい。その深いおもいを実現してくださった主イエス＝キリスト。――まことのいのちの食べものとしてのイエス＝キリストのからだを食べることで、いのちをささげ尽くす新しい生き方があるということを実感する私たち。いのちをいただいた人は、ひたすら感謝するしかないのでしょう。

人間が、あらゆるいのちを奪いながら自分たちの野望をエスカレートさせていくという世の中の趨勢がますます加速する昨今、それでも、今日も「感謝の祭儀」のなかで、神さまが「いのちの食べもの」として人間を活かそうとしてくださるのです。

すべて無駄なものはなく、汚いものはみじんもないのです。あなたが吐き出した二酸化炭素が植物を活かし、植物の吐き棄てた酸素があなたを生きながらえさせます。私が排泄した老廃物が大地を豊かに活かし、大地が生み出した農作物が私たちを生きながらえさせます。あらゆるものがつながるうちに清められ、美しく活かし合う一つのいのちのながれとなってゆきます……。

本篇の57項（風と息――いのちのつながり）が『キリスト新聞』に掲載されたときに、当時、日本基督教団経堂緑岡教会にいらした松本敏之牧師が、次のような御感想を説教やホームページのなかで公表してくださったことに感謝し、ここで紹介させていただきます。――「私はこの言葉を読んで、はっといたしました。イエス＝キリストが呼吸されたその空気は、今日まで連なっている。イエス＝キリストが弟子たちに向かって吹きかけられたその息は弟子たちの中に入り、弟子たちの息となり、この私たちの空気も、その息を共有している。空気は時代を超え、場所を越えて、世界中へ広がっている。二千年前と今日の私たちとの不思議な一体感を感じました。／私たちは、この後、召天者の記念の祈りをいたします。これに際しても私はそのことを思うのです。いま、ここで私たちが呼吸しているこの空気は、その方々がここで呼吸しておられたその空気と連なっているのです。先週はNさんとSさんのお二人が亡くなられました。その方々が呼吸しておられたその空気を、私たちはいまもなお呼吸しているのです。／その方々にいのちを吹き込まれた方の息を、私たちはまた吸っている。その方々を生かした霊が、私たちにも働いて、私たちを生かしている。イエス＝キリストの息とつながり、弟子たちの息とつながっている。私たちの先達、K先生が呼吸されたその空気、T先生が呼吸されたその空気、その同じ空気を、私たちも同じように呼吸しながら、この教会が生かされているということを、感慨深く思います」。

五

あったかさ

よろこばしい知らせ

福音宣教論

❏63　相手をおもうイエス

相手を「見て……深く憐れむ」イエス。しかし、私たちの場合は、相手を「見ないで、たいして何も感じないままで通り過ぎる」ことが多いのかもしれません。そうなると、まず、相手に目を向けて、相手の気持ちを察してから自分の身で相手の痛みを感じようと意識的に努力することが、私たちにとっては何よりも必要になるのかもしれません。

イエスは弟子たちを休ませようとします。弟子たちが疲れやすく、他者に対しても大して興味をもとうともせずに、イエスから後押しされるから仕方なく人助けを事務的にこなしているだけだからです。

しかし、イエス自身は相手を見て助けることに対して何らの疲れも感じません。むしろ、イエスは四六時中奔走したとしても決して疲れたりはしません。イエスにとっては、打ちひしがれて弱っている相手の苦悩を黙って見過ごすことができないからです。どうしても助けたくて助けたくてたまらないのです。みなさんも自分の大切な人を助ける際に、どのような苦労もものともせずに、すべてのエネルギーをつぎこむことができるはずでしょう。大切な人を最優先するわけです。関わりの深い相手のことをおもえばおもうほど、すぐに何とかしたくてたまらなくなるものです。

ところが、弟子たちは相手を大切におもっていませんでしたので、相手のためにいのちをかけるだけの熱意がなかったのでしょう。事務的に仕方なく奉仕するだけの弟子たちは意欲がなく、熱意をもたず、ただイエスから言われたままに仕事を手伝うに過ぎず、自発的に生きていないので、ただひたすら疲れるだけの人生を送っていました。そこで、イエスは大切な弟子たちの姿を観るにつけて、休ませるべきだと察したのです。

「主は我らの救い」というメッセージを生きる希望の若枝としての王の姿を預言するエレミヤ。彼は、神さまのいつくしみが幅広く、あらゆる人にもおよぶことを夢見ています。イエスが生まれるよりも、はるか以前からあらゆる人の苦悩を理解して、いっしょに歩む指導者が現われることに、エレミヤは期待を寄せていました。エレミヤは、あらゆる人の望みを察して理想の王の姿を想い描いたのかもしれません。

「キリストは私たちの平和」という言葉や「キリストによって私たち両方の者が一つの霊に結ばれて、御父に近づくことができる」という言葉は、パウロ独自の呼びかけとして記憶されてきました。キリストは徹底的な安らぎを与える救い主であり、私たちを御父のもとへと導く案内人でもあることを、パウロが教えてくれるのです。相手を孤独から救い出して、神さまとの親しさに招き容れるキリストの「つなぎ」の実力は御父のいつくしみを具体的に示してくれます。しかもキリストは、あらゆるものをひとつにつつみこんで安らぎのうちに憩わせる聖霊の働きをも生じさせるのです［二〇二一年七月十八日　年間第十六主日（B年）（エレミヤ23・1－6／エフェソ2・13－18／マルコ6・30－34）］。

❏64　イエスの一貫した愛の実力

神さまは嵐を鎮めます。ヨブ記からわかることです。神さまは相手をかばい、護るために必要以上の嵐の吹き荒れる現実を押しとどめます。

しかし、新しいものが生じるときには、駆り立てるほどの荒々しい力があふれだします。第二コリント書簡からわかることです。荒々しい力は物事を根本的に変革します。生まれ変わる人間の劇的な変化において荒々しい力がみなぎるのは、新たな過ぎ越しの現実のまっただなかにおいてです。変化のあとは、おだやかななぎの状態が訪れます。

ともかく、イエスとともにいるということそのものが安心感をもたらします。しかし、弟子たちはイエスのことよりもまず常に自分たちの都合のほうを最優先して生きています。ですから弟子たちは自分の都合でしか物事を見ていません。ところが、イエスの場合は、常に相手のことを最優先しています。ですから決して取り乱すことなく、イエスは弟子たちのことをまっすぐにかばいます。ゆらぎがない、決然とした一貫性のある姿勢でイエスは弟子たちを護ります。安定した配慮の仕方を心得ているのがイエスの特長です。

神さまの働きは常に相手に向かいます。自分よりも相手を最優先する神さまの根本的な態度は神の子イエス＝キリストによって、はっきりと弟子たちに対して圧倒的な仕方で示されています。弟子たちはイエスの権威ある実力に驚きます。私たちもイエスのふるまいをとおして神さまの圧倒的な権威を理解します。

この社会は常に変転します。激しい変化が生じています。その変転の現実を確かに受け留めて人間ひとりひとりを支える神さまがいます。そして、その神さまのおもいを理解して具体的に示す御独り子イエスが活躍しています。旧約聖書から新約聖書にいたるまでの壮大な救いの出来事は一貫して神さまの安定した配慮を示します。その神さまのみこころをじゅうぶんに生きたのがイエス＝キリストです。

六月は「イエスのみこころ」を祝うひと月です。そのことは実に神さまのみむねを生き抜いた御独り子イエス＝キリストの生き方をとおして神さまのみこころを理解する努力を私たちに要請します。神さまのみこころを理解するためにこそ、御独り子イエス＝キリストのふるまいに注目してみる必要があるのです［二〇二一年六月二十日　年間第十二主日（B年）（ヨブ38・1、8－11／二コリント5・14－17／マルコ4・35－41）］。

❏65　ほどよいぬくもり

暑くもなく、かといって寒くもなく。ほどよいぬくもり。あったかさ。小さないのちが育つとき、あったかさが必要。誰もが、求めてやまない心のふるさとも、また、あったかいぬくもり。

あなたには、あったかさ、ありますか？　おだやかに、ゆっくりと、のどかに、つつみこまれてねむるようなひととき。赤ちゃんが、すなおに、親にゆだねて安らぐ状態。深い信頼感。イエスが、頭でっかちなニコデモに勧めた人生の極意である「おさなごのように生きる」道とは、親である神さまに、すべてをゆだねて信頼することに他なりません。

どんな生きものでも、必ずねむります。とりわけ、人間はその人生の三分の一は睡眠に費やされるわけですが、それは決して無駄な時間ではありません。むしろ、元気に、はつらつと生きるためには、どうしても必要不可欠な「充電のひととき」なのです。

確かに、人間の脳が正常に作動するためには、適度な睡眠が欠かせません。しかも、夜の十一時から明け方の二時までの間に、人間の皮膚や血液などが活性化しながら新鮮な状態に代謝するという見解もあるほどで、とりわけ、肌の美しさを保ちたい女性の方々にとっては睡眠こそ美容法の最たるものです。そして、どんなにつらい夜であっても、人はねむるときに安らぎの世界に旅立つことができるのかもしれません。

❑66　神さまのぬくもり

イエス。――その名前を、ふっと、思い出すとき、ほのかに心の奥があったかくなることでしょう。ザアカイが、マグダラのマリアが、ニコデモが、そしてペトロが、身におぼえたあの愛情。イエスといっしょにすごして、見つけたあのぬくもり。弱さをつつみこんであったためてもらった経験。それらこそ、神さまのぬくもり。それを実感して、感謝して、伝えること。よろこばしい知らせ。

神さまのぬくもりを実感していない人は、まだ、ほんもののキリスト者ではないのかもしれません。確かに、弟子たちも、ファリサイ派や律法学者たちも、最初のころは、イエスによって示された神さまの愛情を充分に理解しきれていなかったのかもしれません。しきりに、「自分こそが正しい！」「自分だけがえらい！」と思いこんでいたわけですから。つまり、弟子たちは、神さまに頼らずに、自力で世渡りしようとしていたのです。

弟子たちも宗教指導者たちも「自分の弱さ」に気づかなかったわけで、イエスのあったかさにつつまれることを無意識のうちに避けてしまっていたのかもしれません。とにかく、弟子たちは、最初、イエスのもとにやってくる弱く傷ついた人たちの気持ちがまったくわからなかったのです。だからこそ、子どもたちをじゃけんにし、異邦人をイエスのもとから遠ざけようとしたのでしょう。

しかし、イエスは近づきます。自分の弱さに泣く人のそばに。そっと。そう、ありのままに、すなおに泣けばよいでしょう。どうしようもなさに打ちひしがれているあなたのそばにこそ、イエスは今日も身をかがめて寄りそってくれるのですから。

すべての人の身内になってくれるイエス。心をイエスに向ければ、それでよい。心底イエスに信頼してみれば、楽になれる……。自分にこだわって、強がっているうちは、まだまだ神さまのいつくしみに触れることができないのでしょう。

❏67　いつでも会える

ところで、えらい人の前に出るとき、私たちは準備を重ねます。時間をかけて。しかし、イエスは、実に気さくな方なのです。えらぶらない。ひょっこりやってきて、肩をポンとたたき、いつのまにかまた飄々と去ってゆくような身軽さがイエスの愛情の示し方なのかもしれません。相手を大事にしながらも、決して恩着せがましくはない。すきとおったあったかさ。執着しない、透明なおだやかさ。「神さまに信頼しきっているあなたの態度が、あなた自身をほんとうに活かしている」（マルコ5・34）というイエスのさけび。「私にすがりつくのはよしなさい」（ヨハネ20・17）というイエスの呼びかけ。

おさないころに筆者自身が感じていたことですが、みなさんのなかにも疑問をいだく方もいるかもしれません。教会の聖堂に入れば、いつでも御聖体が安置してあり、つまり、最高に尊敬すべきイエス＝キリストには、いつでも会えるのに、……なぜ、教皇さまや司教さまや司祭には、いつでも会えないのでしょう。もちろん、教皇さま自身は、イエスのようにふるまいたいと考えておられるはずです。

しかし、組織制度の壁は厚いものです。筆者も、大勢の人の前に出る機会が多いのですが、下手をすると誰とも親しく心を開いて語り合っていないことに気づき、矛盾を感じます。人を目の前にしながらも、誰とも出会っていないこともあります。何の助けにもなっていない、哀しい現実に落胆させられます。

わりと親しくなった信徒の方々と談笑していると、本音が次々に飛び出してくることがあります。いつも決まって話題になるのが、悲しいかな、「聖職者は打っても響かない、反応がない」という現状です。「信徒を見下しているのでは」、「心中をさらけだして信頼して手紙を書いたのに返事がない」。――容赦ない批判の声が私の心に突き刺さってくるので、まるで針ねずみのように申し訳なく縮まるしかなくなります。

組織の形態を保つ前に、一人の人間としての礼節をわきまえ、そこにイエスのあったかさを加えてゆくことが、緊急課題なのでしょう。司祭は、欧米の神学書の知識をそのまま訳して得意顔で信徒に教えこもうとするのではなく、まず、「儒教道徳とイエスの心を結びつけて実践すること」が大事なのかもしれません。相手を深くおもうときに、おのずと礼儀作法をわきまえてふるまうようになるからです。日本のキリスト者の信仰表現は、そこからはじまるのでしょう。そして、奥ゆかしい心遣いに満ちた美徳を重んじる姿勢は日本人が欧米のキリスト者たちに誇れる宝だと言っても過言ではありません。私は、何よりもまず「礼儀の見直し」を、今後も神学校の講義の中で強調してゆくつもりです。将来の日本の教会で奉仕する司祭となってゆく神学生たちに大いに期待してみたいところです。

❏68　相手をおもいやること

あらゆる人に仕える者になること。しかも、子どもを中心にして支える態度を重んじること。キリストは弟子たちに対して大変大事なことを教えています。

誰もが子ども時代を経験しました。子どものころに、私たちも感じたことかもしれませんが、「なぜ大人たちは自分たちのことばかりを考えているのだろう」という疑問が生じます。つまり、私たちも、大人が中心となる社会の動きのなかに子どももも埋没させられていたことを想い出すかもしれません。

子どものころのそぼくな感情を想い出すことが、自分たち大人の自己中心的な態度を悔い改めるためのきっかけとなるのです。キリストがみなのまんなかに立たせた子どもを見て、弟子たちは自分たちが子どものころのことを想い出したのかもしれません。そうなると、自己中心的に大人としての立場を推し進めることの愚かさに気づかされるようになるわけです。

典礼暦の年間第二十五主日（B年）の福音朗読で、誰が一番えらいのかを議論する弟子たちは、おたがいに大人のメンツを保つためだけに争っており、自己中心的な態度を極度に推し進めていました。弟子たちには、相手のことをおもいやる気持ちなどはみじんもなかったのです。それは、まさに、子どもの気持ちを忘れて自分たち大人の都合ですべてを押し切る態度そのものです。

第一朗読（智慧2・12、17－20）では、神さまに逆らう者たちの立場が描かれています。彼らもまた自分たちを中心にして世の中を理解しようと息まいています。自分たちの都合を押し通すためには、正しく生きる相手が邪魔になりますので、相手を徹底的に排除しようともくろむわけです。

まさに第二朗読（ヤコブ3・16〜4・3）で言われているように、相手に対するねたみや利己心の誇示が不和を生み出し、平和を妨げることになるのです。

相手をおもいやり、支える生き方を選ぶ者は神さまのみむねを生きることになります。相手に向かうことこそが、まず必要になります。子どもは親や大人たちに頼らなければ生きることができません。自己主張よりも、相手に信頼してまかせるしか、他に生きるすべがないのです。相手を信頼しようと努力する子どもたちの必死な生き方から学ぶことが、弟子たちの人生の深まりのためには不可欠だったのです［二〇一二年九月十九日　年間第二十五主日（B年）（智慧2・12、17－20／ヤコブ3・16〜4・3／マルコ9・30－37）］。

❏69　相手のもとへ出向くこと

多くの人が正しい者とされるために彼らの罪を自ら負うしもべ。相手に対する積極的な可能性を信じて身をささげるしもべの誠意がみなぎります。そのようなしもべの所業を神さまは大切に受け留めます。預言者イザヤは「苦しむ神のしもべ」の姿を宣べました。その誠実なしもべとして全身全霊を賭して生きたのがイエス＝キリストでした。

使徒パウロは「神の子イエス」の偉大さを確認しています。イエスは私たちをあわれみ、弱さをともに背負ってくださいました。絶望の状況で生きる私たちと同じ境遇を身に受けて、ともに生きてくださるイエスのへりくだりの姿こそが偉大さなのです。相手の弱さをともに受け留めて生きる協働者としてのイエスの近さに感謝して、大胆に頼ることが私たちにできる生き方なのです。

イエス＝キリストは相手に近づいて相手の境遇を身に受けてともに生き抜く「人の子」です。人びとのなかで最も人びとの心を理解しているという意味での「人のなかの人」、つまり「まことの人」としてイエスは数多くの人の身代金として自分のいのちをささげるためにこそ来たのです。相手を助け出すことだけを望んで徹底的に尽くすイエスの激しい愛情深さは、まさに神さまによるイスラエルの民に対するいつくしみの奥深さを最高度に上昇させている姿として実現しています。

しかし、イエスの弟子たちは自分のことしか考えていませんでした。相手のことにいのちを賭けることが、いまだにできていない弟子たちの浅はかさは惨憺たるものです。自分の出世をもくろみ、なりふりかまわずイエスに頼みこむ弟子の姿はぶざまです。その自己中心的な姿を目の当たりにした他の弟子たちも相手を許容できずに腹を立てはじめます。実は偉くなりたいという願望があったので、抜け駆けされたことを許せなかったのです。相手を支えていのちをささげるイエス＝キリストと、愚かな弟子たちとの対比があざやかに描かれているのを読むときに、私たちもハッとさせられます。

「相手のもとへと向かうイエスのまごころ」が年間第二十九主日（B年）の三つの朗読箇所をとおして伝わります。教皇フランシスコも常日頃より「相手のもとへと出向くことの重要性」を呼びかけつづけています。それでは、私たちは、果たしてどのように生きているのでしょうか。相手のもとへと向かって前進することを、今後も大事につづけてゆけますように［二〇二一年十月十七日　年間第二十九主日（B年）（イザヤ53・10－11／ヘブライ4・14－16／マルコ10・35－45）］。

❏70　おおらかに、すなおに、信頼して進もう！

近代のヨーロッパにおいて、ヤンセニスムやピューリタニズムがキリスト者の生き方に大きな影響をおよぼしました。十七世紀に活躍したオランダの神学者コルネリウス・ヤンセン司教は、神さまの期待を裏切ってしまう自分の罪深さを常に自覚しながら厳格に生きることを強調しました。

一方、十六世紀から十七世紀の英国で活躍したピューリタン（清教徒）たちも、厳しい苦行を重んじ、日常生活からよろこびの要素をすべて取り去ってしまうような傾向におちいりました。残念ながら、神さまは罰を与える監視者として理解されるようになりました。現在の日本でも、ヤンセニスムやピューリタニズムの影響が結構残っていたりします。厳しい姿勢で何事も管理するのが神さまへの忠実な態度であると錯覚して、いつのまにか信徒を不安のどん底に沈めていることに一向に気づかない司祭もいるかもしれません。また、信徒のなかにも、十戒を重い義務のように恐れてしまい、「自分には掟は守りきれないから教会に通いにくい」と落胆したり、ゆるしの秘跡を受けに行くのをためらう自分を責めてしまって、「私はダメ人間で地獄行きだ」と、自ら救いようのない状態に閉じこもってしまったりする方もいるようです。

しかし、キリスト者の信仰は、そうではないはずです。もっと、あったかいはずです。信仰とは、イエスが神さまを信頼して「おとうちゃん！」と呼びかけて祈ったときの「おさなごの道」です。教訓ではない。倫理でもない。むしろ、すなおな心に戻ること。信頼して、神さまのふところに帰ること。

イエスは、律法学者たちのように「禁止しません」。むしろ、「前向きに一歩ふみ出すことを勧めています」。イエスは相手を枠や規則に押しこめません。むしろ、相手を責めずに、ありのままにつつみこんで、そのまま立ち上がらせます。

イエスの生きていた当時、病気をかかえた人は世間で冷たく見下されていました。――「あの人は病人だから、罪深い。神さまから罰を受けているのだ」という偏見のうずのなかで、人生を諦めて仕方なく生きるしか道がなかったのです。

ところが、イエスは病気の人のそばに近寄ります。そして、何も言わずに、そのままのその人を受けいれます。「立ち上がってごらん。歩いてごらん」と励ましながら、その人といっしょに前に進みます。世間から見捨てられていた人が、自らの可能性を信じて生きてゆこうと前向きになることが「奇跡」です。神さまのいつくしみにつつまれて安心して、のびやかに生きはじめること。それは、革命的な方向転換です。それまでの生き方が百八十度逆転してしまうほどの「回心」です。まさに、「よろこびの訪れ」。そこに、内面からおのずとにじみ出てくる幸福感があります。神さまとのつながりのよろこび（＝聖霊の導き）の回復なのです。

第二バチカン公会議（一九六二－六五年）終了後、半世紀以上を経たいま、この公会議の際に注目された古代ギリシア教父の「大らかな成長論」を見直すことが大切でしょう。とりわけ、ギリシア教父たちの神学を古典文献をとおして調べてゆくと、神さまを「親」として信頼する生き方が常に強調されていることが明らかとなります。

人間は弱く、何度も失敗しますが、神さまの愛情によって支えられており、着実に成長していくことができます。もともと教会には、あったかい親に見守られて安らかに憩うおさなごの楽観主義が息づいていたのです。そのような視点は、三つの徳（信＝望＝愛）として伝統的に大事にされてきました。愛情深い神さまに信頼することが人間にとっての希望なのです。

❏71　よろこばしい知らせ

毎週ミサに出かけるのは、親友であるイエス＝キリストに会いに行くこと。いっしょに食べてよろこぶ祝祭。教会は「気さくな寄り合い」なのでしょう。キリストに会いにゆく心づもりで、教会に出向くキリスト者はキリストという友に一刻も早くまみえたいという熱意を心の底に感じ取るはずです。ところが、キリストを意識せずに、もっぱら組織運営や目に見える人間関係だけに拘泥するキリスト者は無意識のうちにキリストを無視しており、人間的な付き合いのみに心を悩ます危険性をかかえています。「キリストさんに会いに来たよ」と気楽に親しく教会に足を運ぶという意味での「キリスト中心主義」こそがキリスト者にとっては大事な生活感覚なのです。キリストに会いにゆく教会がよいには意味がありますが、キリストを忘れて目先の人間関係だけに振り回されているのならば教会がよいは途端に重い義務となってしまいます。

義務や規則や管理が幅をきかすような共同体の在り方は、もうやめて、もっとのんびりあったまるような発想を見直してみたら、ひとりひとりの笑顔が「よろこばしい知らせ」となって社会全体にも穏やかな光をもたらすことになるのかもしれません。

❏72 諸宗教の神学の先駆者ジャック・デュプイ師をめぐって
――『キリスト教と諸宗教』の邦訳刊行を記念して

二〇一八年に邦語訳が刊行されたジャップ・デュプイ著『キリスト教と諸宗教――対決から対話へ』(越知健・越知倫子訳、教友社、二〇一八年)の原版はJacques Dupuis, S.J., *Il cristianesimo e le religioni: Dallo scontro all'incontro*, Edizioni Queriniana, Brescia, 2001.です。ここでは、この本をめぐる感慨をまとめ、「諸宗教の神学」について紹介します。デュプイ師は筆者の恩師ですし、何よりもデュプイ師の思想は「全人類の救い」、「福音宣教」、「諸宗教対話」という重要課題を理解するうえでの参考となるからです。

一　デュプイ師の人となりと最終到達点「実践的なアガペ」（神さまの慈愛）

ジャック・デュプイ師（一九二三－二〇〇四年）ほどに実直な人を見たことはありません。彼は、気高い信仰者のゆるぎない一徹さを生き抜きました。頑固一徹、背筋のシャンとした端正で品位ある老紳士。近寄りがたい厳格さを示す容姿でありつつも、まるで無邪気な子どものように好奇心に満ちたまなざしで物事の意義を突き詰めて理解する自在さが印象深いものでした。

こぶしを振り上げて、威勢よく、強烈なまでに歯切れよく鋭敏な言葉を繰り出すローマ教皇庁立グレゴリアン大学の名物教授の講義には、世界各地から馳せ参じた数多くの学生たちが一様に魅了されました。巨大な階段教室で行われた彼の講座は常に満席で、立ち見の聴講生や一般市民もいたほどでした。

イエズス会司祭のデュプイ師はベルギー出身の神学者です。彼は一九四八年から一九八四年にかけて三十六年間にわたってインドで宣教師としての活躍をするなかで、当地のイエズス会神学院の教義神学教授を務めたばかりではなく、他にもヒンドゥー教や仏教の根底に潜む宗教性の研究やキリスト教と諸宗教の比較研究にも力を尽くしました。そして英語版の『キリスト者の信仰――カトリック教会の教義文書資料集』(*The Christian Faith: In the Doctrinal Documents of the Catholic Church*, ST Pauls, U.S.A., 2001, Seventh Revised and Enlarged Edition.)を監修し、その書は版を重ねてベストセラーとなり、世界中のあらゆる神学生たちの勉学の支えとなりました。その後、ローマに招かれてグレゴリアン大学で教義神学や基礎神学の教鞭を執るかたわら、権威ある神学分野の学術誌『グレゴリアーヌム』誌の編集長としても活躍しました。

デュプイ師は「諸宗教の神学」の大家として著名ですが、もともとは教義神学（救済論、キリスト論）や教父思想の専門家でした。彼が究めた諸宗教の神学の最終的な結論は**「アガペ（神さまの慈愛）によって判定することの重要性」**でした。謙虚に真実を求めて修練を積み重ねる宗教者や団体は万事に対する誠実な関わり方において、おのずからアガペを実現できるのです。デュプイ師が依拠する古代教父たちの発想では、私たちが人間であることそのものにおいてすでに神さまの子としての資格を備えており、神の似姿へと成熟する可能性を秘めているのですから、人間は神さまの慈愛を実現できる存在なのです。実践的な愛がキリストを現存させることになります。

二　デュプイ師に対する尊敬と追想

私事を書いておきましょう。デュプイ師の名前を初めて知ったのは一九九一年でした。彼の「諸宗教の神学」に関する論考を熟読したのです。その後、海外留学した際に、デュプイ師からは、直接、グレゴリアン大学修士課程において、一九九七年十月から一九九九年六月に至る二年間、学問研究の深まりや人間的な成長のうえでもお世話になりました。

一九九七年にデュプイ師は大規模な主著『宗教多元主義のキリスト教神学に向けて』(Jacques Dupuis, S.J., *Toward a Christian Theology of Religious Pluralism*, Orbis Book, Maryknoll, New York, 1997.) を完成させ、その本をテクストとして用いた講義「宗教多元主義の神学とイエス＝キリストの救い」を展開し、まさに思想的な絶頂期を迎えました。彼はカトリック教会の伝統と教皇の導きに忠実に沿いつつも、現代世界の状況に即した神学的な表現を工夫しました。引用される先行研究の大半がカトリックの立場の神学者の思想であり、しかも第二バチカン公会議の公文書にもとづく考察を重視したことは、まぎれもない事実です。

ところが、師は、一九九八年から一九九九年にかけて、教皇庁教理省からの召喚を受けて厳しい査問を受けたのです。キリストによる救いの唯一性を堅持する教皇庁の立場から見ると、諸宗教の存在意義をも強調するデュプイ師の寛容な対話的所論はキリストによる救いの価値を弱めかねない危険性があるとの嫌疑がかけられたのです。講義や出版活動も差し止められました。栄華を極めた思想家の凋落。それでも人びとの尊敬の念はいささかも揺らぎませんでした。なぜならば、彼が、あまりに気高き信仰者のゆるぎなき一徹さを生き抜いたからです。本物の気迫には圧倒されるばかりで、まさに生粋の学究の姿の何たるかを筆者は学びました。

むしろ筆者はデュプイ師の人間性に心惹かれ、いくたびもグレゴリアン大学構内の二階の回廊を恩師とともに散策しました。気難しい顔をしながら、それでも温厚に、丁寧に言葉をつむぎ、ゆったりと鷹揚に一歩一歩進む恩師の独特な道行きのリズムをいまも懐かしく想い出します。とくに査問のさなかの落ち込みの状況で、ともに散策したおりには、「私は常に誠実に信仰者としての生活をつづけ、アジアでの宣教にも努め、客観的な学問研究を心がけ、教会への忠実な奉仕を目指したのに、なぜ晩年になって誤解されたのか、まことに哀しい」と語ったのです。

インドのイエズス会神学院でも教えたデュプイ師を始めアジア圏域で活躍した神学者たちが教皇庁から「進歩主義的な思想家」とみなされて召喚され、著作の内容の修正を迫られる事態が多発したのが一九九〇年代後半でした。進歩主義的とされた神学者のほとんどが、イエス＝キリストによる救いを現代人の感性や知性に容易に伝わるように表現し直す工夫を積み重ねました。たしかに、新たな試みは多分に実験的な色合いが強く、神学教育を充分に受けていない者も多い現場で、そのまま公表するには危険すぎたのです。しかし、急進的とみなされる神学者による熱意と誠意は正統な信仰者としての態度に貫かれています。これまではイエス＝キリストと無縁だった一般人にも福音を伝えるべく、一般的な学問や哲学の思考法を最大限に活用して新たな表現方法を模索したからです。

三　「諸宗教の神学」の二大命題とそのバランス感覚の難しさ

キリスト者が、自らが信じている神さまの救いのよろこびを他者に伝えるべく、どのようにしたら他者がイエス＝キリストと関われるのかを学問的に考える必要性を感じたがゆえに「諸宗教の神学」を作り出しました。それは第二バチカン公会議以降のキリスト教の枠内で始まった研究分野でした。デュプイ師は、そのような新たな分野を開拓した最初の第一人者でした。

諸宗教の神学で強調される二つの命題があります。①「イエス＝キリストのかけがえのない救い主としての価値」（ヨハネ14・6、使徒言行録4・12）と②「あらゆる人の救い」（一テモテ2・4－5）です。両極端の状況が同時に成り立つという複雑な現実が示唆されます。①キリストと出会って、つながりを保たねば人は救われず、その御名を信仰宣言して教会共同体に所属して生きねばなりません。そして②誰であっても、神さまから招かれ、神さまの前で受け容れられ、救われるので、キリストを知らなくとも真剣に自分の務めを誠実に果たして生きれば可能性はあり、無神論の立場に立っても真実を求める意向が心の根底に在るがゆえに、含蓄的な意味で神さまの招きに応えていることになります。このように矛盾する二つの要点を同時に認める立場が、第二バチカン公会議以降のカトリック教会の思想的根底に息づいています。

二つの比重をいかに理解するかで、光のグラデーションのようにさまざまな神学的立場が生じることになります。何よりもバランスのとりかたが重要となるので、偏りすぎると、それぞれの関係者のあいだでの誤解が生ずることになりかねません。教皇庁は①の立場を死守しようとし、②の立場に比重を置く神学者を警戒することになりますし、②の立場からすれば①の立場は頑固な姿勢に思えるわけです。物事の白黒を明確に決定づけて答えを一つに絞ろうとする欧米の論理的思考法にもとづけば、灰色という「あいまいさ」は決して許容されることはありえません（不寛容）。しかしデュプイ師のようにアジア地域で活躍したことのある神学者の場合、欧米の二者択一的な明確な思考法の限界に気づいたので、別の思考法を理解するだけの寛容さを身につけることができたのです。

四　キリスト教社会の歴史的背景とデュプイ師の立ち位置

本書を熟読すると、おのずと気づかされるのですが、キリスト教の立場と諸宗教の立場との関係性の解き明かしに関してデュプイ師がだいぶ苦心している様子が伝わってきます。つまり彼は、それぞれの諸宗教の立場を生きているあらゆる相手に心を開きながらも、自分の所属する組織の立場を護るべく絶えず苦慮しているのです。

遠まわしで、オブラートにくるむようなかたちで真実を幾重にもつつみこんで複雑な物言いを繰り返す理由は、教皇庁や思想的な論敵たちからの批判を巧みにかわすためでした。もちろん、必要に応じて英国国教会やプロテスタント諸派の神学者や聖書学者たちの所説をも参照して採り入れてはいますが、基本的にはカトリック教会内の言説に集中して考察を発展させようと志しているからです。

そのような苦闘が生じるのは、ヨーロッパのキリスト教の状況が特殊であることに起因しています。ヨーロッパの思想空間は、古代ローマ帝国の流れにおける四世紀の状況を引きずって発展してきている文化圏の枠組みのなかに広がっているのです。四世紀に、コンスタンティヌス大帝がキリスト教を事実上公認してからというもの、キリストを信じるのが社会的に当たり前であるとされる状況が連綿とつづきました。約千七百年にわたって。こういう背景のなかで生きているキリスト者たちが神学を発展させたのです。彼らにとってはキリスト教的な価値観しか存在していないのです。他の宗教が存在するということは、考えも及ばないことです。

東アジア圏域の私たちの立場からすれば、まことに驚くべきことなのではありますが、ヨーロッパではキリスト教のみが真の宗教であり、他宗教が存在することはあり得ないという発想が、いまだに根強いのです。デュプイ師はキリスト教と諸宗教とを比較検討する「諸宗教の神学」を提唱した先駆者ではあるのですが、その尊い対話の努力そのものがヨーロッパでは奇異な試みと映ったわけです。ヨーロッパの神学者たちからすれば、キリスト教だけで充分であり、なぜ諸宗教を引き合いに出して学ぶ必要があるのか、という痛烈な想いがぬぐえないのが現状です。ということは、ヨーロッパでのキリスト教中心主義の価値観で生きている神学者たちから見れば、デュプイ師は余計なことを始めた裏切り者のように見えてしまうのです。しかし、インドでの宣教師生活そのものが、デュプイ師にとっての諸宗教対話の現実となっています。ところが日本文化圏の立場から言えば、彼の諸宗教理解は、まだまだヨーロッパ寄りであり、東アジア文化には踏み込めていないように映ります。

五　教理省宣言『主イエス』の救済理解をめぐるヨーロッパとアジアの温度差

さて、デュプイ師も著書の「あとがき」で言及している教理省宣言『主イエス』(Dominus Iesus 二〇〇〇年八月六日、御変容の祝日——正式名称は以下のとおり。Congregatio pro Doctrina Fidei Declaratio, *De Iesu Christi atque Ecclesiae unicitate et universalitate salvifica "Dominus Jesus"*; Die 6 mensis Augusti MM. 邦語版は、教皇庁教理省宣言『主イエス』和田幹男訳、カトリック中央協議会、二〇〇六年)についても、ここで少しばかり解説を加えておきましょう。この教理省宣言は、「エキュメニズム」(キリスト教諸教会一致推進運動)および「諸宗教対話」の推進者たちの視点からは問題視され、識者から批判された公文書です。「主イエス＝キリストは唯一絶対で普遍的な救いの仲介者であり、カトリック教会こそがそれをあかしする」という内

Jacques DUPUIS, S.J.
1923年12月5日－2004年12月28日

容だからです。これはカトリック教会にとっては自明の理であるのですが、それ以外の立場の人びとにとっては独断的な主張として映りました。しかし、この文書が書かれたのはカトリック教会以外の諸教会や諸宗教を攻撃するためではありません。むしろ、「カトリック教会内の信仰姿勢を再確認すること」、つまり教会内部のキリスト者に対して、生きる指標を明確に示すことが目標とされています。

しかし二〇〇〇年当時に、教皇庁の真意を理解せずに批判する動きが続出しました。欧米の新聞や週刊誌などは、まるでスキャンダルかのように「教皇庁の保守的頑迷さ」を責め立てたからです。英国国教会もプロテスタント諸教派も『主イエス』はカトリック絶対主義を諸教会や諸宗教に対して強要する文書であると断じました。しかもカトリック教会内部の神学者たちでさえ、この文書が諸宗教対話の推進を妨げ、開かれた教会の歩みを退行させる結果を招いた、と危惧したのです。

ところが教理省宣言の真意を探ると、いま述べたさまざまな批判は杞憂に過ぎないことがわかります。教皇ヨハネ・パウロ二世も以下のように述べているからです（二〇〇〇年十月一日、昼の祈り）。――「文書は、キリスト教の重要な原則を明確に示しており、対話を妨げるものでないばかりか、その基盤を明らかにしています。なぜなら、基盤を伴わない対話は、空虚な言葉の交換に終わってしまうだけだからです。私たちが、御父のみ顔を垣間見させてくださる御独り子としてのキリストへの信仰を言い表すことは、他宗教を見下げるような尊大さではなく、キリストが、何の功績もない私たちにご自身を現わしてくださったことを喜びとともに認識することなのです。私の願いは、私の心に残るこの宣言文が、多くの誤解を受けはしましたが、結果的には、真理の明示という役割を果たし、同時に対話を開いていくことです」（『カトリック新聞』二〇〇〇年十月十五日号所載）。

教皇庁の表現は、いまだに役所的な無味乾燥さから抜け出せていません。論理的命題だけではまごころのこもった信仰告白を表明し切れないのです。ヨーロッパでしか生活したことのない神学者や指導者にとっての文章表現は形式的であり、非欧州文化圏の事情への無知ゆえに、異質な思考法によって創り出されたアジア圏の神学を断罪する場合もあります。しかし私たちは彼らのヨーロッパ中心主義的な表現の奥底に潜む真意に目を向ける必要があるのです。大事なことは、教導職（教会制度組織を運営する教皇や司教たちが教え導く際の権威）への信頼です。**デュプイ師が発見した「実践的なアガペ」**の重要性をふまえて相手に信頼してみることが、キリストと同じ姿勢で生きることにつながり、あかしの最善の姿となります。

六

うつくしさ

生き方
個性

人間論・マリア論・美学

❏73 あなたにとって美しさとは？

「あなたにとって美しさとは？」――レポートのテーマです。毎週、講義していた大学で、学生たちに学期末の課題を出しました。

すると、さまざまな意見が原稿用紙に書かれたものが教務課をとおしてこちらに送られてきました。学生たちの意見のなかでも、一番多かったのは、「美しさ」を「愛情のつながり」として理解する考え方でした。

「美しさ」とは、――「生きることそのもの」、「人と人とのつながり」、「家族の心」、「愛する人を想う気持ち」、「心の安らぎ」、「涙」、「つつみこむやさしさ」、「暮らしを支える生活の基本」、「人を愛する力」、「いのち」、「何事にも感謝する心」、「心の底からにじみ出る愛情」、「絆」、「目標に向かって努力している人の姿」、「個性」、「芯の通った人」、「健康」、「調和のとれている状態」、「オーラが出ていながら親しみやすい人」、「想い出」、「Joy」、「成長すること」、「心を清めてくれるもの」、「見えないまごころ」、「生きている実感」、「痛み」、「まなざし」。

いま掲げた定義づけは、どれも学生たちの誠実な生活経験から導き出されてきた、かけがえのないものばかりです。ですから、どうか、読者のみなさまも、今日から一つひとつの言葉を、じっくりかみしめて味わってみてください。

ところで、筆者にとって「美しさ」とは、「おもい」です。深いおもい。はるかなるまなざし。――神さまの愛情が歴史の発展の奥底で確かにながれつづけて森羅万象を活き活きと輝かせつつ、あたたかくつつみこんでいるようなイメージが、筆者にとっての「美しさ」です。つまり、「ながれるおもい」です。そのような「神さまの愛情につつみこまれて活かされている現実」を新鮮に発見しつつ感謝して、その「ながれるおもい」を活写することが「信仰の美学」だと思います（「ながれるおもい」は『ひびきあう日本文化と福音——三者三様のおもい』教友社、二〇二三年、という書籍を参照し、「信仰の美学」については同名の拙著［春風社、二〇〇五年］を読んでみてください）。

私たちは、ミサの冒頭で、「おもい・言葉・行い・怠り」を反省します。まさに「相手に対するおもいの深さ」が物事のはじまりとして重要なのでしょう。ヨハネ福音書の冒頭部に登場する「はじめに、ことばがあった」という聖句を「はじめにあったのは、神さまのおもいでした」と、筆者は読み替えました（「一篇おもい」参照）。神さまのいつくしみは「愛のおもい＝愛の言葉＝愛の行い」というひとつながりに統合されたおもいなのであり、その深いおもいはイエス＝キリストをとおして目に見えるかたちで私たちに伝わります。

日ごろ何げなくおもっている本音が、つい言葉となって口から出て、相手を傷つけたり、逆に励ますことになり、かなりの威力を発揮します。私たちの言葉づかいは、果たして神さまのおもいを反映しているのでしょうか。まず、はじめに相手に対する深いいつくしみのおもいがあるのかどうか、反省させられます。

おもいは言葉によって表現され、具体的な影響を相手におよぼして行動を誘発します。つまり、おもいと言葉と行いは連動しています。しかも、個人のおもいは神さまのおもい（＝みむね、愛、摂理、はからい）ともつながっています。ですから、相手に対するおもいを深めないことは、怠りの罪を招きます。なぜなら、私たちの生き方をとおしてはたらく神さまのおもいが私個人の身勝手なおもいという邪魔が入ることで、充分に活かされなくなるからです。

ギリシア語聖書（新約聖書）の至るところに「イエスのおもいの深さ」が描かれています。どんな相手に対しても、いつくしみ深いまなざしを向けながら、おだやかにつつみこむようなあったかい姿勢を見せたイエス。その生き方ほど美しいものはないでしょう。

❏74　それぞれのよさ

大学のレポートには、大学入試問題のように決まった答えがありません。大学生ひとりひとりの考え方や日常体験がにじみ出るからです。教員からの「問い」と学生からの「応え」が響き合って、新たな物の見方が編み出されてゆきます。教員の知識をはるかに超えるような深い洞察をいだく学生もたくさんいます。学生たちの深い想いに出会うときに、おもわず尊敬の念をいだかざるを得ません。

私たちが生きるうえで、まさに、違いをよろこび、補い合うことが大事です。西欧文化の長所は、それぞれの人間の「個性」を重んじたことです。一人ひとりの人間性、あるいは、かけがえのないいのちの尊厳は「ペルソナ（＝人格）」と呼ばれてきましたが、もともとの語源は「おたがいに響き合って存在すること」でした。

いまから百年ほど前に、日本社会に影響をおよぼした京都学派哲学のグループに所属する高山岩男は西欧思想を研究することによって「呼応的同一性」という発想を生み出しました。

人間同士もあらゆるもの同士も、おたがいに相手に対して呼びかけ合っており、相手を受け容れながらも自分なりの応えを投げかけてゆきます。

つまり、「他者と共鳴すること」によって真実の状態に目覚めてゆく、関わりの深みから本物の生き方が実現してゆきます。呼びかけ合い、応え合って、響き合う。響き合って、ともに活かされるよろこびを実感して生きることの尊さが強調されます。

❏75　いのちの舞台

実に、あらゆるものが呼びかけ合っておたがいに共鳴しているのが私たちの生きている世界です。このような響き合いの生活の場を「ライフ・コンテクスト（Life-Context）」と名づけることができるでしょう。あるいは、「ライフ・コンテクスト」とは「いのちの舞台」と言い換えたほうがわかりやすいかもしれません。もしくは、「生きとし生けるものの存在背景」、「響存背景」、「生存の場所」、「根拠場」、「あらゆるものが生きている文脈」などとも説明し直すこともできるでしょう。ともかく、あらゆるものは「いのちの舞台」でのびやかに一回限りのかけがえのない出番を美しく演じきります。

世界は美しい。——あらゆるものは、神さまからのお墨つき。ほんとうは、汚いものは何もない。そして、無駄なものもない。すべては関わり合って循環しています。しかし、人間の小賢しい偏見が汚いものを作り出します。たとえば、急須に残ったお茶の葉は本当は汚くない。たんなる「植物の葉」にすぎない。しかし、たいてい、私たちは急須の中のお茶の葉を「生ゴミ」あつかいしてしまうものです。

人間には、どうやら自分とは異質なものに対して敵対心をいだく傾向があるみたいです。自分の大好物を口の中に入れて独り占めしようとし、食べ物を自分の身体に同化させます。しかし、栄養素を吸い取り尽くした後で、カスカスになった食物は不要なものとして自分の身体から排泄され、遠ざけられてゆきます。遠くに押しやられたものは、すべて「汚物」とされます。しかし、汚物も土中に混ざれば堆肥となり、植物を豊かに育むいのちの力になります。この世のもので、何一つ不必要なものはなく、必ず何らかの連携のながれのなかで調和してゆくように定められているのではないでしょうか。

❏76　人間の姿としての「恵まれたマリア」

ところで、ルカ福音書のなかで、マリアは、「恵まれた方」と呼ばれています（ルカ1・28）。神さまから大切に受けとめられた一人の女性として、かけがえのないいのちの輝きを放っています。神さまの愛情によって育まれた美しい人間性。まさに、マリアの姿は、あらゆる人に生きる勇気を与えてくれます。

人間とは、何か。――「神さまの愛情に満たされている者」です。この尊い定義づけを裏づけてくれるのがマリアをはじめとする、あらゆる女性たちです。たとえば母親が子どもをおなか（子宮）に宿して愛情をこめて育むときに、神さまのあったかさを無意識のうちに生きてゆくのです。母親もまた尊いものです。神さまの愛情を身体で実感しているからです。

相手から呼びかけられ、「最良の美しき者」と認められること。そこから新たな実りが生じてゆきます。私たちが相手に対して、心をこめて相手のよさを認める言葉を投げかけるときに、深い信頼に満ちたつながりが生じてゆくのでしょう。「神さまの子を宿している人間」は、おたがいに助け合いながら救いの歴史を創り上げてゆきます。ちょうどマリアとエリサベトがおたがいに支え合ったように。

「神さまがどんな相手に対しても慈悲深く接するように、愛情に満ちた者になりなさい」（ルカ6・36）。「あなたがたの天の父が完全であるように、あなたたちも完全な者になりなさい」（マタイ5・48）。神さまの完全性とは最高度の寛容さのことです。「私があなたがたを大切にしているように、あなたがたもたがいに大切にし合っていなさい」（ヨハネ15・12）。――ギリシア語聖書（新約聖書）のなかに書き残されたイエスの言葉の数々は、どれも「深い愛情」をうながしていて、本当に意味深いものです。相手を大切に受けとめる愛情に満ちた呼びかけを積極的に与えてやまない神さまの姿を、常に念頭に置いて、あなたも実行に移してみましょう。そのときに、新たな可能性が開けてゆきます。新たな生活感覚、つまり、創造のよろこびが生じてくるのです。

マリアの生き方は、「神さまのおもい」を実行に移すことに尽きました。あらゆるものをあったかくつつみこんで育む神さまの行動の仕方を自分の生き方として大切に深めたマリアこそ、人間が目指す本当の道を明らかにしてくれました。今日も母親が子どもを大切に受けとめながら育むときに、ひそやかながらも、着実に、歴史のながれのなかで、あまりにも美しい愛情の物語をつむぎ出し、豊かな平安のひとときを創り出しているのではないでしょうか。

❏77 「信仰の美学＝日本における神学」

「花」のように美しく生きること。——昔から、日本人は「花」を眺めることによって、誠意・忠誠・まこと・おくゆかしさ・相手を活かすいのちの力を実感してきました。「花鳥風月」という言葉からもわかるように、あらゆる生きものや自然のなかで「ありのままに美しい」状態を味わってきました。

そして日本人は、人生には「とき」があるということにも気づいていました。勝つときもあれば、負けるときもある。どんな状況にあっても、ありのままに自らを受けとめてゆく穏やかさが大事です。活力にあふれたときも枯れ衰えてゆくときも、ともに美しいと見なされました。

つまり、地面に散り落ちる桜の花びらにさえも美しさを感じてしまう徹底した感受性が日本人には備わっています。そこから、「滅びの美学」という発想も生じてきます。壇ノ浦の海に沈みゆく平家一門、あるいは追い詰められて悲劇的な結末を迎える源義経の姿を散る桜のありさまと重ねて物語りつづける独特な美意識。

もともと「信仰」とは、イエスが神さまに対して徹底的に信頼する姿勢に端を発しています。どんなときでも、いつくしみ深い親心そのものである神さまに深く信頼してやまない生き方。

「信仰とは、知性が愛の光を受けてつつまれるという経験です」（シモーヌ・ヴェイユ『冨原真弓訳』『重力と恩寵』岩波書店、二〇一七年、二二二頁では「信仰とは知性が愛によって照らされる経験である」となっているが、

Simone Weil, *La Pesanteur et La Grâce*, 1947. にもとづいて筆者がニュアンスを汲み取って私訳しました）――これは、シモーヌ・ヴェイユの言葉です。ヴェイユは現代フランスの哲学者でした。もともと理論的に世の中の動きを説明しようとする研究者でしたが、経済発展のための道具として人権を踏みにじられて酷使されつづける労働者たちと同じ生活を選び、彼らの人生の痛みと同じ痛みを自らの人生に背負ううちに、あらゆる相手に深いおもいを注ぐことのできる新しい人に変容したわけです。

理屈（＝知性）だけで物事を割り切らない。深いおもいをこめて、相手を大切にしながら眺める。とことん信頼してみる。そのときに、私たちも神さまと同じようなまなざしを体験することができるのでしょう。愛情をこめた気持ちを受け取った相手は、のびやかなよろこびのひとときをしなやかに生きていけます。そのときにこそ、人間の痛みの姿から「神さまの栄光」があらわれます。

❏78　枯れることによる美しさ

サッカーチームのアシスト役、映画やテレビドラマの名脇役、あらゆる組織の重厚な支えとしての参謀役、時代をさかのぼって戦国時代の軍師たち。どの分野にも、洞察力に満ちた深い智慧を心に秘める人材が欠かせません。経験を重ね、年老いる。成熟。気配りのできる老齢者こそは若年者を支える縁の下の力持ち、社会の宝。相手を支えながら活かす貴重な老境の味わいを世阿弥は「老骨の花」、あるいは「老骨に残りし花」というキーワードで表現しています。後輩役者を、さりげなく、そっと支えてから、音もなく、いつのまにか舞台を去り、消えゆく老役者。ほのかなあたたかみと残り香が舞台上に「心の花」を咲かせます。

齢を重ねるたびに、ますます美しくなってゆけるかどうかが、人間のまことの課題なのかもしれません。街を歩いていると、品の良い、落ち着いた雰囲気の老人に出会うことがあります。年老いても格好よい姿が

しで眺めているゆとりある生き方は魅力的です。背筋をシャンと伸ばしながらも、周囲をあったかいまなざ

印象的です。爽やかに年を重ねているからです。

❑79 「逆説的な美」について——世阿弥とイエス

一 序の段——鬼気迫る逆説美の風姿

i 世阿弥——逆説美を醸し出す悲劇的生の哀しみと迫力

すべてを失ったときに、それでもなお、立ちつづけることができるかどうかが問われています。昔も、いまも、人間ひとりひとりは。問われているのです。

そして、何もかもが失われた漆黒の闇の底からこそ、まことの美しさがゆっくりと立ち現われます。まことの美しさは逆説的な成り行きにおいてこそ生ずるものなのです。日本独自の自己無化的な漆黒の美の胎動。室町時代から今日に至るまで連綿とつづく美的感受性を想います。

あるとき、世阿弥は、すべてを奪われました。あらゆる観衆からの絶賛を一身に浴びた絶頂期から島流し生活という奈落の底へ。——もはや、誰も、彼に手を差し伸べはしなかったのです。彼は、あらゆる人から体よく利用されて、あえなく切り捨てられました。専任の職を得られず、生活のための金銭も保障されることなく。高い学識教養、多岐にわたる演能・能作業績、後進教育への熱意がありながらも。あらゆる意味で最高度の藝力を備えていたことは衆目にとって周知の事実でありながらも。

「人は皆、通り過ぎる風。秤にかけても、その重さは息より軽い」（詩篇62）。——まさに聖書のなかに

登場する警句は、言い得て妙です。世阿弥が蒙った悲惨さは、いにしえから今日に至るまで、あらゆる人にも共通する哀しき生の真実なのでしょう。

世阿弥の落胆は、いかばかりであったでしょう。心中察してあまりあります。

抹殺。不条理。――栄光への道が同時に破滅への道であるという皮肉。こんなことが許されてよいものでしょうか。寝食を忘れるほどにあんなにも努力し、世人からあんなにも頼りにされ、賞賛を浴びたにもかかわらず。しかし、現に悲惨なる暗転は起こったのです。実力を以てしても、いかんともしがたい成り行きが人生を途絶させたのです。

人生の百八十度の激転。まさに、悲劇そのもの。――アリストテレスによる『詩学』（三浦洋訳、光文社、二〇一九年他）において究められているギリシア悲劇の理念がおのずと連想されます。あらゆる意味で豊かに恵まれた最強かつ高貴なる人物が、ある出来事を通して一挙に没落してゆく様子を眺めることが観客に絶妙なる快をもたらすばかりか、涙を誘発しつつカタルシス（たましいの浄化）へのきっかけともなるのです。悲劇がもたらす快という逆説。才能豊かな人間が没落してゆくのを傍から観るほど愉しいことはないものなのです。人間は、残酷です。しかし、残酷な出来事が藝術として昇華されるときに、名作が生まれます。それが、まぎれもない現実。藝術とは、まことに哀しきもの。

世阿弥の能楽作品が現在においても異彩を放っているのは、その作品群の根底に根源的な挫折の苦悩を秘めているからなのかもしれません。そして、そのような鬼気迫る苦悩は幾多の日本人それぞれが秘かに背負いつづけている挫折経験とも響き合いつつ未来永劫にわたって伝承されてゆきます。踏みにじられて、枯れゆく美しき花として。独り、哀しみを秘めて埋もれゆく。――秘すれば花。

世阿弥の能の基本要諦としての二曲三体。――二曲とは、舞と歌のことです。三体とは、老体・女体・

軍体のことです。役者は、まず二曲を極めることで能の基礎を身につけ、そのうえで三体の体得へと鍛錬を積み重ねつづけます。老人は、あらゆる人生経験を背負いながらいのちの熟成へと踏み込む人間の姿を彷彿とさせます。女性は、あらゆるいのちを育む力に満ちています。戦人は、闘わざる得ない人間の生の哀しみに打ちのめされながらも、逃げません。老体も女体も軍体も、共通して愛憎の振幅の連続の日々において引き裂かれる極限的人間の姿を象徴する役柄です。そのような極限的容姿を演じ切ることができるときに、役者は真の花と化します。あらゆる人の悲惨さを身に負うことが役者の務めなのです。世阿弥の悲惨の、あの哀しき生の質感を体得して生きること。

ふるまい（舞）とことば（歌）とが渾然一体となり、人のいのちの哀しみを増幅させてゆきます。役者の歌舞は、ふるえる風として絶妙なる雰囲気を醸成しつつ観客の全人格をもふるわせるものです。風姿花伝。ふるえる空気感の海の底で役者も観客も、おのずとつながって生きるのです。神妙なる雰囲気だけが、そこに在ります。役者や観客という個別的な存在様態は、もはや認識されることなく、むしろ森羅万象の響き合いだけが、ひたすらたゆたっているだけ。ひたすら。

没落の苦悩を背負ったのは、雇われ人としての世阿弥だけではありません。為政者もまた哀しみのどん底へと呑み込まれてゆきました。あらゆる立場の人びとの創造性と挫折とが奇妙に共振しつつ激しく花咲いた室町時代。——足利義政。応仁の乱で、すべてを焼かれた将軍。理想の政治を行う術を完膚なきまでに奪われて隠居に追い込まれた落胆の日々。もはや、何もない。単純素朴に生きるしかない。何もない空間を想像力で満たすことのみ。見立ての美の世界が広がりゆく。ここにおいて、室町美学が始まりました。——日本独自の美の境涯は、まさに世阿弥や義政に端を発し、武野紹鷗《じょうおう》や村田珠光や千利休の茶道へと継承され、松尾芭蕉の俳諧にまで貫流してゆきました。燻銀《いぶしぎん》のような漆黒の美。封印された暗愚なる世界。にぶく輝く重厚な刃が静謐に鞘の奥深く恒久の彼方に葬り去られるかのように。

ii　イエス――逆説美としての十字架上の赦しの姿と圧倒性

何もない荒野で、いかに佇《たたず》むのでしょうか。身ひとつで。ただ、ひたすら風雪に耐えて立つ。そのとき、自分ひとりの身で勝負するしかない。その人生経験の重みのみで。心の底からにじみでる迫力が、その人を、そこに立たしめています。

イエスの生き方における自己無化（ケノーシス）［自分をからにして相手に与え尽くすこと］としての美。自らをささげ切って相手を活かす姿。十字架死（通常は「十字架上の死」とされている言葉を筆者独自の視点で言い換えています）。

聖書をひもとくとき、どうしても注目せざるを得ない文脈があります。十字架につけられたイエスが、ひとつの祈りをささげている場面です。「神よ、どうか、彼ら（加害者たち）を赦してあげてください。いまは、自分たちがいったい何をしているのかわかっていないからです」（ルカ23・34）。そのような祈りの叫びは圧巻です。

イエスは、十字架につけられても、決して諦めることなく加害者たちを赦し、そのかぎりない想いを真摯なる祈りに託して吐露しました。すべてを神さまにささげ尽くして、加害者たちが気持ちを入れ替えて目覚めてくれることを待つのです。自分が危機的な状況に陥れられたとしても、相手を信頼つづけてゆこうというイエスの強靱なる愛の態度が垣間見えます。

イエスが死の直前に叫びつつ祈った言葉からわかることは、彼が相手を恨んで死んだわけではないという厳粛なる事実です。相手を赦し、加害者の可能性を信じながら、相手が目覚めてまっとうな生き方に戻ることを待ち望み、見守るという態度。自分が一番追いつめられているときに、自分のことではなく、むしろ相手のことを慮って生きようとするイエス。その想いの深さ。そこにおいて、尊い人間の姿が明らかとなってくるのです。

キリスト者の立場に立って言えば、イエスという人間となった無限なる慈愛の神さまの独り子は、相手を赦し抜くという尊厳に満ちた姿を示すことで新たないのちの秩序を開示しました。そのような十字架上のイエスの姿をローマの百人隊長が眺めたときに、「あの人は、まことに神の子であった」（マルコ15・39）という驚きの声をあげました。人びとから追い詰められても、恨むことなく、かえって赦しながらいのちをささげて愛情に満ちている状態――そのようなイエスの十字架上の姿そのものが、圧倒的に尊い輝きを放っています。圧倒的な愛情を感じさせる、というまぎれもない現実。

無残にも傷つきながら殺されてゆくイエスの姿は、普通の常識で眺めれば、惨め極まりない姿です。格好悪いものです。しかし、その姿を眺めた人が強烈なる驚きを感じて、何らかの特別な輝きを心に受け留めて新たな人生を歩み始めるだけの原動力をも秘めているのです。

ともかく、悲惨な状況で血を流しているイエスは醜いものです。しかし、それを眺める人が、その悲惨な姿において「神の子」の姿を体感しています。まさに、逆説的な現実。そういう状況のなかで、イエスが相手を赦しています。相手の可能性を信じながら、相手の立場を理解して死んでゆく烈しい愛の姿。イエスによる赦しと百人隊長の驚きとが一体化しており、その「独特な質感」が福音書に書き残されているのです。そのような「活きた驚きの感触」を私たちも追体験したいものです。その「出来事」をどれだけの迫力を伴って体感できるかどうかが、福音書の読み手には常に問われつづけています。

キリスト者としての生き方を深めるには、福音書に書き残された「貴重な出来事の質感」を体感することが欠かせません。そして、キリスト教以外の立場の人間であっても、聖書のメッセージが人間の尊厳を高らかに謳いつつ示していることを理解することはできるはずです。

神さまが人間を赦します。イエスをとおして。一番弱い無残な姿をとおして。神さまの深い赦しの想いがあらわになります。一番無残で不格好な姿においてこそ、深い愛情がにじみでて人びとの心を打つのです。百人隊長を感嘆させたように。そのような「逆説的な美しさ」を体感的に認識する姿勢が、キリスト教の最初期から連綿と受け継がれてきています。その流れを内省しつつ書き留めたのがキリスト教初期の教父たちでした。彼らの思想において「逆説的な美」が力説されたのです。

とりわけ、四世紀のニュッサの聖グレゴリオスが『雅歌講話』において逆説美の神妙さを詩情豊かに謳いあげていることを忘れてはならないでしょう。本当の美とは、十字架上のイエスの姿においてこそ如実にあらわれている、と聖グレゴリオスは語っています。十字架の無残な姿においてこそ「神さまの美しさ」（神的な善美）が輝くという発想で物事を眺めようとする姿勢が聖グレゴリオスの神学思想の根底を支える根本的理解であるのです。

そのような立場は、普通の一般常識からすれば、あり得ないことです。しかし、無残に殺されたひとりの人間としてのイエスの姿を美しいものとして認識する逆説的な捉え方というものは福音書から始まって四世紀に至るまで古代のキリスト教思想の根底に確かに息づいています。その感覚を受け継ぎながら大切に生き抜いてゆこうという志そのものが、その後のキリスト者たちの歩みにもつながっているのです。

同様の歩みが日本人にも影響をおよぼしています。つまり、殉教者たちの生き方です。政治家から圧迫されても、イエス＝キリストへの信仰を決して捨てなかった殉教者たち。自分が殺されても、決して政治家たちを恨むことなく、かえって赦しながらイエスの十字架上の姿に倣って生き抜いた日本人キリスト者たちが十七世紀に確かに存在したという事実は、私たちを驚かさずにはいられないでしょう。まさに、「逆説的な美」の体感は日本人とも決して無縁ではなかったのです〔『春秋』第五〇三号、二〇〇八年十一月、春秋社、一―四頁所載〕。

二　破の段――一巻の終わりは栄光の開幕

破裂。――敗れたとき。破れたところから、真実なるものがあふれ出てきます。世阿弥が失意のなかで、打ち沈んだとき、その破れた心からまことの藝力が沸き起こり、捨て身で迫真の演技を生きることが可能となりました。

一方、イエスの十字架死をとおして、かぎりない愛のおもいがあらゆる人の境涯を静かにつつむこむこととなり、救いの可能性が深まりました。

破断。――そこから、はじまるのです。断絶は、もはや終焉なのではなく、むしろ新たな創造のときであったのです。『創世記』や『ヨハネ福音書』の冒頭部で描かれている現実は、そのような創造の出来事に他なりません。

「光あれ!」という神さまの叫びは、世界全体をくまなく照らし暖める愛情の呼びかけに他ならないからです。暗闇においてこそ、一条の光が適宜なる意義を伴って森羅万象を活かしめます。

生前のイエスは、ローマ帝国支配下の植民地という格差社会の底辺の暗闇に沈む数多くの民衆ひとりひとりを訪ねて、相手を名指しで呼びつづけて歓待しました。呼ばれた人にとっては、まさに名前で呼ばれることそのものが救いとなったのです。自分をひとりのかけがえのない相手として親身になって受け容れてくれる者が目の前に居る、そのことに気づくことができただけでも、人というものは慰められて生きる気力が湧いてくるものだからです。

世阿弥にしても、あらゆる立場の人びとに対してさまざまな演目の能を提供しつづけることで相手の心の奥底に生きることの悦びを実感させ一筋の光をもたらしつづけていました。

能舞台上で繰り広げられる旅の僧侶の祈りに支えられた亡者の舞は、ともに寄り添って見守ってくれる相手との邂逅への感謝の念に端を発して、穏やかに穏やかに終息してゆきます。かそけき美しさをほんのりとした残り香のようにその場に漂わせながら、ひっそりと。

それにしても、破壊的な出来事を以てしても人生は断絶するものではないことを実感することは、かなりの困難を伴うものです。しかし、たとえば、貯金箱に小銭がたまったときのことを思い浮かべてみましょう。子どもは、けっこう貯金箱を割ることを楽しみます。両手で箱をつかんで地面に叩きつけるのです。すると、とたんに豊かな富があふれ出すのです。もちろん微々たる金銭にすぎないのですが、子どもにとっては豊かな富に映ります。もしも、貯金箱が破壊されることがなければ、富はあふれ出すことはなかったでしょう。しかし、貯金箱が破壊されたからこそ、そのなかに隠されていた富が一挙に顕わとなったのです。

人間もまた、貯金箱のような脆き入れ物です。その入れ物が壊されるときに、心のなかに隠されていた愛情あるいはいのちの力があまりにも豊かにあふれ出すことになります。傷つき、壊れるとき、そのときこそが、実は最大の好機到来、という皮肉な逆説。しかし、決して生易しいものではありません。むしろ、出来得るならば避けたい事態なのです、壊されることなどは、あまりにも嫌なことだし、生理的に肯んぜられることではないですし、あり得ない、あってはならないことです。

世間から見棄てられて没落した者は、耐えがたい孤絶の痛みにさいなまれるからです。もはや、すべては苦しみ一色となります。延々と、延々と。泣きたくなる。寝ても覚めても理不尽な状況を呪いつつ、やり場のない怒りに燃え、どうにもできない自分の不甲斐なさによって押し潰されそうになる。のたうちまわるかのような、痛み、痛み、痛み。全身が虚脱感によって支配され、浅い息を矢継ぎ早に吸い込み、吸い込み、吸い込み、茫然自失の白紙状態のみが、ただ、ただ、ひたすら打ちつづく。砂漠のように、かわき、あるいはゴミ捨て場に転がされた文鎮のように。身体の内側に渦巻く悪意の流れを決して自力では吐き出せないのです。凝固して、みじめにも転がっているしかないのです。それゆえに、細切れに喘ぎながらも絶えず息を吸い、吸い、吸い、無様なフリーズ状態のみが、そこにある。

まるで、そうじ機によって吸引されるかのような、どこからともなく突如沸き起こる身体感覚が自らを価値なき者として取り込んでゆく。人間は粗大ゴミ。もやもやとした白いカサカサのビニール袋につつまれたかのような、決して周囲を明敏には見渡すことのできない絶望感のなかで、ただ、そこにたたずんでいるに過ぎない、いや、ただ無意味に唾棄されて、仕方なしに、どうにもできないほどに居る、いや放り出されているだけなのです。

しかし、一巻の終わりは栄光の開幕。イエスの生涯も世阿弥の藝術も、最悪の終焉のどん底からこそ輝きを増して始まったのでした。ところが、はたから見ればの話です。やはり、本人にとっては耐えがたい痛みしか存在し得ないのです。もはや、自分が「痛みそのもの」と化してしまっているからです。人からの評価など、どうでもよいというか、そういうことを考えているゆとりすらないほどに、「痛みそのもの」だけが、すべてであるわけです。

苦しみのかたまりとして、もがく人間。その者だけが、イエスの十字架死の壮絶な姿を、世阿弥の孤絶に満ちた心情を、受けとめることができるのです。世阿弥はさまざまな立場の人間の苦悩を脚本化しつつ舞台の上で演じました。果ては、自らもまた棄てられる経験に突き落とされました。想定外のこととして。世阿弥の能作品が今日まで残っている理由のひとつは、おそらく棄てられた人間が抱えざるを得ない苦渋に満ちた痛みを見事なまでに描ききっているからなのでしょう。

そして、キリスト者がイエスの十字架上の死の姿を仰ぎ見る理由もまた……。キリスト教神学とは、人間の理解力を遥かに超えた神さまの慈しみのはたらきを言語を用いて説明しようと志すことであると同時に、本来は言語化することのできないような痛みの感触を、不可能を承知のうえで何とか言い表そうと試行錯誤する、ささやかな歩みなのです。

神さまの慈しみと人間の痛みとが交差する場としてのイエス。しかも、まったき無となりきったイエス。相手を大切にするあまり、主体的に意志的に生きることを放棄してまでも。つまり、かけがえのない自分らしさ、個性（ペルソナ）そのものを顧みないほどに、相手に自分のいのちを譲り渡してまでも。そのような与え尽くす姿は、まさに絶対的な無に成り切る徹底的無私の状態です。それはまさに「場所化する在り方」と言えましょうか。個性を環境地平にまで融解させて、まったき無と成り切ること。意志をもたないかのようにしてまでも、自分を相手にささげ尽くすことにおいて至上の愛と成り切ることとそのものがあらゆるものをつつみこむ安堵の地平として、ただひたすら、ただひたすら現成しているとしか言えないのです。

ところが、世阿弥の場合は、イエスのように行き着くところまで行ってしまうような途絶の十字架死を経験してはいないのです。しかし、イエスが味わった筆舌に尽くしがたい痛みの道行きと同質の歩みを世阿弥もまたたどったことを誰が否定し得ましょうか。あらゆる人から見棄てられ、もはや生きる望みを断たれて放り出される事態を突き付けられていたという点で、イエスも世阿弥も人間の経験する極限状況を身に負ったと言えるのですから。

世阿弥の場合は、最終的に当時の流刑地としての佐渡島から都に帰還して復権することができたにせよ、絶えず刺客からいのちを狙われるという恐怖に曝されて死と隣り合わせの島流し生活が打ちつづいたという点で絶体絶命の極致に追いやられたことには変わりはありません。しかも、イエスも世阿弥も共通して自らの痛みを客観視してもいます。イエスは受難と死を身に受けることを予め弟子たちにいくども物語っていますし（もっとも近年の聖書学においては、自らの死を弟子たちに予め解説するイエスの語りは「事後予告」として理解されているのではありますが）、世阿弥もあらゆる立場の登場人物に託しつつ痛みのさまざまな変奏的表現を形象化しているからです。まさに「離見の見」。――つまり、自己中心的な狭い視野で物事を眺めることなく、むしろ自分と異なる立場の人びとのまなざしを想定して相手の立場に立って物事を捉え切る見方、が成立しているのです。

そのような客観的なまなざしを生きるときに、もはや自らが物事を眺めているのではなく、自らと物事とを成り立たしめる生存地平そのものがありのままに現成しているという現実のみが、そこに在るのです。イエスも世阿弥も真の実力者として数多くの民衆たちの心を和ませ、相手の身体全体をいやしました。そして、その目覚ましいはたらきのゆえに、同業者たちのねたみによって追い落とされるに至ったのです。

世阿弥は『風姿花伝』という伝書を弟子に託しましたが、花と化す役者の姿そのものが清涼なる雰囲気を醸し出す風となり、その風の気力の充満が観客をもつつみこんで独自の連帯感を生じせしめるに至る極意を何とか伝えようと努めています。本来ならば人間の言語を以てしては書き尽くし得ない極意を平明な言葉で的確に綴った世阿弥の巧みなる具象化のわざは、日本における霊妙なる真実理念の実践的な構築の先駆的意義を具えています。いや、日本人が世界の人びとに誇り得るほどの新たな物の見方を、世阿弥が人類史上初めて言語化した瞬間を『風姿花伝』テクストそのものが垣間見させてくれるのです。

しかし『風姿花伝』は決して読むためのテクストなのではありません。むしろ、生きることそのものを確認させるための極意メモとして、ちょうど楽譜のような役割を果たしているに過ぎないのです。役者が生身のからだそのもので演じつづけてゆくことこそが肝要なのであり、生きた物語の遂行を役者と観客が同一の場においてひとつの空気感を一如的に生きることのみが、そこに在るべきです。

イエスもまた、本来ならば人間の言語を以てしては言い表せない真実を「たとえ話」を用いて何とか伝えようと心砕いています。普通の言葉づかいでは真実を物語ることはできないからです。言葉を日常とはまったく異なった位相において用いないかぎり、真実は伝わらないのです。そして、イエスの身体そのものを賭したふるまいもまた、極めて象徴的な意味を醸し出しています。

死に追いやられる直前のイエスは、弟子たちを集めて最後の晩餐を催しました。パンと葡萄酒というイスラエル民族の主食を弟子に示して「これは私そのもの」と訴えかけて、いのちの糧を天に向かって掲げつつ日々新たに終世にわたってささげつづけるように厳命したのです。パンと葡萄酒がイエスそのものとして人を活かしつづける。常に、ささげの糧として。イエス御自身が食べものとして相手の血肉となり相手とともに生きつづけます。十字架上でいのちをささげ尽くす直前の晩の切迫したイエスの遺言は、最も日常的な食物をとおして自分のおもいを十全に伝え尽くすことに他ならなかったのです。一器の水を一器にうつすかのように。これは、まるで禅的なしぐさでもあります。無茶な公案（生き方の究極的な課題）を弟子に突き付ける老師のように、イエスは常識ではあり得ないふるまいを以て弟子の存在そのものを根こそぎ新たな次元に導いてしまったのです。

残された弟子たちは、毎日毎日パンと葡萄酒を食すたびに、イエスの強烈な愛情のおもいを新たに実感せざるを得ないのです。迫ってくる呼びかけとして。生きることはイエスのおもいを身に受けてイエス化して愛のかたまりとなることに他ならなくなるわけです。イエスは死んではいない、生きつづけている、伝わってくるからだ、圧倒的な説得力を以て弟子を駆り立てる気迫のようなものが、昨日も、今日も、そして明日もまた、いつまでも、いつまでも。

イエスも世阿弥も物事の見方を根底的に変容させる異化を生き抜いたのです。異化——普段は気にもとめずにやりすごしている石畳の隙間からゆらめき出すタンポポを、ゆっくりと立ち止まって心をこめて眺めていると、かけがえのないいのちの輝きが新鮮に躍動している様子が痛いほどに心の底を揺り動かして絶妙な気分にさせられる、あの心境を思い出せばわかることです。愛情に満ちたまなざしそのものと化すこと。

いままで述べてきたことなどは、ほんとうはどうでもよいもので、論ずること自体が無意味です、それでも、今日も生きつづける、いや、生きるしか道は残されてはいません、人間には、あああ。

三　急の段——痛みと赦しを伴う慈しみとしての美

i　人生における痛みの類型化としての象徴劇

世阿弥は夢幻能をとおして人間のあらゆる痛みを類型化して描き、演じました。その意味で、能は象徴劇（シンボリック・ドラマ）です。世阿弥は個人的な痛みそのものを決して生々しく描写するのではありません。むしろ、誰にでもどの時代にも共通するものとして痛みを普遍化して提示しようとするのです。

象徴的ということは、つまり、キリスト教信仰の象徴を手がかりにして考えた場合、たとえて言えば二本の棒を交差させて十字架を作ったときに、その十字架というシンボルがイエスの十字架上の死の姿を暗に示すという具体例を手がかりにして理解することができます。血を流して喘ぐイエスの生々しい痛みの姿が、言葉でたとえなくとも、二本の棒の交差を眺めるだけでキリスト者はイエスの十字架上の死の姿を想起しつつ実感することができるようになります。生々しい実像が前面に出ないほうが、かえって真実がリアルに伝わってくる場合があるからです。

全部をさらけ出して見せてしまうと、安っぽくなります。隠しておいたほうが、相手の好奇心と知識欲を煽《あお》ることにつながるからです。秘宝や秘仏などの発想も同様です。美しい花は秘しておいたほうが相手の心に強い印象を与える場合があります。秘宝や秘仏などの発想も同様です。日本では大切なものは決して人目にさらさないで秘匿することで有難がるような文化的なしぐさが定着しています。能ある鷹は爪を隠すということわざも同様です。剣の達人ほど決して刀を抜くことがないものなのです。剣をあからさまに用いずして、戦わずして勝ちます。

相手に想像させる余地を与えるときに、かえってイメージが倍増します。たとえば、文学作品なども言葉の羅列だけで読者に独自の世界観を感じさせるのであり、下手に作品を生身の俳優を起用して実写化でもしようものなら、自分の思い描いていた主人公やヒロイン像が別物に取って代わって失速してしまい、結局は興ざめなものに堕すものです。

能の作品というシンボル的な型を観るだけで、その根底に潜む個々人の生々しい痛みの感触を看取することができれば、そのような技量をもつ観客は「目利き」であり「教養人」です。能のなかでシテが泣く場面は簡素で様式化されたシオリという動作だけで表現されます。一定の型だけで、あまりにも深い悲しみの境涯を観客に悟らせるところに「秘すれば花」の極意がにじみでているのです。

能の脚本は、その生成の当初から、自分にしかわからない苦しみを延々と無際限に描くことを放棄するような書き方によって成り立っています。むしろ、苦しみの状況を一定の型として形式化しているのです。その型を眺めるときに、観客はそのような型から原初の苦痛の感触を推察しつつも、まるで冷凍食品を解凍するかのように実感し、味わうことになります。

能の作品においては、割り切れない人生の苦痛の数々が実にコンパクトに集約されて演じられるので、それぞれの時代のそれぞれの人びとは容易に自らの抱える問題と重ね合わせながら鑑賞を遂行することとなります。つまり、能舞台の演目を眺めれば、あらゆる人間が蒙る苦難を総覧することができるのです。それゆえに、どの時代のどの人間にも共通する苦悩のパターンを割り出して表現している能の諸作品は人間の心理の現況を見事に把握し尽くした巧みな構築物です。

イエスもあらゆる人がかかえる人生の痛みをいやすために旅をつづけました。そして、その歩みを聞き知った後世の人びとが数種類の福音書を書き留めたのですが、そうした記録において人間のあらゆる痛みが類型化されています。とりわけ、ヨハネ福音書においては、人生の困難は七つの項目に集約されています。――①生活物資の不足、②最愛の人との断絶、③病気、④疲労、⑤自然災害、⑥真実が見えないという状態、⑦自分の死。たしかに、このような七つの困難は、どの時代のどの場所のどの人にとっても共通する重大な人生の諸問題なのです。

福音書は、冗長に無計画な話題をつづっているわけでは、決してありません。むしろ、研ぎ澄まされた型を適確に結晶化させているような記述が福音書独自の表現方法なのです。よく計算され尽くして構築された物語としての福音書の記述は、能の脚本構造とも近似しています。

こうして考えてみると、演劇における脚本の構成論を能や福音書の描述構造を理解する際にも適応することができることがわかってくるのです。

ii　痛みと赦しとを同時に成立させる根源場としての舞台

能の演目において、あらゆる痛みは最終的に静かに終息し、いやされゆくものです。もちろん、最初から公式のように答えが見えているというわけではありません。むしろ、痛みがいやされるプロセスを演者と観客とが同じ場において共有しつつ同行二人の旅をすることこそが重要なのです（シュン［いっしょに］＋ホドス［道を歩む］＝シノドス［イエス＝キリストといっしょに旅をする］というキリスト教の発想と共通性があります）。世阿弥の能舞台においても、イエスの物語においても。「赦しの実感」という要素が最後の切り札となっているのです。能もキリスト教信仰も「道」なのです。両者は決して理論ではなく、「生き方」なのです。

結局、痛みと赦しという相矛盾する要素が同時に実現する究極の場面において、慈しみとしての美がおのずと浮かび上がってくることになります。能舞台にせよ、福音書のメッセージにせよ、逆説的なものが同時に並び立つ場においてクライマックスを迎えるような構造を具えています。否、あらゆる矛盾を同時につつみこむような究極的な場がおのずと躍動するような境地で能が繰り広げられ、福音のメッセージが響き渡っていくのです。

あまりにも凄絶なるものは美しい。美しいものの奥底には凄まじい苦悩が潜んでいます。幾多の試練を乗り越えつづけてきたからこそ、鍛えられた論述の型が結晶化します。――そのことを能脚本や福音書が如実に示してくれています。能舞台も、福音書テクストというトポス（場）も、ともに痛みと赦しとを同時に成立させて、あらゆる悲哀をつつみこんで究極の安堵感を醸成する根源場となっています。

iii　栄　光

ところで、これまでの記述において、すでに挫折や苦難に関して重点的に述べてきましたが、ここでは、挫折や苦難と表裏一体の「栄光」という事態に関しても補足してゆくことにしましょう。――栄光とは、もはや愛情しかない状態のことです。個々人の罪深さ、心の底に蠢《うごめ》く悪、人生の終わりとしての死、あらゆる痛みや苦しみ……否定的な要素がすべて霞んでしまうほどに、愛情が圧倒的に広がるときが栄光の実現の姿です。――このような発想は、イエス＝キリストの生き方を「愛の圧倒的な勝利」として理解する古代ギリシア教父たちの思想の根底に行きわたっているものです。

ギリシア教父たちにとって、神さまの栄光は徹底的なへりくだりによって実現するものです。それはまさにイエスの十字架上の死の姿によって体現されているものです。十字架上のイエスの死の姿こそが、神さまの愛情を群衆に垣間見させる決定的な象徴となっている、とキリスト者たちは古来より解釈してきたからです。

キリスト者にとって栄光とは、あらゆるものをつつみこんであたためる愛情の充満の状態です（フィリピ2・6－11）。キリスト者にとって神さまとのつながりを深めつづけることによって、神さまから新たな人間として活かされるときに人間の心の奥底から神さまさまの栄光の極致がにじみでてくることになります。愛情しか存在し得ない状態が神さまの愛の完全な勝利の実現となります。

ごく日常的な具体例をもとにして考えてみましょう。――親は、子どもを愛しています。つまり、親は子どもを大切に育もうとしています。親は子育ての際に、いかなる苦労をも決して厭わないからです。子どもが悩んでいれば、親も心配します。子どもが、親に対してどんなに反抗したとしても、親は決してめげることがありません。子どもが熱を出せば、親は徹夜で看病します。たとえ、子どもからバカにされ、裏切られたとしても、諦めることなく子どもを想いつづけるのが親というものであるのかもしれません。

腹心の弟子たちから裏切られ、親派《シンパ》の追随者たちからも見棄てられ、宗教指導者たちや政治家たちから妬まれて死に追いやられたイエスの十字架上の死の姿と子ども想いの親の愚かな姿とが重なり合います。

ほんものの愛情とは、たとえ相手から理解されることがなかったとしても諦めない姿において生きられます。相手が心を入れ替えて立ち直ることを、ひたすら信じて待ちつづけることが神さまの愛であり、そのような愛を日常的に体現してしまっているのが親の愛情です。それゆえに、どんな人であれ、子どもを産んで親となったときに、実は期せずして神さまの愛を自らの人生の歩みそのものをとおして実現してしまうのです。

iv　風、聖なる息吹、そして痛みと赦しを伴う慈しみとしての美

ところで、能とキリスト教信仰とに共通する最も重要な要素である「風」に関して述べておきましょう。――風は、あらゆるものをつつみこみます。能役者が先代から受け継いだ型にはまって忠実に型をなぞらえて、まさに型そのものに成りきって生きるときに、おのずと風が生じます。自らの力量をはるかに超えるいのちの活力に満たされて、その活力が辺りに充満して他を圧倒してゆく、否あらゆるものをつつみこむ絶妙なおだやかさを醸し出します。

演者によるこのような味わい深いふるまいは、世阿弥によって「風姿」あるいは「風体」とも呼ばれています。役者の姿あるいは身体が究極的ないのちそのものの発現として万物を共振させるまでに神がかるのです。そのような藝術的境地が洗練されつづけてゆくときに、究極の演技表現としての「藝風」が確立します。よく、私たちは日常生活のなかで何気なく欧風とかアジア風という表現を用いていますが、その「風（ふう）」という言い回しこそが「何らかの味わい深い雰囲気」のことを指しています。能役者の藝術表現は自分を無にして、究極的ないのちの躍動そのものに場を譲る謙虚さにおいて完成します。

キリスト教信仰においても、キリスト者が生き方の基本的な型として重視することが「自己空化」（自己無化、自分をからにして相手にいのちを与え尽くす愛のわざ）です。つまり、イエスが十字架上の死に

至るまで自分を全面的にゆずりわたして相手のためだけに生きつづけて徹底的な空化を体現することで、愛ゆえの自己無化を完遂したことを究極の救いのわざ（信仰者にとっての生き方の模範＝型）として代々伝えてゆくことが重要なのです。

徹底的な自己空化を完遂するときにプネウマ・ハギオンつまり神さまの聖なる息吹が辺りをつつみこむことになります。あらゆるものを穏やかに支えて本来的に活かすエネルゲイア（活力）としての神さまの愛のはたらきのダイナミズムが現前します。そのような究極的な愛の実現は、相手をとことん想って自らを譲り渡すほどの痛みと赦しを伴うときにこそ可能となります。子どもを想うあまりに、もはや自分の身はどうなっても構わない、子どもさえ生きていればそれでよい、という親の究極の愛情の念がイエスの突っ走るほどの激しい愛情とも共通しています。

型破りな神さまの愛情を体現したイエスのなりふり構わない姿が十字架の場面で頂点に達します。子どもを最優先するあまり、なりふり構わぬ親のふるまいも同様です。それほど想われているのに、その神聖であたたかい厚意に満ちた行為を「美しくない」などと、一体誰が否定し得えましょうか。子どもは愛に敏感です。子どもというものは、愛に満ちた格好悪い親にひたすら感謝するものなのでしょう。

七

やすらぎ

やさしさ
平和
愛の重み
ゆるし
奉仕
新生
あがない

教会論・典礼神学

❏80 『CREDO』という本に見る「放蕩息子を迎える父親のような神さま」

二〇二〇年に刊行された『CREDO』という書籍（二〇一九年のインタビュー記録が二〇二〇年三月にバチカン出版局から刊行されました）には大いに魅了されました。教皇フランシスコとマルコ・ポッツァ師との「使徒信条」をめぐる対話の記録です。筆者は多忙な仕事のあいまに翻訳を行いましたが、二〇二二年一月二十四日に、ようやく邦語版がドン・ボスコ社から刊行されました。

この本では教皇フランシスコの老境の本音が存分に語られています。二〇二一年十二月十七日に八十五歳となった教皇は、生い先の短さを実感しており、ひたすら神さまのふところに迎えられる安らぎの日を待ち焦がれています。その際、「放蕩息子を迎えて抱きしめる父親の寛大なやさしさ」が教皇にとっての神さまのイメージです。こうした話題は『CREDO』の中に頻繁に出てきます。

しかし、「放蕩息子を迎える気前のよい父親」のイメージはイエス＝キリストがたとえ話によって私たちに教えたものです（ルカ15・11－32）。普段私たちが読み流して、何も感じないままで通り過ぎる真実に気づかせるのが教皇フランシスコの気さくな語りかけです。

教皇フランシスコにとって「信じる」ことは、慈愛深い神さまのふところで抱きしめられる日を待ち望む旅と結びついています。旅の日々は困難の連続で、何が起こるかわからない不安にさいなまれるひとときですが、自分を待っていてくださる神さまのもとへと近づくことでもあるわけです。神さまを信じて旅する仕儀は太祖アブラハム以来の「神の民」の伝統です。神さまのふところに戻る日を夢見て果敢に旅をつづけることが「信じる」ことに他なりません。

❏81 拙著『使徒信条を詠む』について

さて、筆者は二〇一四年三月に東京大司教区で発行された『わたしは信じます――「信条」を学ぶ』（非売品）という白浜満司教様の執筆による小冊子を読んで、一念発起して単行本をまとめる決意をしました。こうして同年十一月に筆者は『使徒信条を詠む――キリスト教信仰の意味と展望』を刊行しました（教友社、二〇一四年初版、二〇二一年再版［完全版］）。

この『使徒信条を詠む』は、二〇一一年から鷺沼教会や浜松教会で携わった信仰教育の講話をまとめたものでした。筆者は常に白浜司教様を尊敬し、学識と謙遜と霊的指導の実力が統合された生き方にあこがれています。白浜司教様の「やさしさ」はおだやかさでもあり、相手を安心させます。

拙著『使徒信条を詠む』は「信仰年」を記念する意味でも意欲的に刊行した一冊でした。教皇ベネディクト十六世の熱意にほだされて、日本でも「信仰」の意味を考えておかなければと筆者は意気込んだのです。なお、日本では教皇ベネディクト十六世と教皇フランシスコの合作という体裁での『信条』という講話集も特別に編まれました（カトリック中央協議会、二〇一四年）。教皇ベネディクト十六世は「へりくだり」という言葉を用いて神さまのやさしさを説明します。次のとおりです。「神の方法とは、へりくだりです。神は私たちの一人となられたからです。それはナザレの質素な家とベツレヘムの洞窟での受肉において現実となった方法です」（『信条』六八頁）。神さまは相手を愛するあまり相手と同じ境遇で生きようとします。徹底的にへりくだって相手と同じ生活を選ぶほどに相手に歩調を合わせる忍耐づよさをもつのが神さまの慈愛の現実なのです。まさに、「へりくだり」が神さまの「やさしさ」です。

❏82 「やさしさ」（親切、思いやり深さ）の神学を目指して

教皇フランシスコが好む人間の理想のふるまいのイメージが「やさしさ」です。差別や偏見を乗り越えて

敵をも助ける「善きサマリア人」の生き方を模範とする人類家族のつながりと連帯を強調する最新の回勅『兄弟の皆さん』(*Fratelli Tutti*)でも、人間同士の「やさしさ」の重要性がいく度も強調されます。そして庶民だけでなく政治家もまた「やさしさ」を深めるべきだとも述べられています(一九四項)。次のとおりです。

「優しさとは、いかなるものなのでしょうか。相手のそばに行き、具体的に示される身近な愛のことです。深い心の想いは相手の目に届き、相手の耳にささやきかけ、相手の手に伝わります」(拙訳、一九四項)。

「聖パウロはギリシア語で『χρηστότης クレーストーテース(goodness, honesty, goodness of heart, kindness, 親切、思いやり、やさしさ)』(ガラテヤ5・22)という言葉を使うことで、聖霊の実りのひとつに言及します。聖霊の九つの実りの第五番目にあたる『やさしさ』(思いやり深さ)とは、不愛想な態度や冷たさや謹厳さなどではありません。むしろ、親切で、穏やかで、支えと慰めを与えてくれる心持ちを表します。この心持ちを備えている人は、他者の人生が安らぐように気遣い、つらい悩みを抱えて苦しむ相手がせっぱつまっているときにこそ手を差し伸べます」(拙訳、二二三項)。

「やさしさは、人間関係の中で見受けられる残忍さから私たちを解放します。あるいは他人のことを考えられなくなるほどの不安状態からも解放してくれます。さらに、相手が幸せになる権利を決して認めることができなくなるほどに千々に乱れた気持ちである場合でも、そこから解放してくれます。——中略——自分の心配事や急ぎの用事を後回しにしてまで相手に注目し、ほほえみかけ、励ましを与え、悩みに耳を傾ける時間をつくる、やさしい人が登場するという奇跡が起こるのです」(拙訳、二二四項)。

人びとを導く牧者は出会う相手に「やさしさ」を示すことによって、神さまの寛大な迎え方を証しするのです。「やさしさ」の神学の必要性を、いま、筆者は痛感しています。なぜならば、「やさしさ」はキリスト者の生き方の核心だからです。同時に、「やさしさ」は日本文化の特長でもあります。それゆえ、「やさしさ」を生きることで、日本のキリスト者は福音の精神を深めることができます。今後の日本の教会の可能性は自分たちの古くからの文化のよさを、聖書のメッセージの中核である「やさしさ」と重ね合わせて洗練させることです。「やさしさ」を生きるときに、日本のキリスト者は福音の本質を受け継ぐと同時に自分たちの文化をも活かせます。日本の教会は他の地域の教会に対して「やさしさ」の神学を示すことが今後の課題です。筆者は、いま、「やさしさ」の神学を構築するために新たな本を書いているところです。

❏83 「やさしさ」を見直し、「安心感」という実りを識別すること

二〇二二年は聖フランソア・ド・サル司教帰天四〇〇周年にあたります。この聖人は「やさしさ」を生きた代表的な牧者でした。彼の生き方に魅了されて十九世紀に修道会を設立したのが聖ジョヴァンニ・ボスコでした。聖ボスコは青少年に対して「やさしさ」を示してキリストやマリアの御保護のもとへ招き、真実を伝えることで立派な社会人として成熟できるように導きました。その際、「相手といっしょに生きる」(アシステンツァ)という方法を重視しました。相手の望みを察して適確に支えて、相手の長所を伸ばし、最高度に活躍させる仕儀が「アシステンツァ」です。つまりアシスタントとして相手を支えることです。

それは、まるで「私は世の終わりまでいつもあなたがたとともにいる」(マタイ28・20、創世記28・15［キリストは三位一体の神さまとしてのペルソナにおける御子としては超時間・超空間的な次元で御父と聖霊とともに働いているので、この聖書箇所もあてはまります］)と約束してくれたイエス＝キリストの想いをそのまま表現する姿勢です。サッカーにたとえれば、相手が最高のシュートを決めることができるように適確なパスを出すアシスト役に徹することが「やさしさ」です。

「やさしさ」は「安心感」を与える生き方です。聖霊の実りは「安心感」をもたらします。キリスト者は自分の生き方が殺気立っていないかどうか、イライラしたせからしいものでないかどうかを、聖書を読みながら常に識別しなければなりません。おだやかで落ち着いて品位をもって丁寧に相手を支えるときに、相手が安心して活躍できます。心にしみこむおだやかな励ましの言葉を相手に贈りながら、ともに歩むことが指導者の条件です。

教皇フランシスコは小学生時代にブエノスアイレスのサレジオ会系の学校で聖ボスコのアシステンツァ（かたわらでささえること）の精神を身につけ、その後、青年期を迎えたときにはキリストを一途に求めてイエズス会に入会しました。サレジオ会の霊的指導司祭エンリコ・ポッツォーリが青年ホルヘ・マリオ・ベルゴリオをイエズス会に入るように後押ししました。相手の素質を適確に見抜いて活躍させるためです。その霊的指導司祭は適切なアシストをしました。現代のカトリック教会全体の霊的指導者たらんとする教皇フランシスコは二〇二一年から二三年にかけて「シノドス性」（相手といっしょに生きること）を深める呼びかけをつづけています。相手といっしょに生きることの尊さを全人類に気づかせようと必死になっています。

❑84 「信仰＝希望＝愛」

「信じる」ことは、相手を信頼してともに生きる姿勢です。それは同時に、相手とともに将来に希望をいだき、相手を愛することです。使徒パウロが教えたように、信仰と希望と愛は一つだからです（一コリント13・13）。つまり、「信仰＝希望＝愛」という連続した構造があります。ということは「使徒信条」における「信じます」という決意の祈りは「希望します」や「愛します」という決意をも表明するに等しくなります。教皇ベネディクト十六世は「信仰＝希望＝愛」という連続した構造を好み、「使徒信条」を解釈する際も

「信じます」という意志表明には「希望します」や「愛します」という誓約も重なる、と主張します（Joseph Ratzinger, *Einführung in Das Christentum: Vorlesungen über das Apostolische Glaubensbekenntnis*, Kösel, München, 2005, 4. Auflage, S.254.）。

「使徒信条」は８つの要点をかかげることで、「信じる＝希望する＝愛する」ことの大切さを教えます。「使徒信条」の前半部は三位一体の神さまに感謝と讃美をささげる祈りです。つまり、①御父を信じます、②御子イエス＝キリストを信じます、③聖霊を信じます、というキリスト者の神理解の要点が明らかとなります。そして、「使徒信条」の後半部は私たち人間が最も必要とする願いを表明します。つまり①教会共同体を信じ、②聖徒の交わりを信じ、③罪のゆるしを信じ、④からだの復活を信じ、⑤永遠のいのちを信じるという、人間の望みを述べます。こうして、「使徒信条」の前半部の三つの要点と後半部の五つの要点を両方合わせると八つの要点となります。しかも、誰もが①共同体に迎えられて温められ、②すでに亡くなった恩人・親族との絆を末永く保ちたいと望み、③人を傷つけた哀しみをつぐなって関係性を回復することを願い、④自分や友人の存在が決して虚無に帰すことなく、⑤大切な友情が永遠につづくことを夢見るという諸点をかんがみれば、「使徒信条」の後半部の五つの願いはキリスト者のみならず万人の願いでもあることがわかります（全人類の救いへの切望）［『カトリック生活』二〇一一年一月号、ドン・ボスコ社 所載］。

❏85 回心への歩み

「自分はダメだ、ゆるされない」――勝手に落ちこんで、何もしなくなることこそ、実は罪なのでしょう。なぜなら、行きすぎた落ちこみは、神さまのいつくしみを無視して、自分から希望の可能性を閉ざしてしまうことだからです。自分勝手な落ち込みは絶望的です。

罪とは、神さまのいつくしみから離れることであり、自ら損な状況に落ちこんでゆくことです。自分から勝手に諦めてしまうことは、ちょうどイエスのたとえ話に登場する「主人から託された資本金を土のなかに埋めてしまう愚かな雇い人」（マタイ25・14－30、ルカ19・11－27）と同じ態度です。

確かに「自分は罪深いからゆるされないんだ」という感情は、誰もがいだきがちなものです。しかし、イエスが戒めたように、神さまの前でその顔色をうかがいながらビクビクするような小賢しい態度は、ほんとうは私たちにはふさわしくないものなのです。

イエスが十字架の上で亡くなってからというもの、弟子たちは、絶望していました。しかし、ある日、突然、弟子たちは、人びとのまっただなかに出て「イエスが神の子であること」を告げ知らせるようになりました。つまり、自分のいのちを投げ出して殉教してまで、真実をあかしする勇猛果敢な「使徒」（派遣された者）にまで変容したのです。いわば「絶望し、逃げる者」から「イエスの名を宣言し、あかしする者」へ生き方の百八十度の転換がなされました。それでは、いったい何が起こったのでしょうか。

「聖霊」が彼らの生き方を変えたのです。人間の心のなかには、さまざまな心理的な動きがあります。「困っている人を助けたい」と強く思うときもあれば、何となく他人に対して意地悪になってしまうときもあります。つまり、人間の心のなかでは、「善い心の動き」と「悪い心の動き」とが絶えず波打って、せめぎ合っています（霊動）。しかし、そのような両極端にかけ離れた心の動きをはるかに超えて、心の奥深いところからおのずとこみ上げてくる力が人間には備わっています。それが聖霊の力です。私たちは自分の心の奥底に潜む聖霊の働きを見い出すときに（識別）、明るく生き始めることになります。

人間を超えたところから湧き起こってくる力ですから、聖書では「天から突然来る」（使徒言行録2・2）と表現されています。聖霊の促しに満たされるとき、人間は「回心」します。それまでとは、まったく違った生き方をするようになります。「絶望して逃げる人」から「希望をもってよろこびをもたらす人」へと輝くばかりにまばゆく変容してゆくのです。

実は、「ゆるしの秘跡」において、「ゆるしを受ける者」（信徒）と「ゆるしを仲介する者」（司祭）とは脇役にしかすぎません。主役は「聖霊」です。聖霊とは、神さまのいつくしみの働きです。あたたかい思いやりに満ちた「心のふるさと」です。ひたすら帰ればいいのです。放蕩息子のように。ほっとできるような雰囲気につつまれながら「ありがとう！」と感謝するひととき――それこそが「ゆるしの秘跡」なのです（ルカ15・11－32）。

長男からは軽蔑されていた次男の帰りを、毎日待ちわびていた父親が、どら息子の行状をただ一つも問い詰めることなく、即座にひたすら抱きしめたように、愛情は罪に勝るのです。問いただすずに、ひたすらつつみこむのが神さまの特徴なのでしょう。「宴会を開いてよろこび合う共同体」のイメージで「ゆるしの秘跡」を理解し直しましょう。

弱さを抱えたままでも、常に善いことができる！　――そのような視点が必要です。神さまのことを恐れ、自分に絶望して落ちこむのではなく、「弱さをもつ自分であるにもかかわらず、前進してみること」こそが大切なのです。完全に善い状態になるまで待っているだけでは、いつまでたっても立ち直れません。どん底の状態そのままから、まずはじめてみること。たとえば、心をこめて微笑むだけでもよいのです。毎日、ささやかなよいわざを積み重ねてみれば、人生が変わります。

筆者も、完全な人格者にならなければ洗礼を受ける資格がないと考えていましたから、キリスト者になる際にかなり緊張して、神さまを監視者・裁判官のようなイメージで理解していた時期もありました。「ゆるしの秘跡」は、「ゆるされたよろこび」を思い出すきっかけ。実に、キリスト者は、洗礼を受けたときにすでに「ゆるされている」のです。そして、ミサのなかでご聖体をいただくこと自体がゆるしでもあるのです。

母親にとって、おなかを痛めて産んだ子どもは、かわいいものです。ちょっとしたわがままでも、いたずらでも、おもわず大目に見てしまい、いつでも心にとめて、危険から守ってしまう。神さまも同じです。神さまにとっては、私たちの罪など、とるに足りません。おもいきって甘えてみましょう。「おさなごのようにならなければ神の国に入れない」というイエスの言葉も、実は「自分は神さまの子どもなのだから、安心しよう」と気づくことの大切さを裏づけるものでしょう。まさに、素直に神さまに信頼して生きることが大事なのです。

❑86　平和（シャローム）

「あなたがたに平和があるように」（ルカ24・36）。イエスのメッセージは相手を安心させるためのものです。イエスは常に相手の前に出て、まんなかに立って真剣に語りかけます。正々堂々と姿をさらしながら。逃げも隠れもしない、いさぎよさが、イエスの前向きな姿勢としてルカ福音書のなかに描かれています。

人間は常に大切な相手を見殺しにします。しかし、神さまは常に大切な相手を活かします。殺す人間と活かす神さまとの対比が明らかとなるのが使徒言行録です。人間は誰かを殺してまで、おしのけてまで自分自身の利益をねらいます。しかし、神さまは人間のミスを責めることなく、人間が殺したイエスを活かします。

イエス＝キリストが全世界の罪をつぐなういけにえであることを想い出させるのがヨハネの手紙一です。イエスは自分のいのちを護らずに、かえっていのちをささげ尽くして相手を活かします。あらゆる人の自己中心的なあさましさをまるごと受け容れて、ゆるしながら再出発させる親心を備えるのがイエスです。

「あなたがたに平和があるように」というイエスの呼びかけは、相手を活かし、相手に自分のいのちをあますところなくささげ尽くすための必死の愛情に支えられています。「あなたがたに平和があるように」という表現は、イスラエルの指導者からいのちをつけねらわれていた弟子たちに安心感を与え、イエスを見殺しにしてしまったことの責め苦にあえいでいた弟子たちの心をつつみ込む慈愛に満ちた呼びかけであったのです。こうした二重の意味合いを普通の言葉で述べれば以下のようになるでしょう。「私がおまえたちを護る」、「もう心配せずに前に進みなさい」。

弟子たちが直面していた二つの大問題とは、まずイスラエルの指導者たちから逮捕されて処刑されることであり、次に恩師イエスを裏切った自分自身の心の呵責状態による不安定さや恐怖感や悔恨の念でした。イエスが復活して弟子たちの前にあらわれたのは、弟子たちがかかえていた二つの大問題を解決するためでした。相手の立ち直りを徹底的に望んで生きつづけるのがイエスの激しい愛情の表現です。復活とは、相手を愛するあまり相手がかかえる大問題を完全に解決するための責任ある態度でもあるのでしょう。イエスは物事を決してうやむやにしません。復活のイエスは、必ず相手の悩みを取り去って活かすだけの強い愛情のかたまりなのです［二〇二一年四月十八日　復活節第三主日（B年）（使徒言行録3・13－15、17－19／一ヨハネ2・1－5a／ルカ24・35－48）］。

「あなたがたに平和があるように」という、イエスの呼びかけ。その呼びかけは何度も何度も、くどいほどに繰り返されます。それは、「どうか安心してくださいね」という気持ちをこめたイエスの呼びかけです。心の底から相手を大切におもって、イエスは語ります。

弟子たちが一番聞きたかった言葉は「どうか安心してくださいね」というゆるしのひとことだったと思われます。大切な恩師を裏切ってしまった、という強い後悔の念にさいなまれていた弟子たちにとって、イエスの死後の日々は重いものでした。もう、ゆるしてもらえないのではないか、とりかえしのつかないことをしでかしてしまった、という痛みを感じつづける毎日は、弟子たちにとって救いようのない暗闇の状態でした。

復活したイエスのすごいところは、何度も何度も弟子たちの前に現われては「だいじょうぶだ、もうゆるしているのだから」としつこく念を押しつづけたことにあります。相手が感じている悩みを、真正面から受けとめて、ひとつひとつのことにしっかり対応するのがイエスの姿勢です。弟子たちといっしょにいなかったトマスに対しても、イエスは対応しているからです。ひとつひとつのことがらを決しておろそかにしない、丁寧な関わりかたを、イエスは身をもって示しています。生きているときも、死んだあとも、ともかくいつでも、イエスは相手を大切にしつづけます。一貫したいつくしみの姿勢が、イエスの特長です。いついかなるときであっても、相手を決しておろそかにしないで大切に支えるのが「いつくしみ」の姿勢です。ひとつひとつのことがらに真剣に向き合って、着実に支えてゆく態度こそが神さまのわざです。神さまは人間ひとりひとりを理解して、相手に応じて丁寧に関わります。その神さまのいつくしみの姿勢を身をもって見せてくれたのがイエスでした。

典礼暦の復活節第二主日（A年）の第一朗読で「ひとつになって」という言葉が出てきます。そして第二朗読では「生き生きとした希望」という言葉も出てきます。キリスト者は心をひとつにして、将来に希望をいだいて生き生きと毎日を過ごす親密さと新鮮さを備えています。初代教会の共同体の状況を再確認するためにも、今日の朗読箇所は大いに役立ちます。イエスからゆるされて、希望に燃えて、心をひとつにして他者をつつみこむようにして宣教することがキリスト者の使命。

私たちは、二千年前の弟子たちと同じように、とりかえしのつかないことをしでかした痛みにさいなまれて生きているのかもしれません。いわば、自分の力ではどうにもできない暗闇のどん底にいるわけです。しかし、そのような私たちのもとに出向いて安心感をいだかせる呼びかけを繰り返す丁寧な伴走者がいるときに、立ち直ることができるようになります。新約聖書では「立ち直ること」が「復活」を意味しています。イエスが復活しているのは、私たちを立ち直らせるためなのです［二〇二〇年四月十九日　復活節第二主日（神のいつくしみの主日）（A年）（使徒言行録2・42－47／一ペトロ1・3－9／ヨハネ20・19－31）］。

❏87　主の昇天

主イエス＝キリストは神さまによって天に挙げられます。同時に、主イエス＝キリスト御自身も全力を尽くして神さまのもとへと上昇してゆきます。神さまの助力とキリストの実力とは、あいまってひとつになります。その協働する情熱が、遺された弟子たちの心を躍らせます。「主の昇天」の出来事は、あらゆる人が心を燃やして神さまの愛の現実をかみしめるひとときを想い出させます。

イエス＝キリストを裏切って自己保身に走った弟子たちが、いまや、主の凱旋を見送る仲間として確かに主の足元にたたずんでいます。使徒言行録もエフェソ書もマルコ福音書も共通して主イエス＝キリストの輝かしい栄光の姿を描くと同時に、遣わされる弟子たちの勇気ある更生の姿をも伝えています。ここからわかることは、「主の昇天」とは、立ち直りの出来事であり、再出発の慶事であるという共同体の一致の姿そのものです。御父である神さまと御子イエス＝キリストと弟子たちとが連携して新たな何かが始まる、という希望の予感がこの朗読箇所（使徒言行録1・1－11）をとおして伝わってきます。

「主の昇天」の出来事は宣教活動の始まりの布告のひとときでもありました。そして、主イエス＝キリストが神さまの右の座に就くときでもありました。神さまとの深い一致をいっそう明確に示すイエスの実力が確かに保証された出来事が、弱い弟子たちの人生をあくなき宣教活動へと駆り立ててゆくのです。宣教活動は、あらゆる人の困難や悩みをいやして立ち直らせる端緒となります。それは、つまり、救いの歴史の幕あけです。あらゆる人が確かに、神さまの愛の現実をつかみとる日々が始まる、という稀有な出来事が弟子たちの宣教活動によって目に見えるかたちであかしされています。

私たちは、さまざまな困難によって打ちのめされ、独りで落ち込むこともあるかもしれません。しかし、二千年前に、弟子たちがイエスと関わって確かに立ち直ったという経緯を、いまこそ想い出す必要があるでしょう。今日も、なお、イエスは私たちを支えてくださるからです［二〇二一年五月十六日　主の昇天（B年）（使徒言行録1・1－11／エフェソ4・1－13／マルコ16・15－20）］。

❏88 「愛の重み」としての神さまの栄光

神さまの栄光とは、人びとのしあわせを実現することなのでしょう。それは、カナの婚宴の出来事を眺めるとよくわかります。イエスによる「最初のしるし」は神さまの栄光を現わすことでした。イエスをとおして神さまのいつくしみ深い愛情が人知れず大きな影響をおよぼします。

イエスは常に誰かのしあわせを実現するために働きました。イエスのことばとわざは相手を励まし、活かします。しかも、目立たない心づかいを通して、さりげなく、イエスは水をぶどう酒に変えます。母親のマリアの目立たない後押しもまた、さりげない心づかいによって相手のしあわせを願う気持ちであふれていました。相手を想う愛情のあふれが共同体全体を喜びで満たします。

ヨハネ福音書で頻繁に描かれる「しるし」とは、神さまのいつくしみ深い働きが人間を活かすことでしあわせに導く出来事です。相手をしあわせに導くことで、共同体がじゅうぶんに成長してゆく様子が、神さまの栄光なのです。神さまの栄光とは、神さまの圧倒的な存在感（臨在）を相手に実感させることであり、

「重みのある出来事」あるいは「重大なことがら」を示します。神さまによるいのちがけの関わりかたが人間に示されるのです。神さまの愛の重大さが明らかになることが栄光と呼ばれています。

相手のしあわせをじゅうぶんに実現する神さまのわざの完成の輝きが栄光としてあらゆるものを照らし暖めることになります。体当たりで、真剣に、相手に向き合う神さまが確かにいらっしゃるという事実に気づくときに、神さまの存在価値が相手の心に自覚されます。イエスは常に相手のしあわせのために奇跡的な励ましを授けます。自分の名声をとどろかせるための奇術ではなく、むしろ相手のしあわせを最優先する徹底的な奉仕のへりくだりの姿勢が神さまのわざとしての「しるし」です。

イザヤの預言の呼びかけからは、「神さまはあなたを喜びとされる」という貴重な言葉が聞こえてきます。そのひとことは、まさに、神さまが、いかに人間ひとりひとりを大切にしているのかを、じゅうぶんに示しています。私たちは個人的な悩みによって落ち込みます。しかし、神さまはそのような私たちをまるごと認めて、愛する相手として迎えてくださるのです。

神さまは人間を伴侶として迎え入れ、いっしょに生きてくださいます。愛情に満たされた婚姻関係を生きる神さまの呼びかけに気づくときに、私たちは満ち足りた安心感を身に受けます。

使徒パウロが教えているように、「全体の益となるために」、神さまは人間ひとりひとりに賜物を与えます。それぞれの人は各自の独特な能力を活かして誰かを支えるときに、全体の益を創造します。たがいに助け合い、支え合うときに、それぞれの人の能力が結び合わされて増幅し、相乗効果をあげることになり、共同体全体が豊かに安定するのです。ひとりひとりの独自の長所を発揮し合う相互交流が共同体の発展につながるのです［二〇二二年一月十六日　年間第二主日（C年）（イザヤ62・1－5／一コリント12・4－11／ヨハネ2・1－11）］。

❏89 教会は建物ではない

私たちが集う教会とは、決して「建物」のことではないはずです。むしろ、教会とは、「神さまから招かれた人の集まり」です。『教会憲章』のなかで、教会の定義づけは以下のように述べられています。全教会は「御父と御子と聖霊の一致にもとづいて一つに集められた民」（『教会憲章』四項）です。やはり、教会共同体の自己理解に際しても三位一体の神さまの働きが強調されています。しかし、人がおろそかにされて、建物だけを性急に整備しようとする動きがある場合、それはとても悲しいことです。

確かに、「祈りの場を立派にしたい」という願いは尊いものです。しかし、教会の聖堂を新築しようとして、主任司祭ないし教会建設委員会メンバーなどが所属信徒ひとりひとりに一律に重い分担金を背負わせることは、少し本筋から離れているのではないでしょうか。

ただでさえ、子どもの教育費や将来の老後の準備も考慮に入れて生活しなければならない日本の信徒たちに、高額の分担金を背負わせてもよいものかどうか……私なりに考えこんでしまいます。

たとえ立派な教会堂を建てたとしても、信徒ひとりひとりが生活の不安にさいなまれつづけてゆくのならば、キリスト者が宣べ伝えている「救い」は絵空事でしかなくなるでしょう。

教会堂は、ミサが行えるスペースがあれば、それでよいのではありませんか。まずは、何よりも、家庭のやすらぎを推進するような教会共同体であってほしいものです。

しかし、細心の注意を払いながら話し合いを重ね、全員が合意して、苦しみをともにする覚悟をして、教会堂の建設を推進するのならば、問題はないと思います。耐震補強など必要な工事もあることでしょう。

ところが、じっくりと話し合わずに、代表者だけが巧みに話を進めてしまい、同時に、はじめから何の意見も提示せずに、諦めきっている信徒の方がいるとしたらそれも問題です。

さらに、誠実に意見を言おうとする人を白い眼で見たり、無言の圧力をかけたりして、ひとことも言わせない雰囲気をいつのまにか創り上げてしまう集団意識があるならば、それは大きな問題です。

たとえば、主任司祭や一部の発起人の功名心によって建設計画が強引に推し進められ、一部の参加信徒で構成された教会委員会の名のもとで決定が下されるなら、果たして、会議に参加していなかった信徒たちや協力司祭たちの心中は、いかばかりでありましょうか。

ですから、もっとじっくりと時間をかけて考え、話し合うことが大切です。一時的な熱意や隠された自己満足のために多くの仲間の日常生活を不安におとしいれることだけは、何としても避けなければなりません。慎重な話し合いのプロセスと納得のいく合意をおろそかにしてはならないでしょう。あせりながら不充分な資金状態で建設を進めてしまい、その結果、手抜き工事による安価な教会堂が完成し、後で後悔するようなことだけは避けたいものです。

何よりも、信徒と主任司祭と協力司祭は教会堂のしっかりとしたビジョンを心に思い描き、設計の段階でも、設計士や建築施工者に対して、より明確なデザインを主導すべきでしょう。建築家たちの思惑に左右されて、後になって使い勝手の悪い教会堂の状態に不満を述べるようなことにならないように、あらかじめ責任をもって監督することも大切です。

「社会的家庭人の生活感覚」と「教会関係者の生活感覚」のずれもあるのかもしれません。――日本の信徒たちは、家庭生活のなかでも複雑な状況に置かれています。つまり、家族全員がカトリックの洗礼を受けていないため、教会に頻繁に諸経費を納めることが難しい場合もあります。

洗礼を受けていない家族がいる場合に、「なぜ、そんなに頻繁にお金を出す必要があるのだ。その教会とかいう団体は、うちに何かしてくれているのか。お金だけ、集めても何もなりゃしないのでは」という疑問がわき出し、家庭内に意見の対立が生じてしまいます。

一方、受洗者は、家族の合意を得られないまま、手ぶらで教会に通うと、教会共同体のメンバーから「あの家庭は、まだ寄付していない」という冷たいあざけりのまなざしを向けられたり、心穏やかならざる雰囲気のもとに投げ落とされたりする場合もあるようです。

いま述べたような状況をかかえている信徒は、たまらないと思います。すごく苦しく辛い思いをしながら、孤独のなかで信仰を保っていかねばなりません。心にやすらぎがない状態がつづいて、まさに「救いようのないどん底」に突き落とされてしまうのです。家庭でも教会でも居場所がなくなり、まさに、やすらぐところのない不安定な状況で追い詰められてゆくばかりなのです。

教会関係者（司祭および修道者）の生活は、社会的家庭人の信徒たちの血のにじむような労働の果てに得られる報酬によって支えられているのですから、感謝の念を決して忘れてはならないのです。一方、信徒も、司祭や修道者たちが人知れず祈りをささげながら社会で働く人びとのために神さまの御加護を願っていることにも気づいていただきたいものです。

❏90　混ざった教会共同体（エクレシア・ミクスタ）

エクレシア・ミクスタ、つまり「混ざった教会」。これは、古代ローマ帝国末期に活躍した聖アウグスティヌスが、五世紀の著書である『神の国』*のなかで述べた教会共同体の現実です。教会共同体には、「神に従うキリスト者」と「自分の欲望に流されるキリスト者」とが同時に生きており、いわば「罪深い者」と「聖なる者」とが混ざり合っている、という哀しい現実を見事に言い当てているわけです。

＊註――『神の国』(*De Civitate Dei contra Paganos.* 赤木善光他訳『神の国(1)』―『神の国(5)』教文館、一九八〇―八三年)を参照してください。

たしかに、コンスタンティヌス大帝による四世紀のミラノ勅令以降、ローマ帝国領土内のキリスト者たちの立場は大きく二つに分かれていました。ミラノ勅令はローマ帝国内での信教の自由を保証した法律を公布したものですが、キリスト者の信仰の立場もローマの他宗教と同等の権利をもつものとして認められました。それまでは、皇帝を崇拝しないキリスト者は帝国に反逆するふとどき者として迫害されていましたので、キリスト者の共同体そのものが社会的に認定されていませんでした。それゆえに、「純粋に信仰を守り抜いて殉教するキリスト者」が多かったのです。

しかし、四世紀以降は「さまざまな立場の人間」が教会共同体のなかになだれこんできました。キリスト者の母ヘレナから生まれたコンスタンティヌス大帝がキリスト教を優遇し、ローマ帝国内の大多数のキリスト者の社会福祉活動や教育活動の成果を政治的に利用したことで、一般人も同じ路線になびき始めました。皇帝に気に入られて出世したい一般人も教会共同体のメンバーになりました。こうして教会は「純粋な信仰者」と「世俗的な栄達を望む者」とが混ざり合う共同体になりました。

聖アウグスティヌスは、イエスによる「よい麦」と「毒麦」に関するたとえ話から着想を得て、「混ざった教会」という現実を書き残しました。教会共同体内部の、いかんともしがたい二つの勢力の根本的な対立関係は四世紀から今日に至るまで引き継がれており、決して解決できない難問として私たちを悩ませます。おそらく今後も、世の終わりに至るまで解決できない闘いがつづくことでしょう。神さまにしか解決はできないのです。いみじくもイエスが指摘するように、世の終わりに「よい麦」と「毒麦」とを選り分けるのは神さまのわざだからです。

それにしても、人間が「よい麦」として生きてゆくことができるようになるには、聖パウロがローマ書のなかで述べているように「聖霊」の導きによる心の純化が欠かせないのでしょう。うめくように、聖霊は人間の心の底から大いなるゆさぶりをかけます。お前はそれでよいのか。ドスンと響くほどの重量級のゆさぶりが心の底で生じるときに、誰もが逃げることができません。回心を余儀なくされ、背中を押されるように前進させられるのです。智慧の書で述べられているように、御父である神さまの徹底的な寛容さと慈悲とが鋭い裁きと統治として私たちに迫るときに、私たちは希望をいだきつつ回心することになります［二〇二〇年七月十九日　年間第十六主日（A年）（智慧12・13、16－19／ローマ8・26－27／マタイ13・24－43）］。

❏91　やすらぎ

ともかく、「やすらぎ」が大事です。教会共同体は「やすらぎ」をかもし出すものでなければ、存在価値がないでしょう。「不安」をつくり出す共同体になってしまうのは哀しい状態です。ちなみに、「やすらぎ」の説明を以下に引用しておきましょう。――「自分を取り巻く環境に何の不安も無く、毎日の生活を満ち足りたものに思う気持ち。身のまわりが平穏無事である様子」（『新明解国語辞典』第六版、三省堂）。

実現のむずかしい理想を掲げ、単なる言葉だけをきれいに並べ立て、ますます経済的な負担を増やしてゆくことも改善したいものです。まずは、一つひとつの小教区の集金方法を信徒の生活を考えた心あるものへと見直すことが急務です。建物を建てたり、管理したりすることよりも、人を育てることこそが大事です。

❏92　ゆるしと奉仕による新生

この「やすらぎ」が生まれるためには、「ゆるし」と「奉仕」が必要不可欠です。つまり、「ゆるし」と「奉仕」がおのずと広がってゆくときにこそ、「やすらぎ」の雰囲気がかもし出されてゆくものなのでしょう。こうして、新たな気持ちでの共同体の歩みが可能となります。それが、「新生」ということなのでしょう。

阪神淡路大震災の際に、神戸のとある教会共同体は全壊した教会堂をすぐには再建せずに、近隣の人びとの生活が立ち直ることを最優先したのでした。炊き出しや相互援助をとおして連帯してゆくことが「奉仕」の雰囲気を深め、おたがいの不自由さを受け入れながら「ゆるし」合ってゆくことにつながったのでしょう。教会の建物の再建よりも、まず、人の生活を重視した主任司祭や信徒たちの真摯な姿勢は、日本社会のなかでもキリスト者の生き方の大きなあかしとなりました。神戸の街並みが復興して、人びとの生活が元通りに回復した後で、ようやく教会堂の再建がはじまったのでした。建物よりも、まず人の生活の安定とやすらぎが優先されたわけで、人びとの心のきずなが強く結びついた共同体が生まれた結果、最終的に教会堂も完成したと言えるでしょう。ゆっくりと相手を活かしながら、相互の結びつきを深めたうえで、最後に建物が建つというプロセスは教会共同体のほんとうのあり方を物語っています。

もちろん、この現場で復興に努めた方々の苦労は並大抵のものではなかったことでしょう。しかし、教会堂が全壊しても、人びとの心が一つにつながり、たしかな共同体が創り出されていったのでした。

教会共同体というものは、初代教会のときから、相手を大事にする姿勢を育んできました。おたがいに奉仕し合い、足りないところを補い合う、ゆるし合いの関わりがキリスト者の連帯の姿だったのです。

ちょうど、初代教会の信徒たちの連帯を見直し、「信徒使徒職」という発想を明確に打ち出したのが第二バチカン公会議でした。この公会議が終了してから半世紀以上たったいまこそ、再び原点に立ち戻りたいものです。すなわち、おたがいに「ゆるし」合い、「奉仕」し合うことによって、新しい人として生きる道を選び、既存の「わだかまり」や「差別」を乗り越えてゆく努力を重ねてまいりましょう。

❏93 「あがない」の秘義

一 「あがない」は神さまのわざ、「つぐない」は人間のわざ

ここでは「あがない」と「つぐない」に関して述べます。結論から述べます。「あがない」とは神さまのわざであり、「つぐない」とは人間のわざです。両者は行動の主体が異なっています。しかも、神さまによる「あがない」が先にあって、そのわざを受けた人間が感謝して「つぐない」を果たすことになります。「あがない」とは「神さまによるゆるし」、つまり「解放」です。「つぐない」とは、「人間による神さまへの感謝の念から出てくるおわびのしるし」であり、つまり「ほんのささやかな気持ちによる恩返し」です。

二 イエスとザアカイ——あがなわれてこそ、つぐない始める

イエス＝キリストのみが「あがないをもたらす者」です。御父である神さまの深いいつくしみの想いを最も充分に生きていたからです。御父と御子の想いはひとつに一致しています。「私を見た者は、父を見たのである」（ヨハネ14・9）という聖句を見ればわかります。神さまは御独り子をとおしてあらゆる人間をあがない、まっとうな人生を送らせてくださいます。

思いもよらずに寛大にゆるされ、認められ、抱き留められた人間は感謝するしかありません。ザアカイのように。あがなわれた人は感謝してつぐないを果たそうとします。あがないが先にあって、つぐないへの決意が生じます。「主よ、私は財産の半分を、貧しい人びとに施します。誰かからだまし取っていたら、それ

を四倍にして払い戻します」（ルカ19・8）というザアカイの決意の言葉からもわかります。ザアカイはイエスからあがなわれて、涙を流して感激し、つぐないを果たす決意をしました。愛情深く包まれた者がつぐない始めます。

私たちは、どうでしょうか。聖書を読み返し、いまも絶えずイエスが私たちのそばにいて、私たちの生き方の不充分なところを補ってくださることに想いを馳せ、ザアカイのように涙を流して感激するだけの「かたじけなさ」を実感することができれば、おのずと誰かへの「つぐない」を具体的に始めることができるようになるのでしょう。

三　人間を悪から遠ざけ、罪のしがらみから解放する「あがない主」である神さま

さて、先ほど紹介しました『CREDO』という本のなかで「あがない」についての大変印象深い文章が、いくつか目につきました。拙訳の文章を引用してみます。

i　「教皇フランシスコ――神は、①『御父』であり、②『全能な者』であり、③『創造主』であり、そして④『あがない主』（Erlöser=redentore）でもあるのです。これまで何度も説明してきたように、神のあわれみ（la misericordia di Dio）は、あがない（redenzione）のなかでこそ実現します。あがないは歴史の成就を意味します」（邦訳三七頁）。

いま引用したのは、教皇が「使徒信条」の解説をする際に述べた一文です。「使徒信条」では最初の段落で神さまの称号を掲げますが、教皇はその流れに「あがない主」という意味も隠されているという洞察を披露します。神さまの特長は「あがない」にあるという事実を決して忘れないように、教皇は私たちを

諭します。さらに、もうひとつの文章を以下に引用します。やはり「あがない」についての呼びかけです。教皇の本音が見事に集約されています。対談相手のマルコ・ポッツァ師も感嘆の声をあげます。

ii 「教皇フランシスコ――『あがない』(redenzione) ということばは、神が私たち、つまり全人類、さらには被造物全体のために成し遂げられる最も根本的な解放を意味しています。現代人は、自分が神の介入によって解放されて救われたと考えることを極度に嫌がります。こうして現代人は、神のことを、あらゆる自由を手に入れるための権力者のように錯覚してしまうのです。

しかし、実際にはそうではありません。自由を口実にして、世のなかで取り引きされている幻想がどれだけ多いことでしょうか。偽りの自由の名のもとに、現代ではどれだけ数多くの新たな奴隷が生み出されていることでしょうか。五世紀の初めの修道司祭の聖ヨハンネス・カッシアヌスは聖パウロを想い出して、次のように書いています。「『正しい状態で満たされる必要があった者と、それとは逆に、あらゆる人びとを正しい状態で満たした者とのあいだには、なんという違いがあるのだろうか』と。

マルコ・ポッツァ――神とは、『あがないを実現する者』(redentore) なのですね……」(邦訳三七―三八頁)。

いま引用したように、教皇フランシスコは、神さまによる「あがない」の重要性を私たちに力説しています。人間を悪から遠ざけ、罪のしがらみから解放する「あがない主」である神さまに信頼を寄せているのが、教皇フランシスコです。新鮮なのは、教皇は「解放としてのあがない」を強調していることです。そして、その呼びかけを受けたポッツァ師が神理解を見直したことです。神さまとは「あがないを実現する者」なのです。つまり、神さまは「解放者」です。

「使徒信条」では、神さまのイメージは①「父」・②「全能者」・③「創造主」として描かれます。そのイメージを歴代のキリスト者たちも大切に受け継ぎました。教皇フランシスコは、さらに④「あがない主」あるいは「解放者」というイメージを加えました。悪のいざないを斥け、相手が罪の状態（神さまから離れた状態）に陥らないように守る御父である神さまの親心は、御独り子イエス＝キリストによって全面的に明確に目に見えるかたちで社会におよぼされました。御子もまた「あがない主」としての使命を身に帯びて十字架の死に至るまで御父の意向を徹底的に実現しました。それは教皇ヨハネ・パウロ二世が回勅『あがない主の使命』によって教えてくれたことでした。もともと教皇フランシスコは教皇ヨハネ・パウロ二世によってブエノスアイレスの補佐司教に任命され、後に枢機卿にも叙せられましたが、やはり「あがない」の重要性を受け継ぎました。しかも教皇フランシスコが枢機卿時代まで活躍していた南米は「解放者」としてのイエスの生き方を強調する神学の風土を備えます。

四　「あがない」の語源——奴隷解放から「キリストによる救いのわざ」へ

ところでキリスト教神学の術語としての「あがない」（ラテン語ではredemptio）は、新約聖書ギリシア語の二系統の動詞に由来します（1. *ἀπολυτρώσεως* 救い出す、2. *λυτρόω* 解く）。古代の地中海周辺の諸文化には「あがない」という発想が根づきました。すごく単純にまとめると、「あがない」には、①奴隷を買い戻すこと、②捕虜を解放すること、③いけにえを差し出すこと、という三つの意味があります。そして、古代イスラエル社会における「あがない」の三つの意味（①奴隷として売り飛ばされていた人間を代価を払って買い戻すこと。②監禁されている人を身代金を払って解放させること。③家畜や人間の初子を神にささげる代わりに他の動物を生贄《いけにえ》としてささげること）がキリスト教においては「罪の奴隷状態となっている人を解放して救い出すこと」として深められ「キリストによる救いのわざ」として理解されるようになりました。歴史におけるキリストのわざの意味を再確認しましょう。

五 「あがない」の奥深さを想う――いけにえ、過越、感謝の祭儀

いま述べた「あがない」の語源は、単なる過去の歴史的な動きとして終わるものではありません。むしろ、いまもなお「あがない」は絶えず実現されつづけています。ミサをとおして。ミサは「感謝の祭儀」とも呼ばれますが、もともとのイメージとしては「いけにえ」・「過越」というあがないの出来事としてキリスト者の生き方の土台となっていました。

トリエント公会議の頃から以下のように述べられていたことを想い出しましょう。「ミサは、十字架のいけにえを秘跡的に再現すること」（トリエント公会議『いけにえとしてのミサについて』DS〔カトリック教会文書資料集〕1740項参照）です。私たちが定期的にあずかるミサは「あがない」の出来事として、今日もひとりひとりの人間を解放し、新たに生まれ変わらせる力を発揮しています。それゆえに私たちはミサに与かるときに「あがない」の奥深さを想いつづけるべきです。

六 キリストによるあがない――壮大な和解の道行き

人間は自分の力では罪をつぐないきれません。人間は、おもい・言葉・行い・怠りの罪というように、あらゆる面での不充分さをかかえているからです。誰かを傷つけた場合、相手の心を回復させるべく何らかの埋め合わせをすることは、ほとんど難しいでしょう。民法上は一定の額の金銭で示談とする方法もあるのかもしれませんが、心の問題となると解決は不可能に近いと言えます。傷ついた相手の心を充分にいやすこと

ができるのはイエス＝キリストのみです。キリストによるあがないは、傷ついた人の全存在をいやすと同時に加害者につぐないへの第一歩を歩ませます。被害者も加害者も含めた壮大な和解の道行きを実現させるのが「キリストによるあがない」なのです。御父と御子は誰をも支えて回復させます。

神さまの偉大さを説明した神学者の聖アンセルムスは、人間の弱さや不完全さ、つぐないの不充分さを熟知していました。それで、イエス＝キリストの十字架上のいけにえによってあらゆる人間の不充分さが補われるという代償の理論を唱えました。御父から遣わされた御子イエス＝キリストのみがあらゆる人の不充分さを支えることのできる真の救済者なのです。

❏94　ゆるしの秘跡の味わい——親子関係および兄弟姉妹関係から家族関係の深まりへ

「彼女の多くの罪がゆるされたのは、彼女が多くの愛を示したことでわかる」（ルカ7・47）。イエスのまごころがこめられた述懐は私たちを泣かせます。寛大な態度で相手を迎えるイエス＝キリストのやさしさに触れることが今日の人びとにとっても必要でしょう。キリスト者があずかる神さまの恵みの出来事のなかに「ゆるしの秘跡」があります。この秘跡は、まさに寛大な受け留めを確かに実現するキリストのやさしさにもとづいています。放蕩息子を迎え容れる父親のような神さまの愛情深さ（ルカ15・11－32）を実際に生きたのがイエス＝キリストです。神さまは私たちひとりひとりを「大切な子ども」として迎え容れます。

「ゆるしの秘跡」の出来事は、神さまの愛情深さを味わうひとときです。私を中心として「ゆるしの秘跡」を見てしまうと、面倒で恥ずかしい暴露の場にしか感じられません。しかし、寛大な神さまによる抱き留めの場として「ゆるしの秘跡」を味わうと、何かが変貌します。法的な埋め合わせではなく、それ以上に深い愛情の発露として「ゆるしの秘跡」を見直すことが今日必要になってきています。「あがない」と「つぐない」の連続性を踏まえたうえで、①神さまと私との「親子関係」、あるいは②私と他者との「兄弟姉妹関係」、つまり③神さまと私と他者との「家族関係」を意識して生きてみることをお勧めします。①と②が総合されるときに③の視点が生じます。キリスト者は①と②を同時に深めることで③の立場を創り上げてゆく使命を現代社会においてになっています。神さまが親で、キリストが長男で、私たちがキリストの妹や弟として家族として生きる「まどい」を実感させる教会共同体づくりをとおして、社会に影響を与えてゆくことができれば、と願います（神さまによる「あがない」と人間による「つぐない」を共同体として生きる場が、教会共同体の関わりに他ならないからです）。あがなわれた者としてつぐなう日々を。

❑95　教会共同体の新生に向けて――教皇フランシスコから学ぶ

一　教皇フランシスコの新しさ――聖フランチェスコのようにキリストにならう

《南米・イエズス会出身・キリスト化・よろこび・識別》

これまで、教会共同体にとって必要な「あがない」と「つぐない」に関して考えてみました。ここでは、教会共同体の指導者としての教皇フランシスコの方針を学びつつ教会共同体の新生に向けての歩みを想い描くことにいたしましょう。

教皇フランシスコの新しさは、十三世紀に活躍したアッシジの聖フランチェスコのようにキリストにならう生き方を徹底的に追い求めている点にあります。聖フランチェスコはキリストのようにわけへだてなく、あらゆるものに対して親しく接しました。とくに小さきものたちに対する底抜けの愛情表現は秀逸です。慈愛のまなざしで、じっと見守る姿勢が究められているからです。生きていることをよろこびつつ感謝と讃美の歌を口ずさむことそのものが純粋な祈りとなっていたのです。草花も小鳥も魚たちも市井の人びとも、聖フランチェスコの大らかで朗らかな気楽さに励まされて生きる希望を新たにしました。開放的に、あらゆるものと交流しながら地球全体をひとつの憩いの家として大切にする教皇フランシスコの指導方針は回勅『ラウダート・シ』に結実していますが、聖フランチェスコの旅を彷彿とさせるものです。

南米の解放の神学者レオナルド・ボフは一九九〇年代に「解放の神学とエコロジー」(阿部仲麻呂訳『神学ダイジェスト』第八一号、上智大学、一九九六年、六九-七九頁)という論文を公表しましたが、格差社会の差別構造の底辺であえいでいる人びとの叫びと環境破壊にさらされて軋んでいる地球の叫びとをむすびつけて「いのちそのものの叫び」として統合的に理解する視点に、当時、筆者は衝撃を受けました。ボフは聖フランチェスコの意志を現代に引き継ぐ仲間としての活躍をつづけましたが、教皇庁から危険視されて活動を制限されたのでした。

独裁的な軍事政権の抑圧を受けていた南米の民衆の社会的な解放を徹底的に推し進める激しさを表明していたボフの情熱は、暴力革命を望む人びとの活動に根拠を与えることになりかねず、歯止めのきかない暴走につながる危険性を有していたからです。教皇フランシスコはボフの協力を得て回勅『ラウダート・シ』を完成させました。キリストのように相手を活かすことを目指す、適切な解放の意義を教皇が再確認したわけです。誤解されがちだったボフの信仰者としての適正な活動の本質が、ようやく認められるようになったのでした。

そして、聖フランチェスコは教会共同体を立て直す努力を積み重ねた人物でもありました。彼は教会共同体のメンバー同士の信頼関係を取り戻させることを大事にしました。その際、自分は果たしてキリストのように生きているかどうか、絶えず自問自答しつつ、丁寧に日常生活をただしてゆく厳しさを忘れないのが聖フランチェスコでした。キリストの生き方を自分の生き方として選びとる努力をつづけることが「識別」という極意なのです。基準を明らかにして自分の態度を見直すことが「識別」です。キリストのように生きる者同士の共同体が教会です。

こうして、「親しさ」と「立て直し」という二つの要素は、「家族的な共同体づくり」に向かって実ります。キリストの生き方は、出会う人びととの親しい関わりを深めることで「信仰の価値観によって結束する、まことの家族」を実現させる方向に向かったのです。内輪で固まって閉鎖的に利益を死守するような、ゆがんだ家族主義（ネポティズム、身内主義、親族優遇主義、縁故主義）などではない人間関係を築き上げることがキリストの望みだったからです。

教皇フランシスコの言葉とわざはキリストの生き方を身に受けて発展させた聖フランチェスコの歩みと重なるものです。歴代の教皇のなかで「フランシスコ」を名乗った人物は今回が初めてです。教皇フランシスコは「南米初」の教皇であり、「初のイエズス会出身」の教皇でもあります。誰もが想い描くことのなかった初もの尽くしの特長を備えた教皇フランシスコの登場から早くも九年が経ちましたが、今日も教皇の新鮮な生き方は決して色あせることはありません。

二　積極的な刷新――人間的な格差社会の貧しさから神の国の豊かさへ

《貧しさとの闘い・指導者層の回心・小さき者たちへの親しさ》

教皇フランシスコは具体的で積極的な刷新を推進する指導者です。彼は人間的な格差社会がもたらす「貧しさ」を見直し、神さまのはからい（神の国）のもとで生きることのよろこびを選び取ろうとしています。いわば、目の前の相手に集中して丁寧に関わり、身近な親しさをもって励まし、その姿勢を次々に他の相手にも示し、結局はあらゆる人の「豊かさ」を実現しようとして奔走しているのが教皇フランシスコなのです。その「豊かさ」とは、相手を理解し、相手を支え、相手から理解され、相手から支えていただき、人間がお互いに本音で交流して充実した成長を遂げることです。開放的な関わり合いによる本物の家族づくりを目指しているのが教皇フランシスコです。

彼は物事を決して理念的にまとめるだけで終わらせません。すぐに相手の気持ちを察して動くだけの敏捷な機動力を備えているのです。相手と活き活きと関わりながら、相手の必要性に応じて諸問題を矢継ぎ早に解決する気迫に満ちています。その意味でも教皇フランシスコは「司牧者」です。そして、名前をもつひとりの相手を具体的に導いて、立ち直らせて活躍させる名監督でもあります。

しかも、彼は使徒的勧告『福音の喜び』九四項のなかで、キリスト者たちに対して、「閉鎖的な態度」(新しいグノーシス主義)を戒めており、しかも「人間的にのみ物事を眺めて解決しようとする身勝手さ」(新しいペラギウス主義)にも警戒するように勧めています。これら二つの立場から「霊的な世俗性」が生ずると教皇フランシスコは述べています。「霊的な世俗性」とは「人間の栄光と個人の幸せを求めること」であると(『福音の喜び』九三項)。

彼が目指しているのは、「開放的な態度で相手に信頼して協力する共同体づくり」です。キリスト者は、気をつけないと「閉鎖主義」(自分の心の安らぎや小さな幸せだけに集中してしまい、周囲の人びとの苦しみに鈍感になること)や「自力主義」(神さまや隣人に頼ることなく自己中心的に物事を自分の能力だけで解決しようとして傲慢になり、孤独な絶望感のなかで自暴自棄になること)に陥る危険性があります。その危険性に陥らないためには、敢えて「開放主義」(自分の心を開いて周囲の人びとの痛みにも目を向けること)や「他力主義」(神さまや隣人に頼って、いっしょに助け合うこと)を心がける必要があるでしょう。

弧絶状態から共同体的な家族の絆を構築する状態へと回心することが肝要なのです。

相手の痛みに気づくことが「貧しさとの闘い」です。そして、相手の気持ちを察してふるまうように、「指導者層の回心」も急務となるのです。こうして「小さき者たちへの親しさ」が実現します。教皇フランシスコは次のように述べています。「教会は、自分から出てゆき、イエス＝キリストを中心にして宣教し、貧しい人びとのために献身しなければなりません」（『福音の喜び』九七項）。

三　教会の新たな動き――若者としての生き方のとりもどし

《青年としてのキリスト・初心をとりもどす熟達者・後進を育む》

ところで、現在の教会の新たな動きとは、若者としての生き方のとりもどしが重視されていることです。特に教皇フランシスコによる最新の使徒的勧告『キリストは生きている』の第二章ではキリストが若者であったことが強調されています。キリスト御自身が若い世代の人びとの活躍の可能性を保証してくれているのです。そして、あらゆる人には、必ず若き時代が過去にあったのであり、その意味で「若者としての情熱」を人間性の根底に秘めています。若いころの情熱を想い出し、新たに活躍し始めるように、高齢者たちは教皇から後押しされているのです。自分だけの安らぎを求めて、小さく人生を閉じようとする終活をしている場合ではありません。むしろ、心を大きく広く周囲に向けて、ひびきあう環境づくりを目指す必要があるのです。

教皇フランシスコ自身も高齢者なのですが、若きキリストのように活躍する情熱に燃えて、今日も相手と出会いつづけています。六十年前にペドロ・アルペ師との出会いをとおして日本の人びとへの親しみを身に覚え、宣教師として日本に渡る夢をいだいた教皇の悲願は訪日によって実現しました。たとえ六十年もかかったとしても、夢は必ずかなうというよろこびを教皇自身があかししたのです。「イエス＝キリストはあなたを愛し、あなたを救うためにいのちを捧げました。キリストは、いま、なお生きておられ、日々、あなたのそばであなたを照らし、力づけ、解放してくださいます」（『福音の喜び』一六四項）。

四　教皇初ミサの説教の話題――聖家族になる一つの家

教皇に就任してからの初ミサの際の聖ヨセフの祭日の説教のなかにすべての青写真が描き込まれていました。教皇は就任当初から自分が何をすべきかを明確に意識していたことがうかがえます。一貫性のある指導者を私たちは戴いているのです。教皇フランシスコが教皇初ミサの説教をとおして私たちに一番伝えたいことは「聖家族になる」という勧めです。聖母マリアのように、あるいは聖ヨセフのように、それぞれが補い合って、おさなごイエスを育てる家庭を創りだすことが急務です。大人たちが子どもを育む、あたたかい家庭という発想は使徒的勧告『愛の喜び』や使徒的勧告『キリストは生きている』の内容にも結びつくものです。しかも、教皇は全人類が一つの家族であり、地球全体が家であるという大きな視野をもっています。その立場は回勅『ラウダート・シ』でも強調されています。

人類家族の住む地球という家。その発想にもとづいて世界を眺めれば、貧しい状況に追いやられている人という呼び方や小さい者たちというとらえ方は意味をなさなくなります。むしろ、「私の兄弟姉妹が痛んでいる状況」を決して見過ごせなくなり、すぐにでも手を差し伸べたくなるものです。自分の身内として相手を眺める視点があるときに、私たちはすぐに動きます。しかも、たとえ血のつながりがなかったとしても、誰もが、親しい友人や恩人に対しては優遇措置をとることでしょう。血のつながりで物事を見るだけではなく、さらに幅を広げて他者を「かけがえのない相手」として処遇する立場に立つのが教皇の生き方です。

教皇フランシスコは決して大義名分を掲げたりはしません。彼は大それた社会活動を推進することよりも、まず目の前の身内が苦しんでいることを黙って見ていられなくて行動しています。つまり、教皇にとっては「私の大切な相手」しか見えていないのです。相手を尊敬して愛情深く眺める立場はキリストの生き方をなぞることで深まります。教皇フランシスコはキリストにならう生活をしているだけなのです。彼がキリストのように相手を眺め、支える生き方を選んだのは十六歳の少年期においてでした。十六歳から二十三歳までの七年間の苦闘が教皇の人生を決定づけました。彼が最も言いたいことは「キリストを選び、キリストとともに」という一事なのです。

五　回心、自己刷新——十六歳の少年と無名の司祭の謙虚さ

十六歳の少年は、一九五三年九月二十一日の聖マタイの祝日に心を新たにしました。教皇紋章の言葉「主が私を憐み、選ばれた」という一句は聖ベダの言葉から採られていますが、もともとは使徒マタイの召し出しの場面にもとづいています。二〇一三年に七十七歳で教皇に就任したホルヘ・マリオ・ベルゴリオ枢機卿は十六歳の回心のときの感慨を紋章に刻み込んだのでした。こうして少年期の最初の志はいまでも保たれています。教皇が若者を大事にする理由は自らの霊的な目覚めの経験にもとづいています。若者こそが自己刷新して成熟する可能性を秘めているからです。

その昔、とある集会に向かう途中で、急に祈りをささげたくなったその少年はサン・ホセ・デ・フローレス教会に入り、ひざまずいたのです。すると彼は自分の真横を通った司祭の落ち着きと謙虚な姿が印象に残り、思わずゆるしの秘跡を受けることにしたわけです。司祭からの助言を得て、少年はキリストを選び取って人生の新たな歩みに入る決意をしました。聖マタイの祝日に、心の底で働く神さまの後押しと謙虚な司祭

との出会いがあり、少年の人生を変えたのでした。

少年は「キリストのまなざし」を実感し、自分がありのままに受け容れられて招かれていることを確信しました。いわば「信仰の眺め」を理解し始めたことがホルへ少年の自己刷新の始まりとなったのです。新たな認識を獲得した少年のよろこびは回勅『信仰の光』や使徒的勧告『愛の喜び』八章に反映されており、二十三歳でイエズス会修練院にて聖イグナチオ・デ・ロヨラの『霊操』に沿って研鑽を積むことで「識別」という視点にまで洗練されました。しかし、絶えずキリストを選びつづける作業は死ぬまで繰り返されるような遠大なものであるとともに、もともとの自分の頑固な性質との闘いとならざるを得ないものです。使徒的勧告『喜びに喜べ』五章で「闘い」が主題となっていることを見ればわかるでしょう。

少年でも真剣に生きて重要な歩みを始めることができる、という『喜びに喜べ』における信念は教皇自身の人生の道行きから導きだされた想いです。彼は自分自身の経験にもとづいて公文書を書いているのです。

六　十字架を生きる——二十一歳の青年とシスター・ドロレスの励まし

回勅『信仰の光』一六項や二〇項では「愛の頂点としての十字架」という感慨が強調されています。二十一歳で肋膜炎による肺の病を得たホルへ青年は病院のベッドに寝たきりになりました。来る日も来る日も痛みが身体をさいなみました。最も活躍できる年代に、なぜ自分は痛みに打ちのめされているのだろうか、不満と怒りがホルへ青年を苦しめたのです。自分を受け容れることができない、やるせなさと自暴自棄。そこにシスター・ドロレスが見舞いに訪れ、ささやかな一言を残して去りました。「あなたは十字架のキリストに似ています」。

こうして青年は自分の身体の痛みがキリストの十字架の痛みと重なるという視点で自分の境遇を理解する

訓練を繰り返しました。そして自分の痛みを他者のためにささげて過ごすキリストの大きな愛の示し方をも身に着けることになりました。不遇な入院生活が聖なる生き方の貴重な機会に変貌したのです。大きな愛をいだいて十字架を生きる姿勢を、青年は深めたのですが、後年、イエズス会に入会して聖イグナチオ・デ・ロヨラの病床の苦闘を学んだ際に、自らの入院経験の意味を一層明確につかむことになりました。なお、シスター・ドロレスはホルへ青年が幼かったころから洗礼の際の立ち合いや初聖体の勉強を世話した人でした。

しかも後年、ホルへ元管区長からあらゆる対外的な仕事を取り上げるかたちでアルゼンチンから締め出すイエズス会の一部の仲間たちからの仕打ちを受けた五十代の壮年期、一九九〇年から九二年のコルドバでの暗夜の日々の際もホルへは自分を苦しめた相手に対して決して仕返しをしない、という決意を固めたのでした。彼は、イエズス会の仲間たちから理解されないという自分の苦しみをキリストの十字架と同じ視点で捉え直し、悪意には善意で対処する姿勢を選んだのです。「相手の悪意に対して石つぶてを投げるよりも、相手に手を差し伸べるほうがよい」という言葉を、当時の黙想指導の際にシスター方に語ったからです。

仲間たちから理解されない苦境に立たされていたホルへ司祭に手を差し伸べたのがブエノスアイレスの大司教を務めていたクアラチーノ枢機卿でした。枢機卿はホルへが補佐司教に任命されるように奔走し、教皇ヨハネ・パウロ二世に働きかけたのです。一番の暗闇のなかでホルへは補佐司教に任命され、イエズス会を越えてアルゼンチンの教会の多くの人びとのための牧者として羽ばたく人生の転機を迎えました。

その後、ホルへ司教は大司教位を継ぎ、枢機卿に親任され、教皇に選ばれたのです。教皇名をフランシスコにしたのは、キリストの真似をしてあらゆるものを慈しんで生き抜いたアッシジの聖フランチェスコの聖痕の奥深さを理解していたからだと言えましょう。聖フランチェスコは十字架のキリストと一体化するほどに純粋に力強く生きた先達でした。

七　若者の夢をともに生きる――心の状態、神さまの着眼点

教皇は「心の状態」という言葉を大事にしています。使徒的勧告『キリストは生きている』九項および三四項、さかのぼって『喜びに喜べ』一一〇項を見れば明らかです。若い人の「心の状態」が、神さまによって受け容れられて大きな使命が授けられるという視点です。神さまからの呼びかけは「心の状態」に応じて深まるものです。

教皇が強調するように、少年ダビデが神さまから大きな使命を授けられたのは、神さまが少年の「心の状態」に注目したからです。心の底から祈りたいと強い促しを感じた少年は先駆者とともに新たな人生の歩みを開始します。少年ダビデは心の底で強く働く神さまの力を先達のサムエルとともに理解しました。教皇自身が十六歳のときに急に祈りたくなり、謙虚な司祭の助言に支えられてキリストに従う決意をしたのと似ています。

神さまは人間の外面や業績や経験で相手を評価するわけではなく、むしろ相手の「心の状態」に注目します。その人がどれだけすなおに、自分にこだわらずに生きてゆけるのかどうかが、神さまからの招きの要点となります。神さまの着眼点は人間の視点をはるかに超えているのです。

大人は若者の外面だけを見て判断し、失敗する場合があります。相手を育てきれないからです。しかし、大人が若者の「心の状態」に注目することで神さまの着眼点に沿って判断すれば、相手を成熟させる適切な手伝いをすることができます。若者の心の底に隠されている夢に気づいて、ともに生きることが大人の役割です。大人は神さまの判断基準に沿って相手を眺める努力をする必要があるのです。若者を見下すのではなく、若者を尊敬して愛情をこめて関わる忍耐力が大人に要請されているのです。

八　六十年後に夢をかなえる――二十三歳から八十三歳へ、アルペ師との出会い、日本の人びとへの共感

先ほど、十六歳と二十一歳のホルヘの成長の歩みをたどりました。その後は二十三歳にして、イエズス会修練院にてペドロ・アルペ師と出会ったことがホルヘへの大きな転機となりました。一九五九年当時、アルペ師はイエズス会修練長であり、自ら広島で被爆しながらも、過去にスペインのマドリッド大学で学んだ医学の素養を活かして日本人の治療や生活の復興に尽くしました。その後は、より一層貧しい地域を調査して新たな宣教活動に乗り出す準備をするためにアルゼンチンを始めとする世界中のスラム街の視察をつづけました。

ホルヘ青年はアルペ師による日本の復興の話題や聖フランシスコ・ザビエルによる日本宣教の歴史の開幕の意義に興味を示し、日本の殉教者たちの信仰心に圧倒されたのです。日本の人びとの真摯な歩みを理解し、自分も宣教師として彼らと関わりたいという夢がホルヘ青年の心に芽生えたのです。その日から六十年目が二〇一九年であったのです。ホルヘ青年の夢は後年、総長に就任したアルペ師によって却下されました。医師の素養を備えていたアルペ師がホルヘの二十一歳時の肺病のカルテに気づいたからでした。アルペ師には、相手の最もよい道を準備し適切な助言を与える能力がありました。厳しいけれども適確な指導を与える慈父との二人三脚がホルヘを鍛え上げてゆくことになりました。

さかのぼれば、ホルヘは十六歳にしてキリストに倣う決意をしながらも、イエズス会に入ったのは七年後でした。決意を実行に移すまでに時間がかかっているのです。どうして七年の歳月が必要だったかと言えば、司祭としての奉仕生活を選ぶのか、大切な女性との結婚生活を選ぶのか、大いに迷ったからです。教皇は温かい家庭で育ち、家族愛の重要性を身をもって理解していたのです。同時に、十六歳のときの回心の経験によってキリストとともに生きることの意味にも目覚めていました。結婚生活か司祭生活か、という二つの尊

い道のどちらを究めればよいのか苦悩した時期が、教皇の若き日々であったのです。七年間の苦闘は、絶えず目覚めて識別するという使徒的勧告『喜びに喜べ』五章の視点にまで結実しているのです。

九 「いのち」（人類＝地球環境）の解放――レオナルド・ボフ

一九九五年にひとつの論文が発表されました。ブラジルの神学者レオナルド・ボフによる「解放の神学とエコロジー（環境生態学）」という作品です。いまから二十七年前のことでです。しかしいま読んでも決して古くない新鮮さを備えた論文です。むしろ、ようやく世界の趨勢がボフの思想に追いついたと言えるほどです。

一九九六年に依頼を受けて、その論文を翻訳しました。拙訳は上智大学神学会による『神学ダイジェスト』第八一号に掲載されました（六九―七九頁）。人間も地球環境も「いのち」であり、両者は連動しているので、人間社会の格差構造や差別感情がエスカレートすることと地球環境のきしみは対応しており、両者の叫びが激しくなればなるほど「いのち」そのものが破壊されることになり、それゆえに私たちは「いのち」を守る必要がある、という論旨です。

ここで論文の冒頭部を引用しておきましょう。「解放の神学とエコロジー的論究には、いくぶん共通するものがある。それは両者が、血を流している二つの傷から生じたという点である。第一の傷とは、人びとの貧困と悲惨の傷であり、その傷は世界中の無数の貧しい人びとのいる社会構造を引き裂いている。第二の傷とは、地球の生態に対する組織的な攻撃であり、その傷は地球という惑星の均衡状態を破壊する。地球はいまや世界中に広がった、現代社会の企てた開発モデルである自然からの収奪によって脅かされている。これら二つの考察と行動の路線は一つの叫びから生じる。解放の神学の場合は貧しい人びとが生命、自由、そして美を求めて上げる叫びであり（出エジプト3・7参照）、エコロジーの場合は抑圧されてうめく大地の叫びである（ローマ8・22-23参照）。両者は共に解放を求めている。一方は貧しい人びとと自身の解放である。貧しい人びとは歴史の主体として組織化され意識化され、彼らの信条と闘いを支持する他の人びとと結ばれることによって解放される。他方は地球の解放である。地球は、人間との新たな同盟関係によって、兄弟姉妹の関係によって、また異なる生態系システムを尊重し、将来の世代に良質の生を保証するような維持可能な発展によって解放される。いまこそこれら二つの学問分野を結び付ける時が来た」（七〇頁）。

十　神さまのいつくしみにもとづいてあらゆるいのちを守る——教皇フランシスコ

あまりにも直截的に人類の問題点を歯に衣をきせぬかたちで訴えつづけるほどの緊迫性と暴力性を伴った当時のボフの作品のほとんどは教皇庁教理省から危険思想とされました（教皇ヨハネ・パウロ二世とヨゼフ・ラッツィンガー枢機卿は信仰の次元で物事を見ることを最優先し、南米の貧困状態と直に闘った解放の神学者たちが急進的で人間的な解決策のみに頼り切って、しかも腐敗した政権を暴力を用いて駆逐することまで考えていたことを警戒していました）。そのため「解放の神学とエコロジー」という論文も奇をてらった眉唾物の作品のように冷遇されたきらいもあるわけです。

人間や地球環境の行く末を真剣に案じていたボフの誠実な危機意識は欧米の知識人たちからは無視されました。もしもボフの呼びかけを認めてしまえば、これまで資源をふんだんに利用しまくる快適な文明生活を愉しんできた先進国の富裕層の人びとが従来の人生設計を放棄せざるを得なくなるので、徹底的にボフの呼びかけを無視したのでした。

しかし、二〇一五年五月二十四日の聖霊降臨の祭日に、教皇在位三年目に入った教皇フランシスコは代表的な回勅『ラウダート・シ――ともに暮らす家を大切に』を刊行しました。この回勅の作成に際して教皇がボフの協力を求めたことは広く知られています。教皇フランシスコは特定の人権思想の立場には立つことなく、もっぱら信仰の次元で物事を眺めて人びとの心を導く司牧者としてふるまい、暴力的な政権革命を容認しがちな極端な解放の神学の立場にくみしていなかったため、一九九二年に教皇ヨハネ・パウロ二世からブエノスアイレスの補佐司教に任命された経緯がありました。ところが教皇フランシスコは、冷静で温かい指導者としてボフの思想の長所をも評価したのです。

現教皇のバランス感覚は非常にすぐれています。対立する二つの陣営のどちらにもくみせずに、むしろ両者の長所を結び付けて協力させる第三の立場に立つのが教皇フランシスコの特長です。つまり、わけへだてしない神さまのいつくしみの視点を生きることを教皇は目指しています。ボフの特異な論文が発表された一九九五年から数えると、二〇年目に教皇の回勅が発布され、ようやくボフの叫びが認められたわけです。

ただし、教皇フランシスコは回勅を仕上げるに際して独特なひねりを効かせています。教皇は「いのちを守るのは人類なのではなく、神である」という視点を強調したからです。神さまのいつくしみによって人類や地球環境がつつみこまれて「いのち」そのものが安定するという信仰の視点が教皇によって提起されたのです。ボフの場合は「人類がすべてのいのちを守る責務がある」という、人間による環境保護の主導を強調していたので信仰の視点が少し忘れ去られていたという欠点がありました。

二〇一九年に、教皇フランシスコが訪日した際に、「すべてのいのちを守るため」という目標を掲げました。その真意は、神さまのいつくしみによってあらゆるいのちが守られることを信仰の視点で見直して回心しましょう、という日本地域の人びとへの招きでした。

十一　日本に出向いた教皇の旅──二〇一九年十一月二十三日から二十六日まで

筆者は二〇一九年十一月二十三日から二十六日まで報道局（プレスセンター）で待機しましたが、二十五日は東京ドームでの教皇ミサの際にテロップの指揮を執りました。取材準備者も記者も翻訳者もモバイルノートとスマートフォンで身軽に動きまわって仕事をこなしました。局内には、もはやファックスや固定電話は置かれていませんでした。機動力と即応性がものを言う時代になったからです。机の上で仕上がった原稿は即座に全世界に発信されました。情報のまわりかたが、あまりにも早く、めまぐるしく、ネット上で教皇関連のあらゆるニュースを一挙に見られる時代となりました。まるで洪水のように情報があふれて、どれを読むべきか慎重に選別するいとまもないほどでした。

教皇による日本訪問の旅はたったの四日間でした。しかし、あまりにも濃密で豊かな日々でした。教皇は常に相手の目を見て、じかに関わりました。決して遠くから公式見解を形通りに述べるだけにとどまらず、むしろ相手のもとへと出向いて直接的に交流をはかることが教皇フランシスコの指導者としての流儀です。人間と人間とが出会って感化を及ぼし合うときの時間の長さは、長ければよいというものではありません。真剣に相手と向かい合った本気度の密度こそが重要な意味をもつからです。

十二　教皇がのこしたもの──圧倒的な愛情と威厳と呼びかけ

筆者は東京ドームでのミサが始まる前の教皇専用車による巡回の際に圧倒されました。圧倒的な愛情と威厳と呼びかけを、ひしひしと実感させられたからです。大げさかもしれませんが、神聖で愛情深い空気感に包まれるようで、おのずと感動の念が湧き上がりました。聖なる厳かさに裏打ちされた無上のあたたかさ。あのときの大歓声のうずまく東京ドームでの出来事がスローモーションの映像としていまでも脳裏によみがえるほどです。その人がいるだけで空気が変わるという独特なるカリスマを、まざまざと目の当たりにした日々。それが、教皇がのこしたものです。その独特な情感があらゆる人の心の底にもこだましています。

十三　十字架のイエスのあとに従う理想をかかげて生きる

もともと教皇フランシスコは無力感にさいなまれて、徹底的な痛みを身に受けた人です。一九四五年の夏に広島と長崎に原爆が投下されたことを両親から聞くにおよんで、九歳にして涙を流して日本人の行く末を案じつつ、祈りの日々を自覚的に選び取ったこと。十六歳にしてキリストに従う召し出しを実感しつつもブエノスアイレスでの地元仲間の付き合いをも棄てきれずに心揺れ動いた日々。二十一歳で肋膜炎の影響で右肺の一部を切除してからというもの不自由な体調で生きることを余儀なくされたこと。三十六歳で司祭叙階されてから南米のスラム街の人びとを支えるとともにイエズス会の後継者育成にも力を入れて信仰生活の質の向上と刷新をはかりつつも軍事独裁政権下の不如意な迫害に耐え、逮捕された仲間たちの解放を願って奔走したが自分だけが生き残ってしまい、虚無の苦悩にさいなまれた悔恨の日々。政治的右派・中道・左派を標榜するさまざまなタイプのイエズス会の仲間たちそれぞれから数十年にわたって誤解され、一九九〇年から九二年にかけてコルドバ修道院での暗夜を経験した失意の日々。彼の人生はあまりにも底知れぬほどの深い暗闇のなかで精錬されました。

筆者は七十以上の関連書や映像を取り寄せて教皇の事績をたどってみました。教皇の歩みに関するさまざまな研究書を読み込めば読み込むほど、彼の苦悩と痛みの奥深さに呆然とさせられます。これほどまでに満身創痍状態でのたうちまわった指導者は他にはいないのではないか、とおもわされました。まさに教皇は十字架のイエスのあとに従う後継者です。教皇が絶えず理想をかかげてあらゆる人に語りかけるのは「決して諦めない」からなのでしょう。誰かが綺麗ごとを言わなければならないからではありません。弱い立場に追いやられている人を励まし、為政者を厳しくたしなめる教皇の言葉の両刃の剣のごとき鋭さは現代世界には不可欠なものです。

十四　今後の教会のゆくえ――私たちがこれからなすべきこと

目の前の相手を大切にすることが最も重要なことです。これが教皇フランシスコの若き日からの信念です。彼は常に具体的な生活のなかで出会う相手を受け容れ、理解し、支えます。つまり教皇フランシスコは決して理念で物事を操作しません。私たちも人間同士の争いのまっただなかに入り込んで闘うのではなく、「神のいつくしみの視点」を学んで橋渡し役を果たすことができるように前進してゆきたいものです。

十五　新型コロナウイルス以降の教会共同体（二〇二〇年）――工夫して前進するときに

新型コロナウイルスの件で、世界でも日本でも生活することそのものに危機感があり、解決の見通しのない状況が延々とつづいています。先行きがわからない状況で、ひたすら生きないといけないという、まさに結論の予測すらできない不安が広がっているのです。

二〇二三年の時点での日本のローマ・カトリック教会は新型コロナウイルス対策の一環として毎日のミサに信徒たちが集まることを少し自粛しています。全国の十六教区の司教たちの大半は信徒たちに「ミサに参加することを免除」するとともに「各自の生活の場での心のなかでの祈り」を奨励し、特に七十五歳以上の年齢の信徒には自宅で祈るように通達しているほどです。

それでも各地の司教の協力者としての司祭たちは毎日自室で独りだけのミサをささげてキリストの最後の

晩餐・受難・十字架上の死・復活という一連の出来事の現在化としての「過越秘義」の伝統を絶やさないように真摯に祈りをつづけています。

ともかく信徒たちは祈りに参加する公的な場を失うことを余儀なくされているのです。つまり、信徒たちはミサ聖祭に与からなければ実際の聖変化（パンがキリストの聖なるからだに高められること）の現場に居合わせることができず、リアルな聖体拝領の恵みも経験できない状況に置かれています。それぞれの信徒は自宅からオンライン上でのミサの映像を眺めながら司教や司祭と心を合わせて祈り、心のなかでひたすらキリストへの想いを深めることで「霊的聖体拝領」（キリストのからだをいただきたいという熱望を心のなかで強く自覚し、敬虔な態度で頭を下げて、心のなかにキリストをお迎えすること）をつづけています。

しかし工夫して前進したいものです。具体的には、教会堂内の換気を改善して参列者席の間隔を離し、日曜日のミサ聖祭の回数を増やして参列者を分散させたり、各教会に所属する信徒を住所ごとに区分けして一ヶ月に一度だけの日曜日のミサ聖祭に交代であずかるようにお願いしています。日曜日のミサ聖祭の参列を七十五歳以下の年齢の信徒だけに絞ることで、高齢者の健康を護り、平日の水曜日か金曜日に七十五歳以上の年齢の信徒を招いて個別に聖体拝領の機会を与える教会もあるほどです。このように信徒たちが密集しないように努める教会もあるのです。

単純に言えば、私たちの生活は「新型コロナウイルス以前」・「新型コロナウイルス到来」・「新型コロナウイルス以後」という三時期に分けられるようになるでしょう。新型コロナウイルスの到来を軸として、その前後で生活様式がまったく変わっているからです。パラダイム（枠組み）の転換が生じているのです。個人的に言えば、新型コロナウイルス以前はカトリック教会においては「形式的な祈りが横行していた時期」であり、新型コロナウイルス到来のいまは「祈りの中身を充実させる時期」であり、今後の新型コロナウイルス以後は「祈りの形式と中身とを一致させる時期」ではないか、と考えています。

教会堂内に座って祈るという形式が実現できない状況であれば、まずは自室でひたすら心のなかの想いを洗練させ深めることしかできないからです。それまでは教会堂内に座ってはいたものの心のなかの想いは案外うすっぺらで、心底祈りに徹し切れてはいなかったのかもしれません。しかし、いまこそは「想いの祈り」を深める沈潜期なのではないでしょうか。自分の信仰を鍛え直す「おこもりのひととき」として真摯に神さまと隣人とを想いつづけることが肝要であるでしょう。いまの鍛錬が、いずれ万事が解禁となったときに必ず実を結ぶことになります。真摯に相手を想える心の実力さえ身につけておけば、実際に教会堂に入れる日が来たときに一層充実した祈りをささげることができるようになるからです。

ともかく、各地の教会の司祭たちが一番かわいそうだ、と筆者は個人的には考えています。この大変な状況のなかで、司牧者として派遣されて、各地の教会で主任司祭として働いているのですから。これまで経験したことのない事態を前にして、司祭たちは適確な判断をつづけ、複数の信徒たちの真逆の意見を調停し、安心感をもたらさなければならないのです。困難な時期に、彼らは司牧者としての責任ある対応をつづけるように過酷な要請を受けているのです。

いまこそ想いの深さが重要となってくるひとときです。想いにおいて相手（神さまや隣人たち）とつながっていることで、幾世代にもわたる全人類地球規模の壮大なる「キリストのからだ」としての教会共同体が現前してくるはずです。

❏96　児童保護に向けた教会共同体づくり――三つのゆがみを生み出す未熟さとの闘い

「私（キリスト）を信じるこれらの小さい者たちの一人をつまずかせる者は、その首にろばのひきうすをつけられて、海の中に投げ込まれるとしても、そのほうがその者にとってはまだました」（マルコ9・42）。

一 「相手」という視点

数年前から世界中で聖職者による年少者に対する性的虐待の問題が取り沙汰されています。カトリック教会のなかで子どもがおろそかにされ、聖職者たちが子どものことを充分に理解せず、傷つけているという事実が明らかになっています。七十年前から今日に至るさまざまな事例が問題視されています。児童虐待・性的虐待は、子どもの成長を阻害する「犯罪」であり、それ以上に「たましいの殺人」に等しい重大問題です。「子どもの成長を阻害すること」は貧しい青少年を社会に増やす結果につながり、社会的文化への重大な背信行為でもあります。

一方的に損害をこうむり、心もからだも傷つけられた方々の痛みを、まず第一に理解することが急務です。彼らの話を聴き、いっしょにたたずみ、終生かけて見守ることが重要になります。被害者という視点よりも「相手」として眺める視点が意識されなければなりません。生きている相手が、目の前で苦しんでいるのです。名前をもつひとりの尊い相手が、そこにいます。大切な相手として、尊敬と愛情をこめて支えることが急務です。相手に対する尊敬と愛情を忘れて、自分のことだけを内向的に眺めて欲望を肥大化させる傲慢さを反省することが加害者には欠かせません。加害者は死ぬまで「相手」とともに生きる人生を歩まねばなりません。解決方法は、ありません。死ぬまで「相手」を大切にしつづけて、ともに生きるしかないのです。こまやかに、相手に苦痛を与えない距離を心がけつつも絶えず相手を丁寧に支える努力をしつづけることが、加害者にとっての終生の課題となります。

「名前をもつ、かけがえのない、ひとりの尊い人間」として被害者の話を聴き、時間をかけてその境遇を理解する姿勢を見せる必要があります。匿名の統計上の話題のもってゆきかたをしないように、繊細で丁寧なかかわり方が重要となります。虐待を受けた被害者という言葉を使うことはやめにして、むしろ**「相手の痛みをになう会」**という名称で、具体的な歩みを始めることができればと個人的には考えております。「相手」が大事だからです。「被害者」という抽象名詞にしてしまってはいけない。生きている、かけがえのない大切な相手がいるわけで、そのおかたを支えないといけないからです。

二　共同体づくり──聖家族になる

加害者は「相手」に対する尊敬と愛情を忘れて、「相手」の身になって生きる姿勢を身につけられないいま生きています。他者といっしょに支え合いながら生きる訓練をしないかぎり、孤立状態の傲慢さは矯正されません。その意味で、共同体づくりも急務です。人間が独りになるときに必ず問題が生じます。教会共同体において、司教や司祭を独りにしないことが信徒たちの役目です。信徒たちは聖職者たちといっしょに考えて、悩み、協力して生きることで、相手が傲慢な権力者と化すのを事前に止めないといけないのです。

教皇フランシスコは教皇就任時の公式の初ミサの説教で「聖家族」のイメージを教え諭していました。全地球をひとつの家として全人類はひとつの家族として聖なる生き方を目指し、二千年前のマリアとヨセフとイエスの「聖家族」をいま実現することが重要となります。世界中でクリスマスがお祝いされている昨今、立場や信念に関わりなく、あらゆる人は「聖家族」への憧れを抱いて幸せな雰囲気を味わう実践を生き始めています。子どもを大切に尊敬して愛情を込めて育む共同体づくりが、いまこそ見直されなければなりません。

三　未熟さから生じる三つのゆがみ

司教や司祭や信徒が子どもを虐待し、被害者の訴えに対してじゅうぶんに向き合わず、加害者を転任させて隠蔽をはかることで、さらなる問題が生じました。さまざまな事例を眺め、専門書などに目を通すと、徐々に見えてくることですが、教会における子どもの性的虐待には三つのゆがみが見受けられます。

i　第一として、加害者のおいたちのゆがみが挙げられます。

ii　第二として、教会システムの歴史的発展の際のゆがみが浮上します。

iii　第三として、各人の自己統御上のゆがみが際立っています。

これらのゆがみを生み出すのは加害者の「未熟さ」なのではないでしょうか。三つのゆがみは、つながっています。

i　加害者のおいたちのゆがみ

加害者は幼少時に家族から虐待されて、あらゆる意味で否定されて育った場合が多く、世間的に日陰者として鬱屈した日々を送り、絶えず復讐心を燃やすことになります。加害者は自分よりも強い者に立ち向かう勇気はないので、逆に自分よりも弱い立場にある者を従えることで優越感にひたることになります。

あるいは、加害者は幼少時の心理状況のままで大人になっている場合もあります。追いつめられて居場所を無くした幼少時の加害者は自分を理解してくれる同級生に極度に依存したり、いっしょにくっつくことで安心感を得ようとします。過度に相手に依存する心情をかかえたまま大人になった加害者は、心の内側は子どものまま過ごしているので、子どもたちを見るときに同級生として認知して、昔のように依存します。

ii　教会システムの歴史的発展の際のゆがみ

教会共同体は四世紀から変質します。三一三年にコンスタンティヌス大帝がミラノ勅令を発してから、ローマ帝国内でのキリスト教の立場は保障され始めました。キリスト者たちの社会福祉活動や教育奉仕の姿勢を認知し、ローマ帝国のシステムに取り込むことで、帝国の安定を図ろうとする皇帝の思惑。皇帝にすりよることで自分の立場を高め、多額の利得権益を得ようとする政治家たちの思惑。信仰の純粋さを忘れて現世的な政治権力と癒着して自分の欲求を満たそうとする偽信仰者の思惑。あらゆる策謀が交錯する状況が四世紀から始まっています。そのまま教会共同体のシステムが今日に至っています。

キリスト者に対する迫害は終結しましたが、信仰の純粋さは見失われ、現世利益との一体化を避けることがきわめて困難となりました。キリストの愛という大義名分を掲げながらも、実際の教会システムは四世紀から歴史的にはゆがんでいます。一世紀から三世紀に至る殉教者たちの純粋な信仰の立場が、もはや実践されなくなっているわけです。

こうして、ローマ帝国の暴力的な権威主義の悪しき側面がキリスト者の共同体内部にも深く根を張りました。聖職者の序列化、男性優位の組織運営、男性による女性たちへの感謝の念の忘却、画一化された教育、他にも枚挙にいとまがないほどの問題が今日に至っています。

iii　各人の自己統御上のゆがみ

教会共同体内部の各人の自己統御上のゆがみも信仰の純粋さを阻害します。自己統制つまりセルフコントロールとは、相手の表情をみて相手の気持ちを察して自分の欲望を制御する調整の努力のことです。人間は社会的な共同生活の経験をとおして、相手の身になって生きる態度を身につけます。想像力を働かせて相手の気持ちを推測し、学びとる訓練を積み重ねなければなりません。
児童虐待に加担した司教や司祭の問題点は、神学校での養成期間中の理知的な試験には優秀な成績で合格してしまい、相手に対するおもいやりや想像力を身につける訓練をしなかったことにあります。神学校は規律を重んじ、外面的には正しく生きる努力を神学生に課します。しかし、どうして規律を守るのかを神学生たちに納得させていなかったり、心の内面の成熟には踏み込まなかったりします。

四　虐待が起こる原因――愛情の欠如による司祭の未成熟・養成指導上の不充分さ

ローマ・カトリック教会組織内の、特にアメリカ合衆国の教会においては、精神的に成長の段階が未熟なままで神学生が司祭に叙される事態が見過ごされました。これは、神学養成上の司教の監督不行き届きです。司教たちは、気をつけないと、自分の教区の教会で働く司祭が減っているからという現場の状況に応じて、すぐに人材を得ようとしがちです。簡単に候補者を受け容れ、充分な養成の時間をかけない場合もあります。一定期間、神学を修めさえすれば、充分な査定を経ずに、認めてしまうのです。働き手がすぐに要るからという理由で、ぞんざいな教育で済ませるのです。精神的に未成熟なままで司祭になった人は現場で必ず重大な問題を起こします。

アメリカ合衆国の社会では、人間の権利つまり人権を強調するあまり、個人の自由や自己実現を表に出します。それで、家庭が崩壊することもあります。つまり、妻と夫が、それぞれの仕事を優先して相手の気持ちを無視して離婚してゆくという状況があります。自分の自己実現のためだけに生きてしまい、子どもを置き去りにして、家を飛び出す親が続出します。親の愛情を充分に受けずに育った子どもは、大人になって今度は自分の子どもを虐待するようになります。親から虐待された子どもが司祭になった場合、相手を充分に愛せない、つまりゆがんだかたちで相手を囲い込んで私物化してしまい、自分の欲望のことしか考えない、という状況が出てきます。ですから、アメリカ合衆国の司祭による児童虐待の問題の背景には、家庭環境の劣悪な状態で愛情を受けずに育った司祭の生活状況があります。

悩みをかかえながら司祭職を目指している神学生が司教から充分なアドヴァイスを得ずに、ゆがんだまま進級した場合に、自分のままならない心の傾きを背負ったままで、結局は相手を理解することができない人間的な弱さをかかえており、何も解決していない状況で司祭になりかねないわけです。ということは、①司祭による児童虐待の根底には、親の責任、家庭のあたたかさが欠如しているという原因があるわけです。そして②司教や養成担当司祭たちによる適切な指導がなされていなかったという原因もあります。充分な愛情を肉親や指導者たちから受けなかったということが、虐待を行った司祭たちの欠点に結びつきます。

教皇フランシスコは、二〇一六年六月四日付で児童虐待防止のための指導者による監督責任についての自発教令（使徒的書簡）を出し、司教が司祭たちを充分に監督して育てていない場合は、怠慢という理由で公的に解任されると述べています。司教は、ただ事務仕事や信仰上の話題を信徒に向けて語っているだけでは足りません。とくに、司教こそが、司祭養成にも心を砕かねばならないのです。司教は神学生たちの声に耳を傾けて、彼らの心の傷を理解し、保護しながら適切に矯正してゆく義務をもちます。とくに児童虐待に関して、司教が指導者としてのアドヴァイスを怠っているときは、司教としての職務を解任されます。教皇フランシスコは、そこまで厳しいことを述べながら、児童虐待をする司祭が増えないように、司教の監督責任を公に問おうとしています。

五　虐待問題への組織的な解決策——コミュニティー（教会共同体・社会）全体の修復的刷新

ローマ・カトリック教会が組織として虐待問題に対して解決策を講じるとするならば、おそらくコミュニティー（教会共同体・社会）全体の修復的刷新［①被害者支援、②加害者矯正、③被害者関係者慰撫、④加害者関係者保護、⑤環境整備、⑥前向きな展望］に力を入れるべきでしょう。このような視点は「修復的司法」（Restorative Justice）という発想をヒントとして導き出されます。

社会的な方向に「ゆるし＝愛」を広げて考察を進める必要があります。人間は社会のなかで他者といっしょに協力しながら生きています。その社会的な人間関係を円滑に行うためにさまざまな法律が制定されています。社会生活と法的な規定とは現代人が生きるうえで重要な意味合いをもっているからです。

プロテスタント系の法学者のハワード・ゼア博士は一九九〇年以前から「修復的司法」（Restorative Justice）」を提唱しました（Howard Zehr, *Changing Lenses: A New Focus for Crime and Justice*, Herald Press, 1990.）。「修復的司法」は、従来の「応報的司法」（Retributive Justice）の限界を乗り越えるための法的なシステムです。従来の「応報的司法」では、加害者と被害者の関係性を見究める際に、被害者のこうむった苦しみに沿って加害者に相応の刑罰を課すことで、埋め合わせをします。客観的に事件概要を吟味しながら一番適正な刑罰を課すことに重点が置かれます。

しかし「修復的司法」の場合は、被害者と加害者と被害者関係者と加害者関係者、さらには事件の起こった地域の住民たちにまで幅を広げて事件の原因と結果を究明しながら全共同体的な視野で反省を行い、崩れてしまった人間関係を修復するとともに二度と同様な犯罪がなされないように地域的な意識を高め、「あたたかい支え合いのコミュニティー」を構築する方向性を自覚的に選びます。いわば、「修復的司法」は、以下の六点を強調する立場です。――①被害者にとっての正義の見直し（事件に対する認識、関係者への発言権、生活の回復やトラウマからの解放を実現させること）、②加害者にとっての正義の見直し（加害者に責任を問いつつ償わせる、加害者の健全化、監視システムの設定）、③加害者の家族の尊厳の確保、④被害者と加害者の関係性を実現する共通場の模索（対話、情報交換）、⑤社会的コミュニティー全体の環境整備（犯罪を起こさせないような「あたたかい関わり」の常態化を目指すこと）、⑥将来的な建設的な展望を開く。

このように、ゼア博士は「修復的司法」を提唱することで、被害者対加害者、被害者関係者対加害者関係者、加害者対地域社会、などの対立構図だけで法的制裁を目指す枠組みそのものを見直そうとしています。

もちろん「修復的司法」はアメリカ合衆国のディスカッション型の自己アピール社会では「相互コミュニケーション」の技術を洗練させることで容易に実現可能なのかもしれません。しかし日本では難しさがあります。日本人の大半は、相手と積極的に討議して、自分の権利を公然と主張したり、相手の言い分を客観的に聞き容れたりするようなオープンな「相互コミュニケーション」に慣れていないからです。それゆえに「修復的司法」は、日本では一部の大学の講義などでは、ひとつの理想的理論としては参考程度に紹介される場合があっても、法的な現場においては採用されることなく今日に至っています。

ただし、困難だからといって諦めることは、まだ早いわけで、一度破壊されてしまった人間関係を修復しながら「新たな相互協力の方向性を開く」ひとつの理念的な試みが確かに存在するという事実には希望があると言えます。困難な状況であっても、「決して諦めない」という気概は、まさにキリスト者の生き方の根幹に関わる姿勢ですが、ゼア博士はキリスト者としての生き方を客観的で社会的な法思想の再構築というシステムの根本的変革にまで関連づける努力をつづけています。その意味でキリスト者が自分たちの美点としての「決して諦めない」という姿勢を、どのように社会的にシステム化してゆけるのかどうか、つまりキリスト教の核心を社会生活と緊密に結びつけて洗練させることであらゆる人に奉仕してゆくことができるかを計るヒントが「修復的司法」の発想には潜んでいると言えるのです。

六　未熟さとの闘い

教皇フランシスコは使徒的勧告『喜びに喜べ』五章でキリスト者の成熟にとって不可欠な闘いについて述べています。それによると、キリスト者は絶えず自分の自己中心的な生き方を警戒し、自分の生き方とキリストの姿を重ね合わせる努力を怠らない日々を過ごすことが不可欠なのです。そのためには、「目覚めていること」と「識別」とを意図的に深めなければなりません。そうした作業の積み重ねをつづける生活が、教皇によって「闘い」と呼ばれています。筆者も、たゆむことなく「未熟さとの闘い」に努めるよう決意を新たにしてゆきたいです〔『福音宣教』十二月号、オリエンス宗教研究所、二〇一九年、一二－一九頁所載〕。

❑97「信教の自由」の意味と可能性

一　はじめに――人間の使命

人間は千差万別です。それぞれの主義主張は異なるものです。しかし、同じ地球上の一員として生きてゆく使命をもっています。それぞれの人が尊重される（人権尊重）と同時に互いに支え合って一緒にしあわせになる（共通善の追求）ように歩むことが理想です。地球という小さな惑星を包んでいる大気、そして恵みの海と大地、あらゆる動植物。それらは絶妙なバランスとリズムによって連動しています。そのかけがえのない「いのちの響き合い」を的確に理解しながら全体をほどよく保つ戦略を立てて責任をもって実行に移すことが肝要です。

人間は高い理性を思慮深く用いることで物事の真実を明らかにします。その際、みずからの限界をわきまえることが不可欠です。こうして人間の狭い了見を超える物事の真相がおぼろげながら見えてくるようになります。人間が独力では生きていけないという現実が信仰の領域を実感させることになります。しかし、真実の探究の仕方は人によって異なります。人間による超越的な領域の感得は地域の事情に応じてさまざまな宗教的表現を通して制度化されてきました。それでは、異なる宗教的世界観をいだいて生きている人びとの人権を尊重しつつも全員が協力して共通善を求めるにはどうすればよいのでしょうか。それゆえ教会共同体においても全地球的な世界全体においても「信教の自由」という発想が必要となってくるのです。そこで、ここでは信教の自由の意味と可能性を考えておきましょう。なお、ここで書くことは一神学者としての私見に過ぎません。

二　記念すべき年に基本的人権を見直す——稀有なこと、謙虚さ

二〇一三年はミラノ勅令発布千七百年記念にあたります。この勅令はコンスタンティヌス帝とリキニウス帝が三一三年二月三日に連名で発したとされるものです（すでにキリスト教迫害撤回令が三一一年にガレリウス帝によって出されていましたが、増大するキリスト者を味方につけなければ事実上ローマ帝国は立ち行かなくなっていたのです）。つまり、彼らはローマ帝国内のすべての市民にとっての信教の自由を保障し、迫害時に没収されていた教会財産の返還にも言及する法令を定めたのです（当初、リキニウス帝は諸宗教寄りの立場でキリスト教の権利をも認め、コンスタンティヌス帝はキリスト教寄りの立場で諸宗教の動向に目をつぶったのですが、やがてリキニウス帝は追い落とされました。コンスタンティヌス帝は大帝となり、キリスト教的帝国を夢見るが無益な衝突を避けるために終始、諸宗教の動向を容認するポーズを採りつづけ、巧みな寛容策を実施しました）。

こうして、キリスト者に対する迫害に終止符が打たれたのです。二〇三年にディオクレティアヌス帝によるキリスト教大迫害が引き起こされたことを考え合わせますと、百十年もの歳月を経てミラノ勅令が発布されたことは意味深いことです。**信教の自由が実現するのは稀有なことです。いまの日本では信教の自由が認められており、その事実は感謝に値するものなのです。**

しかも二〇一三年は、教皇ヨハネ二十三世の最後の回勅『地上の平和』（一九六三年四月十一日）発布五〇周年でもあります。資本主義陣営のアメリカ大統領ケネディや共産主義陣営の書記長フルチショフも『地上の平和』を読んで感激を受け、「対話」の重要性を確認しました。緊迫した紛争すれすれの世界状況を友好的な対話外交へと導く契機を創ったという意味で『地上の平和』は時宜にかなった文書でした。この回勅は「すべての善意ある人びと」に向けられており、万人の良心（それぞれの心の底の正しい判断力）を信頼する色合いを持っていたという点で画期的であったのです。**敵対する二大勢力に対して教皇は謙虚に頭を下げて共に歩もうと呼びかけましたが、その姿勢こそがキリストの模範に沿っており、人権尊重の最たるものです。私たちも教皇ヨハネ二十三世の姿勢に学びたいものです。**

ちなみに、現代のヨハネ二十三世は中世期のピサの対立教皇ヨハネ二十三世の名前を自らの教皇名として敢えて選びました（十五世紀の教会大分裂の時期に、ローマ教皇グレゴリウス十二世、アヴィニヨンの対立教皇ベネディクトゥス十三世とピサの対立教皇ヨハネ二十三世が並び立ちました）。過去のヨハネ二十三世の悪行の責任を身に負うことで教会を本気で刷新する覚悟を表明すると同時に、中世のヨハネ二十三世の分もつぐないを果たして彼をも救おうと努めたのです。最悪の状況を敢えて選び取って最善の道に転換する救済のダイナミズムは、まさにキリストの十字架上の姿を彷彿とさせるものです。

三　「信教の自由」の意味――日本において

「信教の自由」とは、そもそもある国家体制のもとで、国民それぞれが宗教を信じる自由、あるいは特定の宗教を信じないで生きる自由を保障するものです。それゆえ信教の自由は、人権の尊重を高らかに謳います。国家は決して個人の意志を強制的に統御してはならないのです。そして、特定の宗教を選ぶという決断は各人の良心に任されています。人間の至高の生き方は内面的なものであり、決して外部から強制されるべきものではありません。こうして「政教分離の原則」が確保されます。一握りの独裁者による国家的な規模での神権的政治（あるイデオロギーのみを神聖視することで国民の全生活を完璧に統制し、国家の奴隷として利用すること）は政教分離の原則によって回避されるのです。

現行の日本国憲法の第二〇条は以下の三項から成っています。「①信教の自由は、何人にたいしてもこれを保障する。いかなる宗教団体も、国から特権を受け、又は政治上の権力を行使してはならない。②何人も、宗教上の行為、祝典、儀式又は行事に参加することを強制されない。③国及びその機関は、宗教教育その他いかなる宗教的活動もしてはならない」。これらの法規は、個人の心の内面の自由を最大限に認めており、自発的な人生の歩みを尊重することに主眼があります。

現在の日本において、信教の自由は重要な意味をもっています。国民ひとり一人の尊厳を尊重し、自発的な人生の選択が法的に保障されているからです。戦前の軍部主導の国家主義的独裁統制体制のもとで、本来の神道の歩みを捻じ曲げるかたちでの国家神道が急設され、国民にとっての信教の自由や言論の自由が弾圧された時代を鑑みるにつけて、現在の日本社会の在り方は隔世の感があります。

個人の尊厳を守り抜く基本的人権には五つの要点があります。以下のとおりです。①信教の自由、②思想・良心の自由、③学問の自由、④結社の自由、⑤表現の自由。もしも信教の自由が認められない場合、あらゆる宗教の教義や藝術表現も弾圧されることになります。美学の視点で言うと、仮にも、身勝手な為政者によって信教の自由が棄却されてキリスト教の教会建築や宗教画が破壊された場合、その損失は人類全体の精神性を弱めることに直結します。心を豊かにしてくれる真に善なる美を追究し、その美を形にする藝術活動およびその成果としての作品に対して日本人は好意をいだきます。いまや藝術作品が欧州から日本に上陸する頻度たるや数え切れないほどです。我が国では信教の自由が保障されているからこそ、あらゆる立場の国民がキリスト教藝術を鑑賞することができるのです。

しかし、「人権」(個人の尊厳)は決して個人の自分勝手なわがままのために存するわけではありません。人権は常に「共通善」(公共の善益)と密接につながっているものです。個々人が互いに協力することで共通善を充分に追究することになり、社会全体が思いやりに満ちた居場所となります。国民には権利のみならず義務も生じます。共通善を追究する努力が課されていることを忘れてはならないのです。

四　『信教の自由に関する宣言』の構成――第二バチカン公会議以降の教会の立場

ところで一九六五年十二月七日、第二バチカン公会議の一つの公文書として『信教の自由に関する宣言』が公表されました。この宣言は画期的なものでした。それまでは「信教の自由」について公的に言及することを取り立てて行ってこなかったカトリック教会の指導的立場にある全司教たちが教皇の導きのもとで団体的に重要問題への判断を下したからです。ちょうど十二人の使徒たちが協調して人びとを導いたときのように、公会議に参列した司教たちも一致団結したのです。

この宣言が公表されるまで、公会議期間を通してさまざまな議論が尽くされました。大きく分けて二つの立場が衝突しました。①既存のカトリック教会の体制を維持することを望む司教や有識者の立場。そして、

②あらゆる一般人と協力して全人類的視野でキリスト者のあかしの可能性を前進させる司教や有識者の立場。これらの動向を踏まえたうえで、公会議はバランスのとれた宣言を公にしました。文書の冒頭部（序文）ではキリスト者の信仰の価値を第一に述べています。そして、万人の自由な選択による宗教的な歩みにも敬意を表しています。しかし、全体の構成としては、まず万人に共通する主題を明確にしたうえで（第一部、信教の自由の一般原理）、次にキリスト者の立場を述べています（第二部、啓示に照らしてみた信教の自由）。このように二重の方向性を同時に一つの宣言として統合するという、順序の工夫と対話協調への志とが同時に並び立つ文体が絶妙です。

ここで再び教皇ヨハネ二十三世の回勅『地上の平和』（Pacem in Terris）に触れておきましょう。この回勅が『信教の自由に関する宣言』の土台になっているからです。回勅『地上の平和』は三つの点で秀れています。①教会が歴史上初めて地上の出来事を見据えて解決策を提示した文書であること。②資本主義的民主主義対共産主義の対立が激化する時代に「相手を尊重する対話」の道を標榜したこと。③「人権を尊重すること」を全面に押し出したこと。つまり、①**地上的現実への具体的関与**、②**対話の姿勢**、③**天上のことのみならず地上での人権擁護にも言及したことが、地に足のついた教会の社会奉仕の姿（回心の歩み）として印象深く一般人の心に残ったのです。**回勅では、平和が実現するための四つの要点（①真理、②自由、③公平、④愛［連帯］）が重視されています。万人と一緒に歩む、その協調路線は後に教皇パウロ六世や教皇ヨハネ・パウロ二世にも受け継がれました。

第二バチカン公会議において可決され、教皇パウロ六世が公布した『信教の自由に関する宣言』の構成は「序文」につづき、第一部は「信教の自由の目的と基礎」・「信教の自由および人と神との関係」・「宗教団体の自由」・「家庭における信教の自由」・「信教の自由を保護する義務」・「信教の自由の限界」・「真の自由尊重の育成」であり、第二部は「信教の自由の教えは啓示に基づいている」・「自由と信仰行為」・「キリストおよび使徒たちの模範」・「教会はキリストおよび使徒たちの模範に従う」・「宗教団体の権利」・「カトリック信者に対する勧告」という流れであり、最後に「結語」で締め括られています。

宣言の第一部では万人の自由意志の重みを強調しており、万人が真理探究を本性として前進してゆくことを確信しています。その際に神さまの総括的な導きの先行性を確認しつつ、社会的な人間の共同体づくりへの志向性をも考慮して団体や家庭の価値を認めると同時に諸集団を保護する国家へ期待を述べており、さらに国家の時代的判断ミスもあり得ることにも言及していますが、個々人が誠実に他者を育成することで正しい判断力をもつ集団が熟成することも銘記しています。

宣言の第二部はキリスト者の立場における信教の自由の解釈です。常にキリストを信じて生きることが優先的に述べられ、その後で諸宗教の補完的な役割への期待が表明されています。つまり、この宣言はキリスト者が自分たちのアイデンティティーを見失うことなく「信教の自由」をいかに理解すればよいかを明らかにするものです。キリスト者にとって、まず自らの信仰の立場を堅持することが当然なことなのです。しかしキリスト者は独力で社会環境を改善することができません。神さまの助けとさまざまな立場の隣人たちの協力が欠かせないからです。こうしてキリスト者にとって「神さまへの祈り」と「隣人に対する謙虚さ」とが常に重要な要素となってくるのです。

なお、日本カトリック司教団も以下のメッセージを公にしています。「わたしたちは基本的人権である信教の自由を保障する政教分離の原則を堅持していくことを強く訴えます」(「信教の自由と政教分離に関する司教団メッセージ」二〇〇七年二月二十一日)。その呼びかけは「信教の自由に関する宣言」を日本社会において深める指針となっており、現場の人びとを大切にする真心に満ちています。

五　カトリック教会が「信教の自由」を重んじた背景

では、なぜ現代のカトリック教会の指導者たちが「信教の自由」を重要視するのでしょうか。**それは、神さまによる人間に対する慈しみ深い関わりの姿勢を受け継ぐために他なりません。「神さまこそが真に相手を尊重して働く自由さに満ちている」のであり、人間は自力では不自由な状況に陥らざるを得ないからです。**

近代から現代にかけて生じた歴史的な諸動向（代表的なものは五つあるでしょう）は教会組織を揺るがす衝撃をはらんでいました。①個人的な意向のみに傾き過ぎた信仰刷新運動、②三十年戦争、③フランス革命、④共産主義政権の歪み、⑤価値相対主義の蔓延。この五点に共通することは、人間中心主義への極端な偏りであり、神さまの助けを忘却する傲岸さです。つまり、世俗偏重主義です。その流れのなかから生じたのが個人主義（自分だけ快適であれば満足な立場）と全体主義（自分だけの理想に基づいて全体を統制する美意識）です。相手をつぶす独りよがりな耽美主義（全体主義は制服によって各自の個性を目立たないように方向づけることもあり、独裁者による個人的な趣向によって自分の感性の鋭さに酔いしれるほどの美的な好みに大衆がつきあわされることがあります）が現代文化の根底には渦巻いているのです。

しかし、キリスト者は「相手を丁寧に尊重して一緒に生きたイエス＝キリストの歩み（平和）」を拠り所として生きています。キリスト者にとって「平和」とは端的に言って「キリストによるゆるし」です。もともとイスラエル民族のシャローム（salom）は、全身のすこやかさ、あるいは家族や共同体の発展を意味していました。その伝統を受け継いだキリスト者は「エイレネー」（eirene）という平和感覚を洗練させてゆきました。いわば、「エイレネー」とは、喜びに満たされた安心感、協調のことです。

キリスト者の平和は人間的な動向に呑み込まれそうになりながらも今日まで保たれてきました。人間的な動向の最たるものとしては、武力と寛容策の両面を巧みに用いて「戦争のない状態」（pax）を威圧的に目指

した ローマ帝国や大英帝国の平和観があります。そして、「現世的な快適さや快楽」(peace)を求める現代の米国の平和運動もあります。**ところがキリスト者の平和は一層奥深いものです。その内実を邦訳するときに「しあわせ」が適しているでしょう。――お互いに仕え合うこと。人間同士が互いに相手を尊重して(人権)自発的に支え合うこと(共通善)で、祝福された全肯定の状態が深まるからです。教会共同体は「しあわせ」を望むのです。**

十六世紀以降、日本ではキリスト教が広まりましたが、その際に神社仏閣を破壊する行為が頻発し(一説ではキリスト教を陥れるべく寺社が画策した自作自演もあり得ました。あるいはキリスト者の中の無鉄砲で一途な一団が寺社勢力を牽制しようとしたとも言えますが、真相は謎のままです)。自らの信念を貫くために異質な宗教的動向を否定することは、神さまの名を大義名分の旗印にした人間中心主義の横行に他なりません。やはり同時代に南米ではスペインやポルトガルの帝国主義的世界征服の意向を真に受けた軍隊や商業同盟によって、現地の先住民の文化全般が根こそぎ壊滅させられました。日本のキリシタンの熱狂的な寺社弾圧にせよ、宣教意欲に燃えた大航海時代のヨーロッパ圏キリスト者たちの異文化抹殺にせよ、共通して人間的視野だけの理想追究にこだわるあまり「現場の相手に寄り添う神の視座」を忘却していたのです(欧米キリスト教社会におけるユダヤ人弾圧も忘れてはなりません)。現代の教会において教皇ヨハネ・パウロ二世とその協力者たちは『記憶と和解――教会と過去の種々の過失』(二〇〇〇年三月)を表明することで、人間的視野でしか物事を見なかったキリスト者の狭量な態度を反省したのです。**キリスト者が信じる神さまは「万人と一緒に歩む神」(インマヌエル)であるがゆえに、人間的な狭さに基づく他者の抑圧を断念すべきです。こうして信教の自由が、今日、教会において叫ばれるようになりました。**

六 「自己防衛」・「組織防衛」から「社会的なあかし」へ——古代から現代へ

さらに総括的に眺めておきましょう。古代から中世にかけて、諸教父は常に教会共同体を社会の荒波から護ろうと努めました。三一三年にローマ帝国においてミラノ勅令が発布されてキリスト教も容認される時代が到来しました。貧者や病者の世話をはじめ子守などの奉仕活動を通して次第に市民の信頼を得たキリスト者たちの数が増えて社会的影響力を持つに至ったがゆえに皇帝もキリスト教を優遇する政治政策を推し進めました。

しかし、キリスト教以外の旧来の諸宗教の指導者たち（密儀宗教の神官など）は嫉妬のゆえに憎悪に燃え、一層過酷なキリスト教迫害に拍車がかかりました。三一三年から三五〇年にかけて教会共同体は政治家による迫害の終了による信教の自由を謳歌しつつも宗教指導者による新たな迫害にさらされたのです。しかも、政治家は教会を都合よく利用し、政争の具としたためにキリスト者の中には世俗の栄達のみを願う不謹慎な輩も混ざったのです。政権交代のたびにキリスト教は不安定な状況に置かれました（コンスタンティヌス大帝が世を去った後に、その息子コンスタンティウス二世によって非キリスト者の一族を皆殺しにされたユリアヌスは後に帝位に就くや報復措置としてキリスト教を弾圧し、密儀宗教を優遇しました）。

そして中世から近世を経て近代に至る時代の流れにおいては、カトリック教会という組織体制を防衛することに重点が置かれました。それは古代の迫害の苦しみを二度と繰り返させぬ意図によるものです（この意図は古代のミラノ司教アンブロジウスの巧みな教会組織運営と秘跡的信仰表現の規格化の努力によって深められたものを継いでいます）。こうして、教会は自らの社会的態度表明の際に「自己防衛」から「組織防衛」へと身のこなしをシフトさせたことが明らかとなるのです。さらに、**第二バチカン公会議以降の時期においては「社会的なあかし」が強調されています。つまり、相手に寄り添って支える生き方が優先されてい**

るのです。

七　新たなるはじめに――「信教の自由」の可能性（強制ではなく、自発性を）

キリスト教の立場から見た場合、信教の自由の限界は、神さまからの呼びかけ（啓示）を直接的に考慮に入れずに専ら人間の現世的生活を擁護すること（人間の尊厳や共同体の共通善）に終始するだけで手一杯の人間の狭い裁量に存するのです。たとえば、独裁的な権力者が信教の自由を認めない場合もあり得るわけです。あるいは信教の自由を削除する為政者の法改正が為される場合も出てきます。いずれにせよ信教の自由は、いつでも保障されるわけではありません。**それゆえ、キリスト者には率先して自発的に「神の慈しみの視座」を確認しつつも生活の中であかしする使命があります。**

前教皇ベネディクト十六世は『信仰―真理―寛容』（*Glaube-Wahrheit-Toleranz: Das Christentum und die Weltreligionen*, Freiburg, Basel, Vienna, 2003.）という主題の著作を書きましたが、まさに「神の慈しみ深い姿勢」を肝に銘じて生きることの重みを再確認していたのです。そして、制度的なキリスト教信仰は他者に対して強制されるべきものではありません。**むしろ、キリスト者は出会う相手の人生の歩みが愉しさに満ちたものとなるように自発的にアシストすることで一緒に悦ぶべきです。キリストのまなざしを学んで相手を眺めることから新たなしあわせの実感が芽生えるのですから**〔『福音宣教』八・九月号、オリエンス宗教研究所、二〇一三年、一一‐九頁所載〕。

八

つつみこむこと

対話
文化受肉
救い

救済論

□98 つつみこむこと――「神さまのかたち（似像）」として

親は子どもをつつみこむ。差別しないで、つつみこむ。ひたすら。どんな親であっても自分の子どもはかわいいものです。親であることは、そのままで神さまのいつくしみを生きること。人間というものは、誰であれ、あらかじめ神さまの愛情をプレインストールされています。つまり、人間性の奥底には、神さまの愛情があらかじめ設定されているのです。他の思想が、いくら人間の性悪さを主張しているにしても、キリスト教信仰の立場は、根本的に「人間の善さ」を大切にしています。あらゆる人間は、神さまと無縁ではない。ありがたいことです。

人間であるということは、神さまの愛情を生きることです。「神さまのあったかさが備わっている」という点で、あらゆる人間は「神さまのかたち（似像）」を体現しているのです。仏教の人も、神道の人も、イスラム教の人も、特定の宗教を信じていない人も、みんな神さまの愛情を心の奥に宿しているから人間らしく生きてゆけます。とくに、親が子どもを大切に育むときに、そのような当たり前のふるまいは神さまの愛情をこの社会のなかで具体化することになります。

たとえキリスト教を信じていなくても、親として子どもを大事につつみこむあったかさがあれば、その人は神さまの愛情を実現しています。ですから、誰もが神さまの愛情を生きる者としてキリスト教的な価値観を無意識のうちに経験しています。

逆に、洗礼を受けたキリスト者や修道者、司祭や司教であっても、ときとして規則や教えなどの形式だけにこだわってしまい、肝心かなめの神さまの愛情を忘れたり、見失ったりしてしまっていることもあります。筆者が留学したイタリアなどのさまざまな修道院では、厳しい規律があってもそれをうまく解釈して楽に生きる修道者もいました。一方、人を助けるために、規律をゆるやかに理解し直して活躍している修道者もたくさん見てきました。何のための規律かを考える必要はありそうです。もちろんこれみよがしに規則をねじ曲げることはよくないことなのではあるのですが。愛情をこめて生きることの尊さを確認して確実に受け継ぐために規則が定められているはずなのですから、いくら形だけを見事に整えたとしても愛情がおろそかになれば、むなしいのです（一コリント13・1－13）。

❑99　ありのままに

そのままでよいのでしょう。子どもおもいの親のようであれば。ごく当たり前の生活でよい。難しいことを知らなくても、気高い奉仕に携わることができなくても、ひたすら日常をありのままに生きてゆけばよいのでしょう。毎日を大切にして淡々と歩んでゆくだけです。あとは野となれ山となれ。神さまにまかせてしまえば、それでよいのでしょう。

あえて、いささか極端な言い方をすれば、天国に行けるかどうか、そのようなことは、ほんとうはどうでもよいのかもしれません。気がきく神さまが私たちの行く末を決して悪くするはずはないのですから。むしろ、神さまは私に最高のしあわせを準備してくださるのだと、信頼していれば、それでよいのです。人が死後にどうなるかは、神さまの領域です。人がとやかく憶測したり、勝手に判断すべきことではありません。

どのような子どもが生まれてくるかもわからないときに、おなかをあたためて丁寧につつみこむ母親の姿。とても深いものです。神さまの愛情を最も見事なまでに表現しています。ヘブライ語聖書のなかに出てくるイスラエル民族にとって特徴的なイメージに「ラハミーム（たくさんの子宮）」というものがあります。「たくさんの子宮」とは、「レヘム（子宮）」の複数形であり、「神さまのあわれみ＝いつくしみ」をあらわしています。英語で言うと、womb-love of God（神さまの母胎的愛情）となります。

子宮によるいつくしみを示す神さまのおもいの例として、エレミヤ書31章20節が適しています。――「私（神）の子宮は彼（人間ひとりひとり）のためにふるえ、まことに私（神）は彼（人間ひとりひとり）に対して、まるで母親のような愛情を示す」。そして、神さまのいつくしみを生々しく示す例として、ホセア書11章8節が大切です。――「私（神）の子宮は、はなはだしく熱く燃えたぎっている」。私たちは御父なる神さまのいつくしみを実感してから、人間同士の関わりにおいても神さまのいつくしみをおたがいにおよぼし合うような隣人愛を生きるよう招かれています。そのことを強調した救い主イエスのメッセージとしては、ルカ福音書6章36節が最適です。――「あなたがたの父（神）は、まるで母胎が胎児をいつくしむように人間をいつくしむ。そのように、あなたがたも隣人をいつくしみなさい」。ここで言う「いつくしみ」は、ギリシア語原文では「オイクティルモーン」であり、先ほど述べたヘブライ語の「レヘム」と同じ意味をもつ語です。

話題を理解しやすくするために説明をおぎなっておきましょう。「神のあわれみ」は、荻野弘之先生（上智大学文学部哲学科教授）によれば「一時的な感情にとどまらず自己放棄をともなう自発的な愛の行為である。それは神の本質に由来」（『岩波キリスト教辞典』岩波書店、二〇〇二年）すると定義づけられています。まさに、十字架の死に至るまで人びとをきわみまで愛し抜いて、いのちをささげ尽くしたイエス＝キリストの生き方がおもい出されます。

ともかく、イスラエルの民（ヘブライ人）は、物事を具体的に説明する癖をもっています。つまり、真実を説明するときに、「たとえ」を用いて物語ろうとするわけです。

イスラエル民族の人びとが、「神さまが人間をあわれむ（いつくしむ）」ということを説明する際に、「ラハム（たくさんの子宮によってつつみこむ）」という動詞を用います。「神さまのあわれみ」というものが、ちょうど母親が子どもを子宮に宿したときに、あたたかい気持ちでつつみこんで守り育むときの姿にたとえられています。（出エジプト34・6、一ヨハネ4・8を参照するとよいでしょう）。

しかも「子宮」の複数形が用いられていますので、神さまがひとりひとりの人間をかけがえのない相手として大切に受け入れて、決して一人たりとも見捨てないという意味が含まれているわけです。それぞれの人の個性に応じて、それぞれをケース・バイ・ケースでありのままに受け容れていつくしむ神さまの柔軟さが表現されています。

そして、あらゆる人は、神さまとは無縁であるはずがなく、神さまに由来する深い愛情のつながりによって結びついた血縁関係にあるというポイントも強調されているのです。

神さまとのつながりと言うときに、ある特定のグループだけの営利を利己的に求める人間の欲求を克服することが必要です。具体的には、身内だけの利益を追求するあまりに他の人びとを差別して切り捨ててゆくことにつながるような「間違った家族主義」におちいらないように努める必要があります。イエスはこの「間違った家族主義」から解放されることを徹底的に人びとに訴えかけました（マルコ3・31－35、マタイ12・46－50、ルカ8・19－21、マルコ10・29－30、マタイ19・29、ルカ18・29－30）。

赤ちゃんをおなかのなかに宿した女性が「母親」となるわけですが、どのような子どもが生まれてくるのかわからなくとも大切に育みつづけます。自分がまだ見たこともない相手を、ありのままに受けいれています。差別しない愛情。母親というものは、まさに神さまのように相手をつつみこむことができる存在なのです。母親のあたりまえの生き方のうちに神さまの愛情の姿が実現しています。しかも、理屈ではなく、身体的な具体性によって、ダイレクトに相手を大切にする生き方が、そこにあります。

❏100　新しく生まれなおすこと

人は、母親のおなかにつつみこまれていなければ生まれることができません。人は、誰かから受け入れられ、つつみこまれていなければ生きつづけることができません。人は、愛する人びとのおもいのなかで、つつみこまれていなければ、人生をまっとうして新たな門出を迎えることはできません。――①生まれ、②生き、③死に、そして④死後も新たに生きることが人間のたどる人生の歩みですが、どの局面においても、「つつまれていること」が大切です。

そこから本来、「人間とはつつまれる者である」と定義づけることができます。同時に、「人間とはつつむ者でもある」と言えましょう。愛情深くつつまれた体験のある者ほど、出会う相手を愛情こめてつつむことができるようになります。神さまの愛情深いおもいにつつまれるとき、人は新しく生きてゆけます。たとえば、ヨハネ福音書に描かれている「イエスとニコデモとの対話」のなかで「新しく生まれなおすこと」が強調されています（ヨハネ3・1-21）。

それから、ルカ福音書に描かれていることですが、マリアやエリサベトが神さまの愛情につつまれて豊かな実りを育むようになったことも、「新しいいのちのはじまりの出来事」として理解することができます。社会のなかで「実りを生み出さない者だ」というあざけりを受けて、つまはじきにされていた女性たち（イスラエル社会のなかでは、「子どもを生んでいない老女」や「未婚の女性」などは「実りをもたらさない不毛な存在」として軽視され、一人前の女性として受け容れられてはいませんでした）が「母親として赤ちゃんをつつむことができるようになる」というイメージは、まさに、どんな人間であっても「つつみこむ神さまのあたたかさを生きる者となれる可能性がある」という希望と、よろこびにあふれた真実を強調するためのものです。

❑101　せまさ

ところで、どんなに努力しても評価されない人もいます。つまり、誰からも受け容れてもらえず、つつみこまれる経験がないままで失意のうちに死んでゆく人もいます。努力している人を認めないことは、その人の尊厳を踏みにじり、存在を無視していることに等しいでしょう。それこそ、罪深いことです。神さまから大事にされているその人を受け容れようとしないからです。

それから、ほんのひとにぎりの人だけが組織を牛耳ることもあり、おもいのままに全体を動かす場合もあります。ひとりひとりのアイデアを聞こうとしない、かたくなさが歴然としています。この状況は、政治の世界や会社の経営ばかりか家庭やミッションスクールのなかでも、さらには残念なことに小教区や修道会の運営の際にも生じるのかもしれません。これも罪の現実です。つつみこむあたたかさが欠けているからです。神さまのおもいが忘れ去られています。もっと、気さくに、相手を思いやる気持ち、つまり「つつみこむ姿勢」が必要なのでしょう。

❑102　対　話

おたがいに、ひたすら聞くこと。各自が相手を受け容れる姿勢を大切にするときに、「対話」が成り立ちます。ほんもののコミュニケーションが実現するのです。ひたすら相手を受け容れるとき、自己主張は消えてゆかざるを得ません。

ともかく、安易に結論を出さない。一方的に、相手を説き伏せない。あらかじめ決まっている答えに相手を誘導しない。おたがいに聞き合ってゆくプロセスが大切です。結論を自分勝手に捏造することではなく、真実を明らかにしてくださる神さまのおもいに、まかせること。謙虚な姿勢が必要なのでしょう。「受け入れてつつみこむおだやかさ」を大切にしたいものです。

❑103　相手の立場に立って

最近、アジアの神学者たちの間では「比較神学」という研究方法が見直されてきています。「比較神学」とは、ピーター・C・ファン師によれば「キリスト教のレンズを通して他宗教を理解しようとするだけではなく、他宗教のレンズを通してキリスト教信仰を理解する」(『神学ダイジェスト』第九十七号、上智大学神学会、二〇〇四年)姿勢に基づく研究方法です。つまり、相手の立場に立つ寛容さ、度量の大きさ、そのような視点を重んじるのが比較神学の研究姿勢なのです。

興味深いことに、日本にも「比較神学」と似た発想があります。いまから六百年前に世界に先駆けて創られた体系的演劇論であった『風姿花伝』を書き残した世阿弥の考え方は「離見《りけん》の見《けん》」というキーワードで表現されています(『風姿花伝』とは、もともとは能の奥義を密かにまとめたもので、信頼のおける弟子だけに託した秘伝でした)。

「離見の見」という言葉は、自我の主張を離れて、相手の立場に立って行動することの大切さを示しています。「自分中心の見方を横において、何よりも相手の物の見方を想定して行動してみる」ということです。役者が舞台の上で演技をするときに、自分の演技力をひけらかせてわざを繰り出すのではなく、ひたすら観客の求めているものを敏感に察知しつつ表現するという「観客優先」の立場です。つまり「おもいやり」に満ちたふるまいです。

人生のまことの導き手であったイエスも、決して自分の視点で相手のことを断定しませんでした。世間から「罪びと」あつかいされている相手に対しても、仲間として近づいてゆく。一切の偏見から解放された見方がある。相手を責めない。ありのままに受け入れて、相手に行動をゆだねる。――このように「相手にまかせる」イエスの姿勢は、ファリサイ派や律法学者などの宗教指導者たちのふるまい方とは、まったく異なります。宗教指導者たちは、誰に対しても偏見に満ちた一方的な断定を示して、自分たちの生き方と同じように暮らすことを暗に強要していたからです

❏104 救いI――あらゆる面で、何一つ欠けることのない円満な状態

つつみこんでいただくことによって「つながりを回復する」こと。つまり、誰からも受けいれてもらえずに悩み苦しむ人が、最終的な「全肯定」を経験することが「救い」だと言えるでしょう。「救い」とは、あらゆる面で、何一つ欠けることのない円満な状態のことです。かなたからの「呼びかけ」によって私たちは目覚めさせられ、真実の歩みに踏み出せます。

母のように、やさしくつつみこんでくださる神さまのあたたかさ。あるいは、父のように忍耐強く待ちつづけてくださる神さまのあたたかさ。つまり、両親のように親身になっていつくしみ育んでくださる神さまのあたたかさを実感して新たに歩みはじめるときに、人は本当の自分を取り戻せるのでしょう。神さまに信頼して、あたたかいコミュニケーションを回復するよろこび。これこそが、「福音」(めでたい知らせ)そのものなのです。

それにしても、日本人キリスト者が世界全体に向けて貢献してゆけることとは、「つつみこまれること」の尊さをあかしすることではないでしょうか。あらゆる要素をありのままにつつみこんで育むことは、まさに「母性的な姿勢」ですが、日本人は、まるで子どもとしての感覚をおのずと生きていると言いますか、何か

おだやかで大きなものから「つつみこまれること」の味わいやよろこびを体験的に知っているように、筆者にはおもえます。

さきほども、すでに述べたことですが、母親が子どもをおなかのなかであたためながら大切に育む姿が「つつむこみ」のイメージの極致なのですが、イスラエル民族も神さまのいつくしみ深さを表現するときに「神さまが人間に対して母親のようにつつみこんであたためる」と言うのは興味深いことです。

ここで、「つつみこみ」ということに関して、もう少し補足しておきます。ちょうど、鈴木大拙が、日本文化を飛躍的に深めたのが鎌倉時代の仏教の根元に息づいていた「大地性」、あるいは「日本的霊性」の発想だったという趣旨で著作『日本的霊性』（岩波書店、一九七二年）を書いております。大拙の考え方は、ひとことでまとめるとすれば、「大地的霊性」というキーワードがふさわしいかもしれません。

大拙によれば、大地とは、あらゆるものを受け入れていいのちの実りへと導くいのちのふるさとなのです。大地は、人間や動物が排泄した老廃物をありのままに吸収して美しい草花や滋養に富んだ農作物を生み出します。人間的なまなざしで眺めれば汚濁にまみれた老廃物であっても、大地につつみこまれることによって美しく有益ないのちの姿に変容させられてゆくのです。

一つの視点だけで眺めてしまうと汚く見えることであっても、別な角度から眺めると異なった印象をともなって輝いてくる場合があります。私たちひとりひとりにもそれぞれの欠点や弱さがありますが、欠点や弱さだけを見てしまうと自信がなくなってしまったり、生きる気力が失せてしまうことになりかねません。角度を変えて眺めてみると、欠点や弱さは、ユニークさなのです。その人にしかない独特の味わいとして見えてくるのです。

「つつみこむおだやかさ」、あるいは「寛大な受容性」、または「雑多なものをつつみこむ度量の深さ」、もしくは「多様な視点で物事を柔軟に理解しようとするいつくしみ深さ」、他にもいろいろな表現が挙げられるかもしれませんが、そのような感触が日本文化の底には潜んでいるのかもしれません。

なお、「神さまのつつみこむあたたかさ」を見事に活かしながら「ミサ」の意味を解説している晴佐久昌英師の文章「ミサは地球を救う――父の抱擁・母の授乳」(『福音宣教』三月号、オリエンス宗教研究所、二〇〇三年)は心にしみこむ名文で、くり返し読み直すと希望がわいてきます。ぜひ、お勧めします。

❏105　救いⅡ――キリストと出会うことで愛情深くなること

教皇フランシスコは「キリストは生きている!」ということを本気で信じています。教皇ヨハネ・パウロ二世の帰天(二〇〇五年四月二日)から数えて十四年目の二〇一九年三月二十五日には同名の使徒的勧告まで公表したからです。教皇フランシスコは常にキリストを意識して働きつづけています。聖書の内容を想い巡らし、心に記憶し、自分の態度に重ね合わせ、具体的に実践してみるという、日々の識別の積み重ねを通して。まさに、教皇は救いをもたらすイエスを信じて、徹底的についてゆこうと努めているのです。教皇がイエス＝キリストのように相手を受け容れて、価値のある尊い人間として認めたおかげで、その相手はよろこんで生き始めることができたのです。

キリストと出会って人生が百八十度転換すること(救い)は、ザアカイの逸話からもよく伝わります(ルカ19・1－10)。キリストは、回心したザアカイを慈愛深く見つめて、「今日、救いがこの家で実現した」(同19・9)と、しみじみと述べたからです。キリストと出会って愛情深く生き始めることが「救い」なのです。つまり、「キリストとの人格的な出会い」が人間にとっての「救い」なのです。ということは、じゅうぶんな救いを実感するには「キリストとの出会いの経験」が不可欠であるわけです。

古代の時代に、ローマを拠点とするカトリック教会のキリスト者たちが「教会の外に救いなし」という標語を掲げた理由は、ローマ帝国によるキリスト教迫害のあおりを受けた数多くのキリスト者たちが、一時的ないのちびろいのためだけに棄教する場合があったからです。自分の一時的ないのちを惜しむあまりに、キリストとの関わりを拒絶して棄教することで、地上でのいのちを永らえさせはしても永遠のいのちの可能性を失うという愚挙をたしなめるための警告が、「教会の外に救いなし」という標語に結実していたのです。その標語は「キリストとの関わりを拒絶して、一時的な地上の権力におもねっていのちびろいしたとしても、そのような一時的な安心感は真の救いではない」という親身の警告となっています。

教皇フランシスコは二〇一八年の世界代表司教会議（シノドス）の成果を踏まえて『キリストは生きている！』という表題の使徒的勧告を公表しました。若者の価値と可能性が重視されています。世界中の司教たちが若者に対する「傾聴・識別・共歩」を結論として教皇に報告書を提出したのに応えて使徒的勧告が執筆されたからです。教皇は第二章で「キリストこそが若者であった」と述べ、若い人こそが人びとの生活を活性化し、救いを実現する先駆けとなることを強調しています。

そして『キリストは生きている！』という勧告そのものが若者向けの書簡であることが序論で述べられつつも、他の世代の人にも宛てられたものでもあると明記されています。ここからわかるのは、教皇はあらゆる世代の人の心の底に灯されている情熱（現在の高齢者も、過去には若者でした）を呼び覚まそうとして必死に問いかけていることです。しかも教皇自身が永遠の青年としての気構えで現在も精力的に世界を駆け巡っています。若いキリストのように生きるように、あらゆる世代の人が呼びかけられています。同様の呼びかけは使徒的勧告『喜びに喜べ』第一章でも「あらゆる人は聖なる者になるように招かれています」と書かれていることともつながっています。

使徒的勧告『キリストは生きている！』を公表した教皇フランシスコは日本に想いを馳せるときに、おそらく教皇ヨハネ・パウロ二世来日から三十八年の時を経て今日に至る教会全体の歩みを強烈に意識しているのでしょう。

教皇フランシスコは『喜びに喜べ』第二章で「聖性を妨げる二つの敵」を指摘しています。第一の敵は「新しいグノーシス主義」（閉鎖主義・エリート主義）で、第二の敵は「新しいペラギウス主義」（自力主義・人間中心主義）です。これらが「救い」を邪魔する二大要素であるとされています。これらの敵と闘うには、敵の性質を裏返すことで導き出せる「聖性を深める方向性」の二つの要素を意識する必要があります。その方向性から見えてくる二つの要素の第一は「開放主義・共同体的な相互支援主義」であり、第二は「他力主義・相手（神さま・隣人）との信頼関係主義」です。キリストに集中して、彼を友として認めるには、自己中心的な狭さとの絶えざる「闘い」（『喜びに喜べ』第五章）をつづけねばならないのです。

❏106　相手が「救い」をもたらす（私も他者の相手となれるかどうか）

救いは決して理論ではありません。むしろ、キリストと出会ったときの実感・愛・いやしです。救いとは「自分を受け留めてくれる相手がいるという、活ける安心感」（全面的な肯定、個の確立）であり、「相手との交流という具体的な出来事」（隣人愛、共同体づくり）にまで深まるものです。相手を体当たりで受け留めて活かすイエスがいるという現実こそが救いです。イエスという救い主に信頼してともに生きることが人間には必要です。高邁な理想では人は救われません。絵に描いた餅では満たされないのです。教皇ベネディクト十六世が述べているとおりです（教皇フランシスコ使徒的勧告『福音の喜び』七項でも引用されています）。

――「人をキリスト教信者とするのは、倫理的な選択や高邁な思想ではなく、ある出来事との出会い、ある人格との出会いです。この出会いが、人生に新しい展望と決定的な方向づけを与えるからです」（回勅『神は愛』一項）。

内臓がちぎれるほどに相手を大切に想い、手を伸ばして触れ、徹底的に祝福するイエス（マルコ１・41）。彼こそが人びとにとってのキリスト（救い主）でした。こうして具体的な関わりが広がるにつれて、イエスをキリストとして信じる教会共同体が形成され今日に至っています。「活ける相手」こそが救いをもたらすのです。救いは個人的な心の理想や政治的イデオロギーなどではないのです。

❏107　本気でキリストに魅せられた人の強さ

「私は、すべてのキリスト者に、どのような場や状況にあっても、いまこの瞬間、イエス＝キリストとの人格的な出会いを新たにするよう呼びかけたいのです」（教皇フランシスコ使徒的勧告『福音の喜び』三項）。イエス＝キリストと出会うことの大切さを、教皇フランシスコは強調しています。かけがえのない相手としてのイエス＝キリストと真剣に向き合って、愛情と尊敬をこめて親しく関わることがキリスト者の特長だからです。キリストに心を開いて、ともに生きることが重要となります。

すでに八十五歳を越えていながらも教皇フランシスコの姿は常に躍動感にあふれています。彼は、いつでも積極的に人のなかに入り、相手を親しくつつみこむ度量の大きさを備えています。そして、人の人生を利用して利益をせしめようとする無慈悲な人びとの心の底にひそむ悪の働きに対して果敢に闘いをいどみつづけています。

こうした二つの方向性を体現する指導者の姿に日々注目すると、まるでキリストの活躍を眺めるかのような気持ちにさせられるほどです。教皇フランシスコはキリストを理解し、キリストとともに生き、キリストをあらゆる人に伝え示そうとしている指導者です。教皇は、ちょうど六十年前の一九五九年に二十三歳の若き修練生のときに、当時アルゼンチンを訪問したペドロ・アルペ日本管区長と出会い、キリストとともに生きることの意義を確認しました。後にイエズス会総長に選出されたアルペ師は日本で宣教活動した経験をもち、広島で被爆し、過去に専攻していた医学コースでの学びと経験とを活かして、現地の日本人を親身になって助けた人物です。彼の著書『キリストの横顔』（ドン・ボスコ社）はいまでも多くの人の気持ちをキリストとの親しい出会いの実感を喚起するものとして愛読されています。

あらゆる困難が次々に折り重なる現代社会において情熱を失わずにキリストをあかししつづけ、傲慢で自己中心的な人びとの生き方を見直させることを決して諦めない忍耐強さを保ちつづける教皇フランシスコの生き方は驚異的です。本気でキリストに魅せられた人の強さを彼から学ぶことができるからです。教皇フランシスコが少年のときに、突然、教会堂に入って祈りをささげなくてはという強い望みに突き動かされて召し出しの道に踏み込んだとき、おそらくキリストがともにいて自分を呼び招いていると実感したのではないでしょうか。

❏108　救いⅢ——主においてよろこぶこと

すでに、救いが実現している。——ゼファニアの預言のなかで強調されていることです。神さまの実力によって、あらゆる困難や抑圧が、もはや解決しているという、よろこびのメッセージが述べられています。このようなメッセージは、実に、イスラエル民族の待ち望んでいたことを神さまがかなえてくださるという真実を思い出させます。主において、よろこぶ。——パウロの書簡のなかに書き残された最も美しいメッセージのひとつです。人間の自分勝手な快楽ではなく、むしろ神さまの恵みにつつまれて安らかに憩う状態での「よろこび」が強調されています。

主イエス＝キリストが私たちに示してくださった神さまのいつくしみにつつまれてよろこぶことが、人間らしいほんとうのよろこびなのかもしれません。

分をわきまえる。――洗礼者ヨハネ自身の生き方は、まさに「分をわきまえる」ことでした。洗礼者ヨハネは、それぞれの立場の人びとから、さまざまな質問を浴びせられています。それらの問いかけに対して、洗礼者ヨハネは無理のない分かち合いを提唱しています。決して大それたことではなく、むしろ毎日の生活のなかで身近に行うことのできる、ふるまいを大切にすることが呼びかけられています。

民衆は、洗礼者ヨハネの生き方を眺めて、「救い主が来た」という感触を得て、よろこびつつ騒ぎ立てました。しかし、洗礼者ヨハネは、「自分の役割をわきまえていた」のです。自分を誇張して、威張り散らしがちないまの世の中の人びととはまったく異なった謙虚な生き方が洗礼者ヨハネの控えめな魅力です。

待降節第三主日（C年）の三つの朗読は、実に、イエス＝キリストの特徴を見事に言い表しています。今回は、イエス御自身は直接に登場してはいませんが、その特徴がうきぼりにされていることは興味深いものです。イエスの特徴とは、この三つの朗読と連動しています。――①確実に私たちを救ってくださる、②まことのよろこびに迎え入れてくださる、③謙虚に仕える者として私たちを支え励ましてくださる。

それにしても、私たち自身の生き方とイエスの生き方とを比べてみると、まったく逆の現実が見えてきます。私たちの場合は、①相手を確実には救えない、②にせのよろこびのなかで自分勝手に生きている、③傲慢にも相手を従えて利用しようと、もくろんでいる。反省させられます。同時に、主イエスに助けを求めて回心してゆきたいとも思います［二〇一八年十二月十六日　待降節第三主日（C年）（ゼファニア3・14－17／フィリピ4・4－7／ルカ3・10－18）］。

❏109　新たなる瞑想の方法に関して――ティム・ステッドから柳田敏洋へ

これまで「救い」について多角的に眺めてきました。結局は各自がキリストと出会って愛を生きることが重要な意味をもつことがわかりました。キリストの慈愛深さに感化された私たちが愛を生きることはジャック・デュプイ師の言いかたにもとづけば「実践的アガペ」として理解することができます。この「実践的アガペ」と関連する話題として、ここでは、二冊の本を紹介しておきましょう。

まず、一冊目はティム・ステッド著（柳田敏洋／伊藤由里訳）『マインドフルネスとキリスト教の霊性―神のためにスペースをつくる』（教文館、二〇一九年、全二四五頁）という本です。そして、もう一冊は柳田敏洋著『神を追いこさない―キリスト教的ヴィパッサナー瞑想のすすめ』（教文館、二〇二一年、全二九八頁）という本です。

一　ティム・ステッドによる瞑想の方法

霊性センターせせらぎの所長を務めるイエズス会司祭の柳田敏洋師とともに『マインドフルネスとキリスト教の霊性』の翻訳を担当した真摯なる黙想修養者の伊藤由里氏は、常に相手を支えてキリストの姿を実現させるべく日々格闘しています。その霊的指導の歩みを深める探究の日々において、彼らは英国国教会の司祭ティム・ステッド師の著作とも出合いました。こうして、これまで、すでに「無償で無条件の愛としてのイエスのアガペー」と「仏教の瞑想におけるいまここを価値判断なく気づくこと」との関連性に気づいていた柳田師の個人的な経験にもとづく確信は一定の客観的システムとしての黙想指導の方法を生むに至ったのです。

まず、「気づくこと」が出発点となります。「気づくこと」の重要性を端的に示す本書の直球勝負の仕方は、まことに潔いものです。つまり、物事を十全な仕方で深めるためには、①まず自分の現状に気づいて、②一層よい方向を目指すことによって生き方の真実味を増すことが欠かせないからです。本書は、人間の生き方の段階的な極意を再確認させてくれる黙想指導書です。しかも、本書は生き方の具体的な指南書として読者の人生の歩みを着実に支えます。つまり、読みながら生き方を新たにしてゆくことにこそ、人間の成熟を目指す本書の稀有な目的があるわけです。

二　伝統的な瞑想法とマインドフルネスの瞑想技法

①自分の心をまっすぐに眺めつつ、②新たな決意をいだいて慈愛の実践に踏み込む仕儀は古来、中国仏教や日本仏教において「止観」(śamatha-vipaśyanā)と呼ばれてきました。たしかに止観の具体化として、静かに身を整えて呼吸を統御しつつ心の穏やかさを保つことで新しい人間として生まれ変わる(調身・調息・調心)という坐禅による瞑想の極意は『天台小止観』第四章などにも記されているばかりか道元の只管打坐の修行法にも活かされています。

それから、近年の仏教における「マインドフルネス」の瞑想技法は決して新たに編み出されたものではなく、むしろ仏教古来の方法論を復興させたものです。いわば、「温故知新」(旧知の智慧を温めなおすことで、その智慧の眺めの奥深さを新たに発見すること)の発想で広まったのが「マインドフルネス」の瞑想技法なのです。①「止」(サマタ)つまり留まること、心を鎮めること、集中することは次第に②「観」(ヴィパッサナー)つまり洞察、物事を深く見つめること(はっきり見ること)へと洗練されます。「観」は慈愛のまなざしであるとともに、相手をつつみこんで安心させる行為として実践的で圧倒的な革新をもたらす修行の姿勢です。心の静止と躍動の連続性と呼応性が人間の全身を根源的にゆさぶり、慈愛の人へと脱底させつつ徹底的な回心をもたらすことになるからです。

ところで「マインドフルネス」を別の言葉で説明すれば「じゅうぶんに満ち足りた心で生きること」と言えます。この意味は、あらゆる人が望む生き方を示唆します。

現在、「マインドフルネス」の瞑想が流行している背景には「じゅうぶんに満ち足りた心で生きること」を望む人が案外と多いという状況があるからでしょう。ということは、常に困苦欠乏にさいなまれて痛みを実感するのが現代人の現実であることも見えてきます。多くの人は少しでも安心して自分らしく生きてみたいと望むのですが、実際はあらゆる意味で不足した状態から抜け出せてはいないのです。

それにしても、安易に何らかの効果を求めて利益だけを手に入れようとする現代人が作り出したマニュアル本が氾濫しているのが昨今の日本社会の現状です。しかし原点に立ち戻る必要があります。仏教における瞑想の深みへと向かうことが不可欠です。そして、その原点が備えている長所から学んで真の霊的成熟を目指すキリスト者たちの努力も始まっているのです。その代表的な動きが本書で示されました。

本書の構成としては、「はじめに　神のためにスペースをつくる」、「第1部　マインドフルネスとは何か」、「第2部　信じることから知ることへ」、「第3部　『すること』から『あること』へ」、「エピローグ　すべてに満ちたいのち」という項目が並んでいます。

大抵のキリスト者はマインドフルネスを誤解し、毛嫌いします。二つの誤解があるからです。第一として、キリスト教の霊性には伝統があるという自信が挙げられます。第二として、マインドフルネスは信仰をもたぬ人のための運動に過ぎないという軽蔑がひそんでいます。第一の過信には①謙虚さの取り戻しを、第二の軽蔑には②相手に対する尊敬を心がけることが急務です。評者も当初は過信と軽蔑をいだく人間の一人でしたが、本書を読むことで①謙虚さと②尊敬の念を取り戻せました。

仏教側からキリスト教の長所を謙虚に認め、尊敬して深めたのがティク・ナット・ハン師です（特に『新版　生けるブッダ、生けるキリスト』池田久代訳、春秋社、二〇一七年を参照のこと）。キリスト教側のティム師と仏教側のティク師は、ちょうど逆方向から相手の元へと出向くことで無償の慈愛の交流点に参入する仕儀を実現したことにあります（二人の著書を同時に読んだ筆者が実感した感慨です）。

集約点としてのアガペーへ。使徒的勧告『福音の喜び』のなかで、しきりに「相手の元へと出向くこと」を勧める教皇フランシスコの笑顔も評者の脳裏に浮かびます。

ティム師が提唱するキリスト教的なマインドフルネスの基本的な瞑想には三つの種類があります。順に挙げると次のとおりになります。「注意の集中エクササイズ」、「気づきのエクササイズ」、「思いやりのエクササイズ」。仏教の瞑想から受け継いだ、この三段階は連続しています。しかも、ティム師は仏教の瞑想の極意と呼応するキリスト教信仰の核心が聖書の根底に潜むことに気づきました。つまり、「我に返る」放蕩息子の目覚め、マルタとマリアの逸話から導き出せる「すること」から「あること」への洗練、洗礼者ヨハネの渾身の生き方などです。

これまではティム師の瞑想法に関して述べてきました。これからは柳田師の瞑想法に関して以下に記してゆきましょう。

三　エゴ（自己中心性）の根深さをアガペ（愛）の歩みへと転換させる

柳田敏洋師自身の最新の著作である『神を追いこさない』は、彼自身の長年の霊的指導者としての修行の歩みの苦心と成果とを如実に反映した一つの集大成となっています。しかも、黙想会参加者への講話の形態を採用した文体で霊的修行の極意が簡潔明瞭に語られているので読み易く、実際の祈り方の要諦が心の底に明確にしみわたります。

心や頭のレベルを重視して身体の重要性を過少評価してきた従来の西欧的な表現を踏襲したキリスト教信仰や霊性の限界を、いかに補えばよいかを問いつづけてきた柳田師の苦心については『日常で神とひびく』（ドン・ボスコ社、二〇〇六年）および『日常で神とひびく2』（ドン・ボスコ社、二〇〇八年）でも描かれていますが、それらの問題意識を解決した成果が今回の著書なのです。

柳田師は長年、いくら努力して修行したとしても決して拭い去ることのできない「エゴ」（自己中心性）の根深さと格闘してきました。しかし、本書では「アガペの人」となるという視座が抜き出されており、乗り越え難い「エゴ」（自己中心性）の根深さを愛の歩みへと転換させる方法と理念とを提示しているという意味で万人にとって有益な人生指南書となっています。なお、「アガペ」とは柳田師の言葉に沿って言えば「イエスが教えた無償・無条件の愛」（五頁）と定義づけられています。

しかし、有益な人生指南の方法と理念を確立した柳田師は「エゴ」（自己中心性）を克服する際の確実な正解やマニュアルはどこにもないことにも気づいています。つまり「常に実存的悩みとか苦しみの中に自分を直面させ続ける」（九頁）ことで決して困難から逃げない姿勢の重要性を強調しているのです。「神からのアガペの恵みが私を開いてくれた」（一〇頁）という境地に至らせていただくとしか言い得ない事態なのです。ありのままの現実において自分を曝しつつ、彼方から来る神さまのアガペに信頼することが、まさに柳田師による「エゴ」（自己中心性）克服の方法論であり理念です。それは、筆者の言葉で言い換えれば、まさに「無心の境地」であり、「自己空無化の極致（ケノーシスの原事実）にあるがままにたたずむこと」です。

四　柳田敏洋著『神を追いこさない』の構成

本書の構成を述べておきましょう。まず、第一部は講話編です。以下の内容が含まれます。「1 キリスト教的ヴィパッサナー瞑想について」、「2 神理解を深める」、「3 イエスの示した神の国とヴィパッサナー瞑想」、「4 ヴィパッサナー瞑想とブッダの見出した真理」、「5 私とは何者か――真の自己の探求」、「6 カンポンさんに見る瞑想実践の姿」、「7 テオーシスとアガペ――諸宗教対話への道」。付論として「『私』の二重構造の解明――トマス・アクィナスのエッセとエンスを手掛かりに」。

次に、第二部は実践編です。以下の内容が含まれます。「1 キリスト教的ヴィパッサナー瞑想の実践Ⅰ」（呼吸瞑想）、「2 キリスト教的ヴィパッサナー瞑想の実践Ⅱ」（体感的黙想［接触感覚］、歩行瞑想、手動瞑想、食べる瞑想）、「3 キリスト教的ヴィパッサナー瞑想の実践Ⅲ」（体感的瞑想［身体の表面、指動瞑想、音を聞く瞑想］）、「4 キリスト教的ヴィパッサナー瞑想の実践Ⅳ」（体感的瞑想［身体の内部感覚］、強い感情を鎮める瞑想、過去の困難な思いを解放する瞑想、見る瞑想、気分への気づき）、「5 キリスト教的ヴィパッサナー瞑想の実践Ⅴ」（思考への気づき、全方位的気づき、あるがままに気づく瞑想、アガペの瞑想）。

五　仏教に由来するインド地域におけるヴィパッサナー瞑想からアガペを育む技法へ

「今、この瞬間の感覚・感情・思考に価値判断を入れることなくあるがままに気づくこと」（二一頁）が、仏教に由来するインド地域におけるヴィパッサナー瞑想の定義づけです。「気づくこと」によって「自分の感覚・感情・思考と自分自身を切り離し、心の解放をはかり、心の自由と平和を育む」（二一頁）ことができるようになります。

柳田師は定期的にインドに通ってヴィパッサナー瞑想を深めましたが、その技法をキリスト者の祈りの極致にまで洗練させることに成功しました。つまり、「『意識を無償・無条件のアガペの愛の場に戻し、「今ここ」の感覚、感情、思考をあるがままに価値判断することなく気づくこと』であり、アガペを意識の根源で育むもの」（二一二頁）として理解する道行きを整えたのです。

しかも、柳田師は自らの長年の経験にもとづく「アガペを育む技法」を究める際に、ジャック・デュプイ師の『キリスト教と諸宗教――対決から対話へ』（阿部訳・解説、教友社、初版二〇一八年、第二版二〇二一年）を中心とする諸著作の熟読によって自説の論拠を確認したばかりか、同質の経験にもとづいて思索していたデュプイ師との連帯感をも見い出しました。デュプイ師もまた三十六年間にわたるインドでの宣教活動をとおしてヒンドゥー教や仏教の瞑想の奥義の人類史的価値を理解しつつも、活けるキリストの現存の経験を学問的な叙述をとおして確定する作業に徹していたのでした。

こうした視座は、評者にとってはマイスター・エックハルトにおける「離脱」の態度と共通性があるように思えてなりません。アガペの要素を自覚できるような瞑想の仕方を創始したことが柳田師の歴史的な功績です。キリスト者として聖イグナチオ・デ・ロヨラによる「愛の観想」という霊操の深みを経験した柳田師だからこそ、「アガペの瞑想法」を創り出すことができたのです。しかも、その瞑想法は「凡人の霊性」（二一二頁）とも呼ばれています。たとえ祈りのための特別な天分に恵まれていなかったとしても、誰もが容易につづけることができる簡潔明瞭な祈り方だからです。

なおヴィパッサナー瞑想が北米で受容されてビジネスマンの心の安定を導き出す社員研修に転用されたときに「マインドフルネス瞑想」が生み出され、その後全世界規模で流行しています。しかし社員研修用に転用された瞑想の仕方は自我意識の増大に向かう危険性を備えています。なぜならば自己啓発に留まるからです。

そこで、以下の柳田師の指摘が役立ちます。「私たちが心の奥底に少しずつアガペを育んでいくと、イエスの言っていることはほんとうに真実であり、真実以外のなにものでもないということが実感をもって分かるようになります」（二二二頁）。

「マインドフルネス瞑想」には、自己啓発や自己実現を目的として瞑想を手段化する危険が常に伴います。つまり、「マインドフルネス瞑想」は「自己中心性」から逃れられないという意味で危険性を備えているのです。そこで、自分とは異なる他者としてのイエス＝キリストの現存を経験しつつキリストとともに生きる祈り方を肝に銘じて歩むことがキリスト者には要請されることになります。しかし、自己中心性から解放された愛の姿において生きる人もまたキリスト者と同じような経験を積み重ねることができます。

そのことは、つとに八木誠一が『イエスと現代』という著作のなかで指摘していたこととも軌を一にするものです（初版は日本放送出版協会、一九七七年。増補版は平凡社、二〇〇五年）。以下のとおりです。「イエスのいう『隣人愛』とは、同じ場所で同じ暮らしをしている、利害の一致した人間同士の事柄ではない。所属や思想や信条を同じくする者同士の愛でもない。隣人愛とは、対立する集団に属する見知らぬ人同士の愛のことなのである。『隣人』であることから最も遠い人間同士の愛なのである。これこそ『エゴイズム』（八木は『〔増補〕イエスと現代』一五五頁でエゴイズムを以下のように定義する。――「エゴイズムとは神とも他者とも無関係に自分で自分の内容を選び取り、また満たそうとし、自分に好ましい自分を眺めてよろこぼうとする志向と努力の全体のことであった」）を超える愛なのだ。これは結託して自分達を守ろうとする人間同士の『愛』ではない。――中略――愛を行う者が神に従うのである」（八木、前掲書、二三四－二三五頁）。

八木は「愛を行う者が神に従うのである」という見解を前掲書の四三頁以降では「愛における神認識」と呼んでいます。その流れで出てくる文脈を以下に引用しておきましょう。「神を知る人とは、あのサマリア人のように愛を行う人なのである。——中略——神は愛である、という。しかしこれは単に人間が神の愛の対象となるということではない。神に愛されるとは、超越者の働きに促されて自己が愛の主体になることである。神が愛であるとは、このようにして自己が愛を行うことである。エゴイズムを超える愛において、この愛が神から出ることが知られるのだ。だから愛するときに神がわかる。——中略——愛するときに、その愛が自己の愛でありながら、自己を超えた根源に由ることがわかる」（八木、前掲書、四四－四五頁）。

イエスによる「よきサマリア人」のたとえ話に関しては、興味深いことには隣人愛の奥深さと具体的実践を全地球規模かつ全人類規模で促す教皇フランシスコも回勅『兄弟の皆さん』の第二章において詳細に解説しています。すでに洗礼を受けたキリスト者であろうと、他の立場の者であろうと、区別や枠組みに囚われるだけではなく、むしろ他者に開かれて愛を生きることにおける「神の子性」ないし「連帯」の重要性を教皇フランシスコは「よきサマリア人」として現代を生きよう、と呼びかけているのです。

その叫びは「愛による神認識」（実践的認識）を説く八木の視座とも呼応するばかりではなく、柳田師の「存在そのもの」としてのアガペの姿の尊さの感覚とも連携可能なものです。さらに補足すれば、ウィリアム・ジョンストン師による『愛と英知の道——すべての人のための霊性神学』（九里彰監修、岡島禮子・三好洋子・渡辺愛子共訳、サンパウロ、二〇一七年）における神さまの愛への洞察とも共通性が見受けられます。以下のとおりです。「ですから、神秘神学にアプローチするには、人間の存在が〈愛のうちにある〉状態を、意識レベルの最高到達点と見なす方法論を用いるほうが良いのではないでしょうか。勉学としての神学を捨てて、神さまと恋に落ちることについて述べるバーナード・ロナガンの神学が、まさにその方法論にあたります。『私たちの恋とは、連綿と続く行為ではなく、私たちの思考や感情、判断や決断のすべてを活性化して形成するダイナミックな状態のことである』（Bernard Lonergan, *A Second Collection, London*, 1974, p.153.）、と彼は述べています。そのような〈愛のうちにある〉状態について語る神学が、現代によみがえった神秘神学の基盤となり、スタート地点とならないでしょうか」（ジョンストン、前掲書、二三五八頁）。

こうして、神さまの愛を観想しつつ日常生活においても実践する者たちが到達することになる共通の経験の場には普遍性があることがわかります。なお、「愛のうちにある状態」は聖イグナチオ・デ・ロヨラにおける「愛の観想」に端を発して現代のペドロ・アルペにまで受け継がれたばかりか教皇フランシスコにも流れているイエズス会的な観想の極致でもあるのです（教皇フランシスコは、アルペによって触発されて「人間が神に対して恋に落ちる」と述べるばかりか［教皇フランシスコ使徒的勧告『キリストは生きている』一三二項参照］、「神が人間に対して恋に落ちる（神が謙遜な姿勢を選ぶのは、人間にあまりにも恋焦がれてしまっているがゆえ）」［教皇フランシスコ、マルコ・ポッツァ、前掲書、二〇二二年、五八頁］とも述べています）。

ところで、「身体による祈りの大切さ」を説く柳田師は「身体はアガペ」であるという核心を実感しています（五四頁）。身体において瞑想するという方法です。「無償・無条件の愛であるアガペを見る時、そこにはエゴはありません。そしてその愛は自己主張をせずに自らを隠し、見返りや条件を一切つけません。それを身体の営みにおいて見ていくことができます。そこで、呼吸や身体はすでに神を悟っている、神の愛を生きている、このように私は気づくようになりました。そこに私たちはアガペを見ていくことができるのです」（五五頁）。

その後の文脈としてつづく「呼吸」が神さまのアガペの現事実を如実に示す働きであるという柳田師の指摘は以下の文章において見事にまとめられています。「呼吸や身体の器官は、私を生かすためにまったく懸命に働き続けていても、それに対して一切見返りや感謝やあるいは理解を求めることはありません」（五七頁）。「神の愛は決して大げさではありません。まったくさりげなく目立たずに、自らを隠すのです。神の中にはエゴがないからです」（五八頁）。「食べ物はみずからをアガペとして差し出してくれているのではないかという気づき」（九七頁）。「宗教の評価基準としてのアガペ」（二〇九頁）。

ヴィパッサナー瞑想の「慈しみの瞑想」を応用することによって洗練させた祈り方としての「アガペの瞑想——自分自身と他者のためのアガペを祈る」（二八七頁）。「存在そのものである神」は愛そのものでもあります。ということは私たちが無償の愛を生き抜けば、その生き方そのものが神さまのみ旨に沿うことになります。アガペを身を以て生きる者がキリスト者の理想の姿を同じく生きているという奥深い原事実は、あらゆる生きものが他者を活かすアガペの姿を生きるべく、神さまの被造物として生まれてきたという創造の秘義を私たちに理解させます。

それゆえに、柳田師の瞑想の途は、神さまによる万物の創造・万物の救済の史的展開・万物の完成としての終末という壮大な出来事において祈るしじまを実感させるものです。これほどの悟りの途を示し得た柳田師がイエズス会において長年にわたって「イエス・キリストの現存の経験」におけるアガペの実感を大切に育んできたことは真に尊敬すべき慶びの福音であり、日本の教会共同体が世界全体の普遍教会に貢献できる秀逸なる端緒なのでしょう。

九

さがしもとめること

神さまの特徴
友となること

実践神学

❏110　なりふりかまわず探し求めること

軽妙洒脱なやりとり。つまり、イエスと異邦人の婦人とがくりひろげる絶妙な会話。イエスは、まるで悪ふざけをするかのように、異邦の女性に対して次々に言葉を投げかけます。非常に腹立たしいたとえまで用いて。イスラエルの民（子どもたち）に対して与えられるべき神さまの恵みを、異邦人（小犬）に対して与えてはならないという意味の応えは、女性の心を傷つけたにちがいありません。イエスは女性を「小犬」呼ばわりしているからです。しかし、女性は決して負けまいとして、異邦人（小犬）でさえも主人であるイスラエルの民の食卓からこぼれ落ちるパンくずをいただくのです、と皮肉たっぷりに言い返します。

娘を助けたいがために一心不乱にイエスに食い下がる婦人の熱意。つまり、あまりにもしつこくイエスを引き留めようと躍起になる異邦人の女性の気持ちは子どもをもつ親ならば、よくわかる感覚なのではないでしょうか。何としても我が子を助けたいという想いが、親をして狂気の行いに踏み出させます。母は強し。大胆な母の勝利。イエスは、母親による子ども想いの熱意を最高度に賞讃します。「婦人よ、あなたの信仰は立派だ」と。つまり「あっぱれ、見上げた根性だ」と言わんばかりに、イエスは女性をほめそやすのです。

イエスは常に相手の熱意に注目しています。どれだけ一心不乱に誰かを助けようとしているのか、自分が侮辱されたとしても諦めずに誰かを愛してやまない人間の気高さを評価するのがイエスです。典礼暦年間第二十主日（A年）の第二朗読から読み取れるように、イエスの意向をくんで世界的な宣教活動に乗り出した使徒パウロもまた、一心不乱に生きる異邦人を評価すべく前向きに相手のもとへと出向きます。そして、この日の第一朗読から読み取れるように、異邦人を聖なる山に招く御父の寛大さが他の朗読箇所を際立たせる素地となっています。御子イエスは御父の寛大な想いを受け継いでいるからです。そして、イエスのためにいのちをかけた使徒パウロもまた御父と御子との慈愛深く寛大な態度を連続させて受け継いでいるからです。

イスラエルの民は時代が経つにつれて、次第にかたくなになり、自分たちだけが神さまの恩寵を得ている特別な共同体なのだと、傲慢にも自己主張する心の狭さにさいなまれていました。

神さまの寛大さを独り占めして自己満足の状態から抜け出せなくなったイスラエルの民は自分たちのことしか考えませんでした。誰かを助けたいという熱意さえもいだかずに、ただ自分たちの利益だけを保とうとして閉じこもっていたイスラエルの民の愚かさは今日の私たちの欠点とも共通しています。自分たちこそが洗礼を受けて救われる特別な恵みの所有者であると錯覚しているわけです。しかし、いまこそ、あの婦人のように誰かを助けたいと熱望する感触を取り戻すときなのではないでしょうか。信仰とは誰かを助けたいという狂おしいばかりの熱意なのです［二〇二〇年八月十六日　年間第二十主日（A年）（イザヤ56・1、6－7／ローマ11・13－15、29－32／マタイ15・21－28）］。

再び繰り返しますが、カナン人の母親とイエスとの会話は、ユーモアに満ちています。まるで、禅問答のように、軽快で突拍子もないやりとりが展開します。イエスは、わざといけずな皮肉を並べて相手の出方をうかがいます。一方、母親も怒ることなく平然と諧謔《かいぎゃく》に満ちた答えを返しています。イエスも母親も、実は、ツーカーな相棒のような親しさに裏打ちされており、絶妙な信頼感を備えているように見えます。それにしても軽妙洒脱な会話のキャッチボールではありませんか。

「私は、イスラエルの家の失われた羊たち以外のためには遣わされていないんだよ」（マタイ15・24）。

「主よ、どうか、私の娘を助けてください」（マタイ15・25）。

「子どものパンを奪って子犬に与えるのは、よろしくない」（マタイ15・26）。

「おっしゃるとおりです、主よ。しかし、子犬でさえも、主人のテーブルから落ちる食べもののおこぼれにありつくではありませんか」（マタイ15・27）。

「おお、ご婦人よ、あなたの信頼感は、すごいものだなあ。だから、あなたの望むように、事が実現してゆくでしょう」（マタイ15・28）。

イエスは、一応、当時の常識にのっとって語りかけてゆきます。当時の風潮では、神さまの救いとは、まずユダヤ人におよぼされたあとで、異邦人に向けられてゆくわけであり、序列が設けられていました。しかし、異邦の母親は、神さまの慈しみのおこぼれを何とかもらおうとして必死に食い下がります。おこぼれであっても、神さまの恵みには価値がありますから、それを逃すまいと食らいつく母親。しかし、母親がそこまで食い下がる理由は、大切な娘の病をイエスによって治してもらうためでした。子どものためなら、恥も外聞も気にならない。どんなことをしても子どもを守ろうとする母親の執拗な熱意がイエスを動かします。冗談であしらわれても、謙虚に受け留めて食い下がる母親は強いです。

「ユダヤ人たちの罪過によって、救いが異邦人たちへと至り、それが彼らにねたみを起こさせる結果となるのである」（ローマ11・11）。――先に異邦人が救われてゆくことで、もともと選ばれていたユダヤ人たちは悔しさを感じて、必死に頑張って神さまに従うようになるはずだというパウロの思想には同胞を何とか救いたいという切実さが色濃くにじみでています。パウロもまた異邦の母親のように神さまに食らいついています。慈しみ深い神に信頼してゆくことが大切でしょう。――「神はすべての者を不従順へと閉じ込めたのであるが、それはすべての者をあわれむためであったからである」（ローマ11・32）。「神の家は、すべての民の祈りの家と呼ばれる」（イザヤ56・7）［二〇一七年八月二十日　年間第二十主日（A年）（イザヤ56・1、6－7／ローマ11・13－15、29－32／マタイ15・21－28）］。

❑111　あなたは宝もの

神さまにとって「あなた」は宝もののように大切な存在です。あなたを見失いたくない。あなたをさがしつづけているのが神さま。あなたという大切な宝ものを手に入れるためならば、どんな苦労もいとわない。神さまの熱意は、あまりにも激しい。あなたが神さま以外のものに夢中になって、神さまを軽んじているのならば、神さまはあなたが夢中になっているものに対して嫉妬するほどなのです。イスラエル民族のあいだで、神さまに対して「熱情の神」とか「ねたむ神」という呼び名がついたのも、神さまの愛情の激しさを説明するためでした。

もちろん、神さまの愛情を人間の言葉で説明し尽くすことはできませんが、イスラエル民族は、あえて理解しやすいように人間の感情にたとえて表現したのでした。そして、自分のいのちをなげ打ってでもあなたを守ろうとする神さまの愛情に満ちた姿はイエスの十字架の死の姿において最も明確に体現されています。

「銀貨」をさがし、「羊」をさがし、「どら息子」をさがし……ルカ福音書のなかには、あなたをさがし求めてやまない神さまの姿が何回も何回も登場します（ルカ15・1－32）。イエスのたとえ話が強調することは、次のようにまとめることができるでしょう。――「あなたをさがしつづける神さまが、確かにおられる」。

神さまは、いつでもあなたを気遣っています。ところがあなたは気づかない。にぶい。ですから、神さまは、いつでも片想い。人類の歴史は同時に神さまの片想いの苦悩の年月の積み重ね。

❏112　神さまの特徴

神さまの特徴は、「いつくしみ深い」こと。まるで母親が子どもをおだやかに受けとめてつつみこむときのように。しかも、迷子になった人間を、常に諦めることなく親身になって「さがし求めること」も、神さまらしい姿勢です。ユダヤ教の神学者アブラハム・ヘシェル師は神さまのことを「人間をさがし求める神」

と呼んだほどです。

それから、神さまは、悪い状態を決して野放しにはしておけない。人間を悲惨な状況にひきずりこもうとする動きに対しては徹底的に立ち向かいます。激しい愛情に突き動かされて、あらゆる不足状態を満ち足りた状態にまで導こうと努めます。相手の貧しさを、何としても、ほうっておけない神さま。そのような神さまの深く激しすぎる愛情のわざは、ヘブライ語聖書（旧約聖書）やギリシア語聖書（新約聖書）のなかでは「悪を滅ぼす」という表現で説明されてきました。

神さまは、困難をかかえている相手に積極的に近寄ります。かと言って、追いかけまわすわけではなく、むしろ相手を信頼して尊重しながら見守り、適度な距離を保ちます。相手が自力で立てるまでに回復するころになると、相手にまかせて、そばを離れます。ちょうどイエスが町や村を順次めぐってゆき、決して一カ所だけに長時間とどまらなかったことにも、適度な距離感があることがわかります。べったりすることではなく、相手を自立させる親心があるわけです。「すきとおったあたたかさ」。絶妙なまでの間のとりかた。

相手が自立したときに、その後は、忍耐強く待つのも神さまの特徴です。相手に信頼しているから寛大に焦らないで見守るのです。神さまは、人間の自由意志を徹底的に尊重して、まかせます。しかし、人間は神さまの配慮を誤解することが多いのです。祈りの最中に、人は心のなかで「神さまは、何もしてくれないじゃないか」と怒りを爆発させることがあるほどです。

ところで、もう十七年以上も御世話になっている編集者の進藤重光氏からメールをいただき、以下のように質問を受けました。――「『触らぬ神に祟りなし』、『神がかっている』、『軍神』、『将棋の神様』というような昔からの言葉だけでなく、最近の若者たちのあいだでは『神！』あるいは『神ってる！』というような表現で人を称えることが多いようです。それに対して聖書が描く神さまの姿はどのようなものであると説明すればよいでしょうか。殊に十字架に架けられたイエスの姿は、そのような神観をもっている若者たちにとっては、キリスト教が示す神さまの姿からは遠い概念となっていないでしょうか。神さまを求めている人びとに対して、真の神さまをどのように説明すればよいのでしょうか」。

ここで、筆者からの答えを簡潔に書いておきます。キリスト者が信じている神さまは本気で相手と向き合うお方です。本気でいのちがけで相手と関わるので、その親身になる徹底性は、まさに「神わざ」です。人間の了見をはるかに超える本気の関わり方の迫力は、現代の若者たちが教えてくれるような「神ってる！」という賞讃にふさわしいものであると言えましょう。神さまの本気度に影響されて、同じように他者を大切に支えているキリスト者がいるとすれば、そのキリスト者はやはり周囲から「神がかっている」と賞讃されるかもしれません。

一般の大人たちや若者たちが用いている神さまに関連するほめことばは、キリスト者の神さまの姿の迫力を部分的には言い当てているとも解釈できましょう。ということで、「相手のことを大切におもって本気で突っ走る相手」が、キリスト者が信じている神さまの姿であると説明すれば、若者たちの心にも響くかもしれません。御父である神さまの本気の愛情を受け継いで社会にもたらすことにいのちをかけた御子イエス＝キリストが二千年前に人びとをていねいに支えて活躍したという事実を受け容れて、同じように生きようと志すのがキリスト者です。

❑113　友となること

私たちは、ともすると、「相手から何かをしてもらおう」とします。つまり、自分では努力せずに、相手から恵みを受け取ることだけを期待してしまうのです。たとえば、日曜日に教会に通っていても、自分の願いごとばかりしていて、神さまに感謝する気持ちが、なかなかもてませんし、まわりの人に笑顔を向けることなど、ほんの些細なことであっても、なかなかできません。話し合いの場からは、そそくさと退出し、責任をかぶることをいといます。なるべく面倒なことは避けたいという本音が心の奥にあるのかもしれません。

しかし、「受身の立場」から「配慮の立場」へと転換していくことも大切です。聖母マリアやサマリア人やザアカイの生き方から学ぶこと。イエスが十二人の弟子を選んだ理由は、いっしょに過ごすためであり、いっしょに人びとに神さまのいつくしみを伝えるためでした（マルコ3・14）。イエスと同じように神さまの愛情を世間に伝える使命。それがキリスト者の役目です。

ですから、何かをもらうために教会共同体に所属するのではなく、むしろ「イエスの仲間として世間をあたためること」が重要なのです。つまり、「配慮の立場を生きること」がポイントです。ちょうど、イエスが十二人の弟子たちを「友」と呼んで至上のいつくしみをささげ尽くしたように（ヨハネ15・12－17）、私たちも関わりのある相手に対して「友」として向き合ってゆくことが大事です。

第二バチカン公会議以降、教皇・司教・司祭は「神さまのことばを伝える権威者」から「神さまのことばを伝える奉仕者」としての生き方を深めるべく成熟することを見直すようになりました。教会共同体で用いられている「権威」という言葉は、世間的な「権力」や「政治的な力」のことではないのです。むしろ「どれだけイエスのそばにいるか、イエスのおもいを理解しているか、イエスの目指したものを自分の生き方にしているか」に強調点があります。キリスト教における「権威」とは「イエスとの親密さ」のことです。それゆえ、「権威ある者」とは「イエスのおもいを自分のおもいとして生きている者」のことです。責任ある立場に立つキリスト者（教皇・司教・司祭）は、自分がどれだけイエスとともに生きているのかを常に反省してゆくことが求められます。

相手に対する深い想いを形であらわすには、「礼儀正しさ」と「サービス精神」が役に立ちます。いくら相手のことを大事にしているとは言っても、無愛想な姿勢で相手に接しているのなら、まごころは相手には伝わることがないでしょう。ですから、礼儀正しいあいさつも必要でしょう。意識的に相手を敬う態度を形で見せるということです。同時に、相手の必要としていることを敏感に察して、気をきかせて世話をするというサービス精神も親密で血の通った人間関係を築き上げるための潤滑油になることでしょう。

おもい・言葉・行い・怠り。——ミサの冒頭で、キリスト者が自分の生き方を反省する際の四つのポイントです。はじめに「愛情に満ちたおもい」（＝おもい）があり、それが知性的に言語（＝言葉）によって表現され、社会的な実践活動（＝行い）へと展開され、しかも必要最低限の奉仕ですます（＝怠り）のではなく、積極的に相手を活かすことが重要です。

実に、おもい・言葉・行い・怠りという四つのポイントは、ひとつながりの生き方なのであり、切り離すことなどできません。ミサに参加するときに、とかく意識せずに唱えている「おもい・言葉・行い・怠り」という言葉を、もっと意識して毎日の生活を過ごしてゆきたいものです。

❏114　友よ！

「友よ」と呼びかける神さま。神さまは常に相手を「友」として迎えます。しかし、人間は常に他人と自分とを比べて、ねたみにさいなまれています。自分が、神さまから「友」として親しく認められているということに気づかない人間のおろかさはどの時代のどの地域の人にも共通しています。つまり、神さまの気前のよさをねたむ人間の浅はかさ。相手のおもいに気づかないことほど、哀しいことはないでしょう。しかし、私たちは、たいていの場合、にぶいまま生きてしまっています。

「私にとって、生きるとはキリストである」というパウロによる断言は、あまりにも激しい愛情に満たされています。キリストをあかしするためだけに生きているパウロの熱情。もはや、パウロはキリストを体現するためだけに生きています。自分の自我をはるかに凌駕するキリストの愛情の深さを、パウロはひたすら実感して、絶えずキリストと重なるようにして生きています。

「私のおもい」という言葉に集約されている神さまの本音。相手を活かし、相手を支える神さまの深い愛情に満たされたおもい。そのおもいに気づかない人間のおろかさ。神さまのおもいに気づいて、そのおもいの内に向かうこと。立ち帰ること。人間にとって、神さまのおもいの愛情深さに気づいて、そのまっただなかにゆだねきることは最も大切な道行きなのではないでしょうか。

神さまのおもいを明確に体現して生きている独り子イエス＝キリストを信じて、その態度を自分の身においても生きるパウロは、キリストとのつながりによって神さまとも深く出会います。神さまのおもいに気づかない労働者たちのあさましさとは真逆の姿勢をパウロが選び取っています。しかし、キリストとともに三年間の旅をして協働していた十二人の弟子たちはおたがいに比較し合ってあせったりねたみをいだいたり、自分のことしか見えていない状態にとどまっていました。そのようなおろかな弟子たちに対してキリストは、たとえ話をとおしてほんとうの生き方に気づかせようとしました。

典礼暦年間第二十五主日（A年）の三つの朗読をとおして、私たちはパウロのように神さまのおもいに気づいて、神さまから遣わされたキリストと志をひとつにして生きるようにうながされます。人間同士のおろかな比較し合いに埋没するのではなく、むしろまなざしを天に向かって高くあげて神さまの深い愛情のおもいに気づいてゆけますように［二〇二〇年九月二十日　年間第二十五主日（A年）（イザヤ55・6–9／フィリピ1・20c–24、27a／マタイ20・1–16）］。

やはり、同じ編集者からの質問が提出されました。それは以下のとおりです。――「天地万物を創造された神さまが遣わした御子イエス＝キリストが、弟子たちに対して、『わたしはあなたがたを友と呼ぶ』（ヨハネ15・15）と言う場面がありますが、このフレーズはヘブライ的な神理解のなかでは、非常にショッキングなものだったのではないでしょうか。そうでなくても、万軍の神なる主に息子がいるというだけでなく、その御子が弟子たちを友と呼ぶという展開は、当時の人びとにとってはあり得ないものだったのではないでしょうか。神さまご自身がわたしたちの友となってくださるということの素晴らしさの意味を、どのように理解してもらうようにすればよいでしょうか」。

筆者なりに応えるとすれば、次のようになります。イエス＝キリストは神さまを常に「アッバ」（おとうちゃん）という親しみのある言葉で呼びました。おさなごが親に信頼して呼びかける片言です。つまり、イエス＝キリストにとっては神さまという御方は信頼できる親そのものだったのです。そのような神さまとの親しさ、つまり信頼関係を大切にすることが信仰生活を送る者にとっては不可欠です。その一事をイエス＝キリストがいのちがけであかししました。その必死のあかしを私たちも受け留めることが今日必要です。イエス＝キリストの必死のあかしを受け留めきれなかったのが二千年前の宗教指導者たちでした。神さまと親しくなれずに距離をつくってしまうという人間の弱さを乗り越えて、神さまを「アッバ」と呼べるように「おさなごのような信頼の感触」を身につける努力を積み重ねることが各自に課されているのです。

❏115　細やかな配慮

いわゆる宴会の席でぶどう酒が足りなくなるということは致命的なことでした。大地の実りとしてのぶどうからできているぶどう酒は、人びとと大自然とを結びつけるいのちの活力として新婚夫婦の門出を祝福する宴席の象徴的な飲み物だったからです。ぶどう酒がないということは、今後の夫婦生活にあらゆる意味で祝福が与えられていないことと等しかったのです。しかし、イエスはひそかに水をぶどう酒に変えました。宴会の主催者に気づかれないように。相手の窮状を裏から支えるイエスの思いやりが垣間見えます。

しかもイエスの心を動かして貴重なわざを実現させる際の取り次ぎは母マリアによってなされました。母マリアとイエスとの連携によって、あらゆる人びとが満足し、本当によろこびを感じて宴会を楽しむことができました。イエスの活躍と取り次ぎ者のマリアの配慮によって生活物資の不自由さがいつのまにか解決されて、生きるよろこびの豊かさが花開きます。まさに、この福音書の内容をくりかえし読み返すにつけて、結婚の宴にふさわしい愛情のわざが会場全体をていねいに包み込むかのような印象をいだかずにはいられません。

母マリアは絶えず気配りを怠ることなく目を光らせて宴会場を見渡し、イエスはおもいやりをこめて指示を出し、台所担当者たちは水がめに水を満たし、給仕たちは重い水がめを運び出しました。それぞれの役割は異なってはいても、連携して協力し合い、祝宴の主役たちのことを大切に助けようとする志はひとつです。ちょうど、典礼暦年間第二主日（C年）の第一コリント書で言われている内容とも重なってきます。――「働きにはいろいろありますが、すべての場合にすべてのことをなさるのは同じ神さまです。ひとりひとりに『霊』の働きが現れるのは、全体の益となるためです」（一コリント12・6-7）。

ひとりひとりは神さまから大切にあつかわれます。――「主があなたを望まれる」というイザヤ書（イザヤ62・4）の言葉が響きます。神さまは、些細な日常の出来事の連続のなかで、あなたが困難な場面に出くわすたびごとに、しっかりと支えてくださいます。それは、今回のカナでの婚宴のエピソードからもうかがえることです。私たちひとりひとりにも神さまからかけがえのない役割が与えられています。神さまから望まれて活かされているあなたが、母マリアのように、イエスのように、台所担当者のように、給仕係のように、その場の必要性に応じて自分の果たすべき役割を見究めて動けば、きっと、みながしあわせな気持ちになるひとときが必ず実現するのではないでしょうか。さあ、思いやり深くあたりを見回してみましょう［二〇一九年一月二十日　年間第二主日（C年）（イザヤ62・1－5／一コリント12・4－11／ヨハネ2・1－11）］。

ともかく、それぞれのキリスト者には、長所がたくさんありますが、なかでも善いものとして、「細やかな配慮」は大切な要素なのかもしれません。「気配り」と言ってもよいかもしれません。細やかさは、キリスト者の美徳の一つです。ちょうど、カナでの結婚披露宴の際に、聖母マリアは目立たないところでみんなのことを気遣っていました。参加者がワインを飲みすぎたためか、とたんに飲み物が足りなくなり、あわや新郎新婦が恥をかくところでしたが、事前に聖母マリアが気をきかせて調理場に出向き、調理師たちに「ワインが足りなくなりそうですから、イエスの指示を受けて対処してください」と助言していたので、ワイン不足の失態を未然に防ぐことができたのです。

たいていの場合、司祭たちは公の場で、みんなの代表者として音頭をとることが多いわけですが、同時に、みんなの気づかないところで細やかな気遣いを心がけることも必要でしょう。マリアと同様、司祭も人知れず配慮を心がけることが肝要なのかもしれません。

マリアのような繊細な役割を果たすことがキリスト者の一つの特長なのでしょう（他にもたくさんの長所があります）。キリスト者同士は、おたがいにマリアの生き方から、もっと学ぶ必要があります。そして、キリスト者の共同体を適切に導いてゆくうえで、「人知れず相手を支えていくコーディネーター」としての現代の司祭像も浮き彫りになってくるのだと思います。

とりわけ、小教区の主任司祭は、独りで何でも切り盛りしようとすべきではないでしょう。もっと後ろに退くことも大切なのかもしれません。それぞれの信徒を心底信頼して、もっとそれぞれに任せてしまえばよいと思います。キリスト者それぞれがよろこんで自分にできることをしてゆくことで、相手を支えてゆくときに、共同体全体も活性化されてゆくことでしょう。

司祭は、自分の判断だけで万事をコントロールする必要はなく、むしろ、みんなを励まして、気配りをしてゆくだけでよいのかもしれません。みんな、それぞれがそれぞれの良さを活かして、のびのびとふるまえば共同体全体が思いやりに満ちた関わりを深めてゆくことも可能となるのでしょう。主任司祭だけの小教区ではないし、信徒たちだけの小教区でもないはずです。むしろ、主役は「イエス＝キリスト」なのでしょう。信徒も司祭も「イエスのあったかさ」を忘れずに活かす小教区であれば、理想的だと思います。

確かに、「教会には民主制はない、位階制が大事だ」と述べたくなるキリスト者もいるのかもしれませんが、それは間違いではないでしょうか。それぞれのよさがあり、それぞれが尊いのです。ひとりひとりは、かけがえのない役割をになっているのですから、上下関係があってはならないし、どの仕事が優れているとか、劣っているとかを決めつけることもできません。

司祭はイエスのおもいを歴史の流れのなかで確実に保つための役目をになっているのであり、信徒を超えて優れた段階に上がっているわけではないのです。むしろ、司祭は信徒性を深めなければいけないのです。司祭の心の奥底には、自分は熱心に祈り、神さまのことを研究しているから、信徒よりも優れているというぬぼれが潜む危険が、常につきまとっています。

一方、信徒の心の奥底には、自分こそが世間の荒波のなかで誠実に生きているのだから、世間知らずの温室育ちの司祭よりも勝っているというベテラン意識が隠されている場合が、ときどきあり得ます。

司祭同士の会話のなかには、特殊で専門的な神学教育を受けていないという意味で、信徒を無知であるかのように見下す傾向があり得るのかもしれません。そして信徒同士の会話のなかにも、社会的な荒波を巧みに渡りきるだけの処世術や人づきあいの常識が身についていないという意味で、司祭を「もやし」とか「純粋培養」という表現で軽蔑する場合もなきにしもあらずです。しかし、どちらにしても、悲しむべきふるまいであることに変わりはありません。あまりにも神さまのあったかさからかけ離れた態度であるからです。

何よりも、おたがいに謙虚であることが大事でしょう。家庭や職場で生きる信徒をもっと評価し、尊敬したいものです。そして信徒も、自分を横に置いて相手を受け容れる司祭に感謝せざるを得ないはずでしょう。信徒も司祭もイエス＝キリストに目を向けて前に進むことが、肝要なのかもしれません。

❑116　主の洗礼の出来事

主イエス＝キリストがヨルダン川で洗礼を受けます。罪のないお方が、つまり常に神さまとともに生きている独り子イエス＝キリストが、洗礼を受ける必要のない救い主が、あえて洗礼を受けました。主は心が清く、常に誰かのしあわせを願って生きています。まさにイエス＝キリストの心は、御父である神さまのみこころに沿っています。相手を祝福してしあわせを願う心をもつこと。これが神さまのみむねであり、神さまの子どもとしての人間の理想的な在り方です。

イエス＝キリストはあえて洗礼を受けます。頭を下げてへりくだって、ヨルダン川の底にまで沈み込みます。これは、あらゆる人が悔い改めて人生をやり直してゆこうと志している一世紀のイスラエルの社会状況において、イエス＝キリストが人びとと連帯する、つまり協力する出来事です。つまり、イエス＝キリストは相手の努力を認め、いっしょに生きようとします。相手といっしょに連帯して生きることが「イエスの洗礼」の意義です。

ヨルダン川に集まっていたイスラエルの民は、みなそれぞれの心に何らかのわだかまりをかかえており、自分の罪深さにおののいていました。何とかして生まれ変わりたい、人生を見直したいと望んでいたわけです。誠実に歩もうと決意した人びとがヨルダン川に集まってきたのです。それゆえに、人びとのまごころに気づいたイエス＝キリストも相手といっしょに誠実に生きる態度を示したのです。頭を下げつつヨルダン川の川底に沈むイエス＝キリスト。まさに人びとといっしょに、神さまの御前に出て、徹底的にへりくだるのが救い主の姿なのです。降りてゆくイエス＝キリスト。

ところで、みなさま方は親として過ごしたときに、子どもが学校から呼び出しをくらうと、すかさず飛んでいって先生に頭を下げるということもあったかもしれません。親には何の落ち度もありません。しかし、親は自分の子どもを大切に想うあまり、子どもの失敗をいっしょに背負います。親は先に頭を下げて先生に対しておわびを表明します。そして、子どもにも頭を下げるようにと、いやがる子どもの頭を多少無理に押さえつけながらでも謝罪させます。

親は、常に子どもとともに頭を下げるという経験を積み重ねてゆくわけです。これが子育てです。そこから推測すれば、イエス＝キリストがへりくだって頭を下げてヨルダン川に沈むという「主の洗礼」の出来事は、救い主が数多くの人びととともに神さまの御前で謝罪することであるわけです。それは、まるで保護者が教師の前で子どもといっしょに頭を下げるのと似ています。保護者には何の落ち度もありません。保護者は子どもを大切にするあまり、子どもの失敗をいっしょになっておわびするのです。ここに、親子の愛情深い連帯が見受けられます。こうして「主の洗礼」の出来事というものは、子どもである私たちのことを必死にかばって、いっしょに頭を下げてくれる保護者としてのイエス＝キリストがいつもともにいてくださるという事実を、教会共同体が歴史的に典礼の暦に記念日を組み込むことによって想い出してきた記憶を毎年確認するものであることが明らかとなります。

親心をもって、子どもの私たちといっしょに頭を下げてくれるイエス＝キリスト。キリストには何の落ち度もないのに、子どもの私をかばってくれる、という親心。そのように心強い味方としてのイエス＝キリストが確かにいてくださるのです。親心とは、まさに神さまである御父のいつくしみ深い気持ちそのものです。独り子イエス＝キリストをとおして御父である神さまの親心が社会的に明らかに示されます。それが「主の洗礼」の出来事です。そのときに、イエス＝キリストの周囲には愛情深い想いがみなぎっていますので、その事態がルカ福音書（ルカ3・15―16、21―22）では聖霊として描かれています。

興味深いことに、ルカ福音書では、独り子イエスがへりくだってヨルダン川で洗礼を受けて他者と連帯して生きる姿勢を見せて、その後、川底からあがったときに、天が開けて神さまの愛情深い呼びかけとしての聖霊が目に見えるかたちで降ってきたことを述べています。そのときに御父である神さまの声が響きわたります。独り子と聖霊と御父とがいっしょに働いている姿が「主の洗礼」の出来事としてルカによって描かれたのです。このことが後日、三位一体の神さまの理論の発展につながります。御父と御子と聖霊とがともに相手をかばって、へりくだってくださる親心において一体化しているわけです。

私たちは神さまの親心によって支えられています。それこそが三位一体の神さまの出来事です。御父と御子と聖霊はともに働いて私たちを支えます。三位一体の神さまの理論は何か遠くの出来事ではなく、むしろ子どもである私たちが常に親から大切にかばってもらっているという日常の出来事のように現実的なものです。私たちが親心によって支えられているという尊い出来事が三位一体の神さまの理論に発展しました。

その尊い出来事について、典礼暦である主の洗礼（C年）の第二朗読（テトス2・11―14、3・4―7）で使徒パウロが一世紀の信徒たちに向かって必死に説明しています。とくに、信徒たちをまとめるテトスという名の使徒パウロの後継者に対しての手紙において、御父と御子と聖霊がともに働くという「親心」を備えているることを述べています。尊い呼びかけをとおして、相手をこんこんと諭す使徒パウロ。彼は自分の後継者に対して「神さまの親心」をしっかりと理解して生きるようにと必死に訴えかけています。司教として歩むということは「親心」を備えて生きることなのです。

第一朗読（イザヤ40・1－5、9－11）のイザヤ書においても、同じような呼びかけがなされています。最後の部分を読みましょう。「主は羊飼いとして群れを養い、御腕をもって集め、小羊をふところに抱き、その母を導いて行かれる」という箇所です。預言者イザヤは、ちょうど「羊を大切に世話する（飼う）主キリストの姿をあらかじめ予測しているわけです。イエス＝キリストの姿を先取りして示すイザヤの呼びかけ。イエス＝キリストは小羊を大切に抱きながら、群れを励まし、小羊の母つまり母羊ですが、彼女のことをも丁寧に導きます。つまり、弱い立場に追いやられている人たちを、しっかりと守るのがキリストなのです。とくに子どもと女性をかばって、いっしょに歩むのがキリストです。小羊と母羊のイメージは、すみに追いやられた人間の子どもと母親の姿をほうふつとさせます。たしかに、イスラエルの民の子どもたちや女性たちをかばう救い主のやさしさがイザヤによってイメージされているわけです。子どもや女性をかばいながら歩むのは、救い主のわざなのです。

いまから二千年前、イエス＝キリストが活躍していたころのイスラエル社会は、男性たちが権力を独占しており、いわば男性中心社会でした。政治も信仰表現も、あらゆることがらは男性の責任者によって取り仕切られていました。男性のみが一人前の人間として扱われており、政治参加をゆるされ、礼拝の司式を担えたのでした。他の福音朗読箇所でも、五千人がイエスから食べものをいただいた、という記述が出てきますが、そこでは女性や子どもは数えられていません。男性のみが一人前の人間として数えられており、子どもや女性は数に含まれていないのです。そこからわかることは、一世紀のイスラエル社会というものは男性だけを優遇する構造であったという事実です。いまの時代から見れば差別的な社会であったわけです。

しかし、イザヤは従来のイスラエルの社会構造に縛られてはいません。小羊と母羊を丁寧に守る牧者としての救い主のイメージがイザヤによって提示されているからです。救い主は子どもや女性をかばって大切にするお方なのだというイザヤの信念が男性中心的なイスラエル社会において叫ばれていたのです。このことはイエス＝キリストの態度があらかじめ期待されるべく強く望まれて新たな時代の気運が高まっていたのを実感させます。

みなさま方も親として、とくに男性の方々は父親として子どもや妻を大切にかばって支えてこられたのでしょう。この父親の姿こそが、まさに救い主と同じ態度なのです。ひとりひとりの男性は、自分が父であるという自覚を抱いて人生を歩みつづけるうちに、次第にキリストの態度を受け継いでいるわけです。イザヤ書はお父さん方の家庭での役割を再確認させてくれるメッセージを示しています。家庭生活そのものが救いの歴史の出来事を現わしているのであり、イエス＝キリストの態度がみなぎる場なのです。

しかも、親であるみなさまは子どもの落ち度をいっしょになって謝罪するだけのいつくしみをも備えています。親は「主の洗礼」の意味を、自らの家庭生活をとおして再確認しつつ実践しているのです。みなさまが知らず知らずのうちに行っている善きわざを本日の三つの朗読箇所をとおして、もう一度想い出してみてください。みなさまの生き方には意味があります。すでに、家庭生活をとおして子どもや女性をかばうことによって主イエス＝キリストと同じわざを生きているのです。日曜日のミサは、そのような自分たちの身近な生活の意味を再発見する機会を与えてくれるのです。

相手をかばって頭を下げる親心。それを「主の洗礼」の出来事が私たちに想い出させます。みなさまが家庭で生きている丁寧な愛情表現を、どうか今後とも洗練させていってください［二〇二二年一月九日　主の洗礼（C年）（イザヤ40・1－5、9－11／テトス2・11－14、3・4－7／ルカ3・15－16、21－22）］。

❏117　神さまのいつくしみと裁き――「神さまのかたち（似像）」としての人間性を生きる女性と男性

ところで、すでに、八篇で述べたことですが、「母親のおなかにつつみこむ」（イスラエル民族の用法では「たくさんの子宮する」という動詞）というユニークな発想は、聖書全体において何カ所か登場してきます（エレミヤ31・20、列王記上3・26、ルカ6・36）。神さまは、人間ひとりひとりを眺めたときに、どうしても憐れに思って、とにかくどうにもできないほど助けたくなってしまって、思わず手を差し伸べざるを得ないほどの愛情をいだいているのです。

神さまは、あらゆる人に対して、ひとりひとりを眺めておられて、人類全体を共同体全体としても受け入れていきますし、しかも、同時に、ひとりひとりをかけがえのない存在としても個性あるいのちとしても確かに眺めてくださいます。――イスラエル民族は、神さまに対して、そのような信頼感をいだいていました。全体を受けとめる、人類全体を一挙につつみこむと同時に、ひとりひとりのことを決してないがしろにしない、個人個人のことを大切に見守り、それぞれの人の在り方に応じて世話してゆくのです。つまり、個人的な面と共同体的な面が矛盾していないのであり、とにかく分け隔てせずに全力であらゆるものを愛し抜くという姿勢の表明となっています。神さまは、差別せずに、あらゆる人を自分の子どもとしてつつんで育ててくださるのです。

そして、神さまと出会った人は、そこから新しく歩みはじめることができます。新しい人として生まれ変わるわけです。そのような発想がイスラエル民族の生活のなかに根づいているわけですから、当然、そのような思想環境で生きたイエスがヘブライ語聖書（旧約聖書）を読んで理解を深めて宣教活動をしていくことで、そのような活動のなかでおのずと出てくる発想もまた「神さまのいつくしみ深さ」となるのでしょう。

関連箇所として、新約聖書のヨハネ福音書のなかで描かれているイエスとニコデモとの対話の場面を挙げることができます（ヨハネ3・1-21）。人は新たに生まれなければいけない、というイエスの言葉が出てくるのですが、それは「神さまのいつくしみという母胎のなかでつつまれて、人間が子どものように信頼の気持ちをいだいて神さまに頼り、悔い改めて、新しい人間として生き直す」ということを意味しています。

それで、どうしてキリスト教の動きのなかで、いま述べたような母性的な要素が抜け落ちてしまっているように見えるのかと言いますと、通常は、もう一つのポイントが強調されてしまっているからです。つまり、神さまは父親のように力強く、責任をもって人間を導く、そして悪を行う者に対して徹底的な裁きを下すという表現があるわけです。

神さまが悪を裁くということについてですが、罪深い人を追い詰めるということではないのです。日本人は、「裁き」と聞くと、情け容赦ない強圧的な法的制裁のイメージをいだきがちです。私たちは、何よりも自分が神さまから裁かれるのを恐れています。

しかし、ヘブライ語聖書（キリスト者は旧約聖書と呼んでいます）が言う「裁き」というものは、実は、弱い立場にある者の人権を回復する、人間としての尊厳を取り戻させるということを示す言葉です。虐げられている人が、これ以上虐げられることのないように手を打つということが「裁き」の本当の意味です。弱い立場に追いやられている人の人間性を回復して、その人を抑圧している悪の元凶を断つということです。その人を救い上げるために、「裁き」を下すわけです。ですから、「裁き」というのは、非常にいつくしみに満ちた配慮なのであり、ありがたい恵みなのです。公平な裁きがあるからこそ、弱い立場に追いやられた人が、もう一度人間らしく生きていけるきっかけをつかめるわけで、そのような力強い救いの導きを示してくださる神さまがいないと、人間は決して生きてはいけないのです。

聖書が言っているのは、弱い立場に追いやられている人の尊厳を取り戻すということです。弱い立場とは、自分の弱さや欠点によって押し潰されて人生を諦めている人も含むわけで、そうなると私たちひとりひとりもそのなかに含まれています。私たちひとりひとりの苦しみが、神さまによってつつみこまれることで、悪のもとで抑圧されている状態から解放していただくことになります。

「裁き」を下す神さまは父親のように力強く、相手を支えます。そして、悪を見過ごさずに徹底的に闘うというイメージが強調されます。聖書を読むときに、父親としての神さまのイメージにばかり目が向きがちになりますが、実際は聖書全体を熟読すると、もっと深いもので、母親のようなふるまいをされる神さまの姿も見えてきます。しかも、神さまこそが、まさに「いつくしみそのもの」なのです（出エジプト34・6、一ヨハネ4・8−10）。

人間の家族、あるいは女性と男性という人間性の在り方があるという事実は、人間が「神さまのかたち（似像）」として生きていることの証拠なのです。神さまが、女性および男性の繊細さやつつみこむいつくしみ深さの起源になっており、しかも、神さまが、男性および女性の責任感や悪を裁く姿の起源となっているのです。――「神は、ひとつのことを語り、私はふたつのことを聞いた。力は神のもの、いつくしみもまた主のもの」（詩篇62・12−13）。人間は、神さまと関わりながら活かされている存在です。それゆえ、神さまと似ているのが当然なのです。ところが、人間の言葉で説明してゆくと、どうしても誤解や逆転が起こってくるのです。「父なる神」という表現も、無限の愛情としての神さまを人間の男性らしさだけで理解してしまおうとする解釈から出てくる発想ですが、本当は逆です。神さまがおられるから、あらゆる人間には親らしさが生じてゆくのでしょう。ですから、有限な人間が狭い言語を用いて「神さまのいつくしみ」を表現するときに、人間の女性とか男性の在り方を用いてしか言い表しえないわけです。聖書の表現というものは、人間の性質に神さまを押しこめて形容するということではないのです。人間的な父親としての性質と神さまの性質とを同列に置くわけにはゆかないからです。

ともかく、女性と男性とがおたがいに協力して助け合うことによって、神さまのおもいに近づくことができるわけで、何よりも「協力関係」が大事です。それがないと、神さまのいつくしみがこの世に広がってゆくことができません。

❏118　キリスト者の生活

相手の身になって生きること。自分のことよりも、まず、相手の気持ちを理解しようと志すことが、イエス＝キリストが弟子たちに伝えようとした真実の生き方です。イエスは、とくにペトロに対して、徹底的に寛大に生きるように勧めています。

たいていの場合、怒りは、自分の都合によるものです。私たちは、自分が相手から受けた仕打ちに対して怒りを感じるわけです。自分の立場が邪魔されたときに、人間は怒ります。

使徒パウロは、「生きるにしても、死ぬにしても、私たちは主のものです」（ローマ14・8）と述べています。洗礼を受けたキリスト者は、もはや主イエス＝キリストとの深い信頼関係において新たに生かされています。ですから、主との関わりを土台にして、私たちは生きているのです。

キリスト者として生きているときに、私たちは、もはや主に属する者として、ここにいるのですから、私的な御都合主義が入り込む余地はないはずです。自分の都合を中心にして生きるような、あさましさは、すでに終わっており、新たな歩みに入ってしまっているからです。怒りが生じる余地がないわけです。それでも、私たちは自分の立場を守ろうとして、相手を攻撃し、相手をゆるしません。どうして、そうなるかと言えば、自分にこだわる姿勢は、常に努力して修正してゆかないと直せないからです。

自分が、御父である神さまの深い愛情をこの福音朗読箇所（マタイ18・21－35）の黙想にもとづいて御子イエスをとおして実感している場合、私たちは他者に対しても寛大にふるまうことができるようになります。しかし、自分だけで動いてしまうと、とたんに自分のことしか眼中にはなくなります。ちょうど、イエスのたとえ話に登場する「心のせまい家来」のようなものです。主人の前では借金を返す期日を延ばすように土下座しますが、ゆるされたとたんに、自分よりも弱い立場に追いやられている相手から負債分を取り戻そうとします。相手の身になって考えるだけの度量の広さがない状態で、目先の正義をふりかざすのです［二〇一七年九月十七日　年間第二十四主日（A年）（シラ27・30～28・7／ローマ14・7－9／マタイ18・21－35）］。

神さまは人間を救い、強めます。誰にでも、わけへだてなく。神さまの寛大さには際限がありません。たとえば、イザヤ書のなかで、神さまがすべての人に対して祝宴の席へと招いてくださることが強調されています。ところが、人間のほうは、神さまの寛大さに気づかなかったり、自分の都合で動くので、いつのまにか神さまの働きをはねのけてしまっていたりします。人間は、自分から祝宴への参列を断ってしまい、ひもじいおもいをするようになるわけです。つまり、自分で損な生き方を選び取ってしまうことになります。

神さまは常に働きつづけます。しかし、人間は神さまの働きを気に留めていない場合があります。そして、人間は神さまの働きを意図的に拒絶する場合もあります。祭司長や民の長老たちは、まさに、自分たちの立派な行いを洗練させて、人生を自分たちの厳格なふるまいをとおして整えることに躍起になっています。それゆえに、自分にとっての物の観方にこだわっており、自己満足におちいっています。そして、自分の基準からずれている他者を軽蔑していたり、あるいは馬鹿にしたりします。つまり、いつのまにか自分のことを神さまに代わる裁き手として、物事を判断する際の基準に据えてしまっているわけです。

ところが、イエスはイスラエルの指導者たちに対して、神さまの寛大さに注目するように、たとえ話を語り聞かせます。神さまは、常に相手のことをおもい、支えようとしており、相手を主役に据えて物事を眺めようとしています。その相手おもいのふるまいは、自己中心的に物事の意味を狭く判断する宗教的なエリートの頑固さとは逆方向に向かうものです。

神さまは相手のことを大切にします。神さまは、常に相手を最優先して、自分のふるまいかたを決めます。御父である神さまのおもいを最も深く理解していた御子イエスもまた、出会う相手を常に最優先して支えてゆきます。今日もまた、福音朗読箇所を読むことで、イエスの呼びかけを心に留めて、相手を最優先する姿勢を再確認することが、私たちの歩みを愛情に満ちたものとして高めるのではないでしょうか［二〇一七年十月十五日　年間第二十八主日（A年）（イザヤ25・6－10a／フィリピ4・12－14、19－20／マタイ22・1－14）］。

自分の能力を活かさないことが罪です。そして、他人と自分を比較して落胆することも罪です。各自は、生まれてきたということだけで、すでに、かけがえのない価値を備えています。だからこそ、生まれてきたことに感謝して、生きる努力を積み重ねてゆくしかないのでしょう。

二タラントまかされた人も、五タラントまかされた人も、共通している点は、それぞれのベストを尽くして実りをもたらしたことです。しかし、一タラントまかされた人は、自分の能力を活かさなかったばかりか、他人と自分を比較して諦めてしまったのでした。

イエスが物語るたとえ話は、決して他人事ではありません。今日の私にもあてはまるからです。私たちは、どうでしょうか。他人をうらやましく思うあまり、相手をおとしいれることに躍起となってはいないでしょうか。ひとりひとりが異なっているのが当たり前なのに、どうしても比較してしまうあさましさが誰にでもあります。そのような狭さから抜け出さないかぎり、ほんとうに自分を高めることはできません。

目を覚まし、光の子として生きること。目を覚まして生きるとは、神さまの慈しみに敏感に気づいて感謝することです。自分のことばかりで、ゆとりのない生き方をしてきた人間が、神さまに気持ちを向けることで自己中心的な生き方から解放されてゆくとき、まことの目覚めが実現します。エゴイズムから抜け出すことが、光の子となることです。周囲を照らすあたたかみを備えた人が光の子です。

主を畏れる人こそ、賞讃に値します。自分のことばかり考えて落ち込み、他人と自分を比較してしまう人間の生き方は、神さまを無視しています。神さまの慈しみに気づかないで、自分を中心にしているからです

［二〇一七年十一月十九日　年間第三十三主日（A年）（箴言31・10－13、19－20、30－31／一テサロニケ5・1－6／マタイ25・14－30）］。

十

さけび

十字架
罪
祈り
死

啓示論・三位一体論・神義論

❏119 「水をください」というさけび

「水をください」という叫びは、モーセの時代からサマリアの女性の時代にいたるまで常にこだましつづけます。それればかりではありません。使徒パウロの時代をも経て、今日もまた同じ叫びが繰り返されます。

「水をください」という叫びは、「私は生きたい、死にたくはない、助けてほしい」とも言い換えることができるでしょう。つまり、あまりにも切迫した切実な訴えなのです。なりふりかまわず、ひたすらまっすぐに相手につめよって助けを得ようと必死にもがく人間。あらゆる前置きやまわりくどい説明をすべてかなぐり棄てて、ダイレクトに「水をください」と叫ぶ人間の本音。うそいつわりのない、直球勝負の呼びかけが単純なひとことの奥底にずっしりとこめられています。

モーセも使徒パウロも自力では何もできませんでした。彼らは、神さまのはからいにまかせるしかなかったのです。自分の弱さを認めて神さまに頼るモーセや使徒パウロの、打ち砕かれた謙虚さを受け容れた神さまは万事を最善なるかたちでとりはからいました。ところが、イエスは神さまの愛する独り子として、父である神さまのおもいを受け継いで生きる者として、ゆるぎないわざを実現しました。イエスは常に相手の叫びをすべて受け容れて、相手をつつみこんで満たし、立ち直らせ、新たな人生の一歩を踏み出させました。

ところで、たいていの人間は常に満たされずに乾ききった毎日を過ごしています。しかも、「水をください」とすなおに叫ぶこともできないまま、ストレスをかかえて絶望をかこつだけの人間が、何と多いことでしょう。イエスがそばにいてくださることを、はなから信じていない現代人は本音をあますところなくぶつけて助けを願うことができないまま、根なし草のように浮いたままで、毎日をさすらうだけです。サマリアの女のように。今日も、人目を避けて、ただ一日をやり過ごしだけの人間がいるものなのです。私たちもそのなかの一人なのかもしれません。

しかし、私たちのあいだに主イエスが、ふらりと来るのです。二千年前の井戸のかたわらと同じ状況が今日もまた起こり得ます。イエスは「水を飲ませてください」と相手に頼み込みます。本音で叫ぶことの意味を、イエスが相手に悟らせようとして、先に行動を起こすのです。自分の態度を先に示すことで、本音で叫ぶことの尊さを相手に実感させ、軌道を整えるイエスの独特なやさしさが身にしみます。相手と同じ目線に立って、相手の身になって行動するイエス。こうしてイエスの叫びを聞いた相手は、同じように叫べるようになります。叫び方すらわからず、本音をさらけだせないままで、うめきを発することだけの鬱屈した日々を過ごしていた人間にとって、イエスは現状突破の模範として頼もしく映ったことでしょう。立ち直らせていただいた私たちは、今度は他の人びとに勇気を与える手助けをなすことができますように。イエスのかたわらで協力してゆけますように［二〇二〇年三月十五日　四旬節第三主日（A年）（出エジプト17・3－7／ローマ5・1－2、5－8／ヨハネ4・5－42）］。

いのちの水。それは、キリストの心からあふれ出る愛情のほとばしりにも似ているのかもしれません。旧約時代に、モーセに率いられて、エジプトの抑圧から抜け出すべく荒野を旅したイスラエルの民。彼らは、のどの渇きで苦しみ、不平をもらします。私たちも、現代の空虚な砂漠のような日々のまっただなかで、目先の不便さを嘆きます。イスラエルの民と今日の私たちには、何か共通する要素があります。そして、新約時代にキリストが来てくださり、悪からの解放を実現しているにもかかわらず、私たちは相変わらず自分の都合で生きようとしています。

ともかく、相手がどのような態度をとるにせよ、キリストは相手を理解して、いのちを惜しみなくささげつくして相手を活かそうとします。相手の渇きを全力で満たすキリストのけなげな愛情の注ぎ。その尊いわざによって、私たちは今日も生きることができます。これほどの恵みは、他にはないでしょう。そのことに、使徒パウロが敏感にも気づきますように。私たちもパウロのように純粋にキリストの姿を実感できますように。

「その水をください」とサマリアの女性は叫びます。真剣な叫び。その全身全霊の望みは、彼女の渇きを満たすキリストの愛情深さによって、ていねいにつつみこまれます。やさしく、やさしく、キリストは語りつづけ、相手から聴きつづけ、ゆったりとしたひとときをいっしょに過ごします。よろこび。とこしえの。決して色あせることのない、愛情に満ちたひとときが、たしかに、そこに、ありました。キリストは私たちにも、誰かを満たす愛情の力を与えてくださっています。洗礼をとおして。あとは、私たちひとりひとりがていねいに、すなおな心持で誰かのそばにいっしょにいることだけが必要なのでしょう。

なお、まるで水のように正直に澄み渡り、透明で順応性の高い聖ヨセフの聖徳のあふれを想い出すことも、今日の一日にはまことにふさわしいことでしょう。相手の心をうるおす「いのちの水」の豊かさをあかしつづけた聖ヨセフの生き方は、まさにキリストの保護者として最もふさわしい模範として今日の私たちの心をもつつみこんで安心させてくれるのでしょう〔二〇一七年三月十九日　四旬節第三主日（A年）（出エジプト17・3－7／ローマ5・1－2、5－8／ヨハネ4・5－42）〕。

❑120　神さまと人間との愛のコミュニケーション――『啓示憲章』発布五七周年に

第二バチカン公会議（一九六二－六五年）の際に、「神さまと人間との愛のコミュニケーション」が見直されるようになりました。このポイントを最も象徴的に描いているのが『啓示憲章』（デイ・ヴェルブム＝「神のことば」の意。つまり「イエス＝キリスト」を指します）です。キリスト者には、このような愛情に満ちたコミュニケーションを深める使命があります。つまり、聖書を読むことによってイエス＝キリストの生き方に立ち返り（原点回帰）、そのようにして回心した自分の生き方を通して現代の日常生活のなかで聖書のメッセージを活かしてゆく責任があります（対話的現代化）。

いま述べたようなテーマを研究する学問分野が「基礎神学」です。その分野は、信仰の基礎を問う研究を行うものです。ローマの教皇庁立グレゴリアン大学の大学院には専門の学科があり、『啓示憲章』の研究が活発です。ちなみに、名誉教皇ベネディクト十六世の神学者としてのもともとの研究分野は基礎神学や教義学、教理史でした。

神さまは、罪の闇のなかに沈みこんでゆく人間を何としてでも助け出したいという切迫した愛情のおもいに駆られて、人間とともに歩み（＝受肉）、人間の苦悩を丸ごと引き受けて、さけび、ゆるしそのものと化したのです（＝十字架上の死）。

神さまがあまりにもいつくしみ深く御自身をあますところなくすべて与え尽くして、あらゆる人間たちと関わろうとする活き活きとした姿が「イエスの生涯」として具体的に結実しています。その烈しい愛情に気づいて神さまの実力あるいつくしみに信頼するときに、人はイエスのことを「キリスト（救い主）」であると信仰告白できるようになるのです。

ともかく、「神さまが愛情深いおもいを、その胸のうちをさらけ出すことによって丸ごと私たちに与えてくださったということ」が「啓示」と呼ばれています。しかし、第二バチカン公会議以前は「神が高い位置から人間に対して神聖な教えを下賜する」という色合いが強く、「真理を教えこみつつ一定の型にはめること」（インストラクション）が啓示であるという理解の仕方が教会共同体のなかで主流を占めていました。それは第一バチカン公会議の教義憲章『デイ・フィリウス』（「神の子」という意味です）などの文書類において明確です。

ところが、第二バチカン公会議の際に『啓示憲章』が発布されたことによって「神さまと私たちとの血の通った関わり」（＝愛のコミュニケーション）が確認されたのでした。神さまの性質を理解する際にも、「上から一方的に知識を教えこむインストラクターとしての神さま」から「人間をいつくしむ同伴者としての神さま」へと視点が転換したわけです。

❏121　神さまの愛情のはたらきの深まり

『啓示憲章』を注意深く読むと、全体をとおして「聖霊のはたらき」という言葉が頻繁に用いられています。ちょうど第二バチカン公会議の前後の欧州には聖霊論を研究していた神学者たちが数多くおり（イヴ・コンガール師など）、その研究成果が反映されているからです。人間の能力をはるかに超える聖霊のはたらきに注目する必要があります。

「聖霊のはたらき」とは、目には見えないかたちでさりげなく私たちを支え導く「神さまの愛情のはたらき」のことです。一族を導く家父長のように責任をもって万物のいのちの行く末を配慮しつづける神さまの力強いいつくしみはイエスによって具体的に目に見える救いの現実として示され、十字架上のささげ尽くす烈しい愛情の姿にまで至り、その愛情のおもいは今日も聖霊のはたらきとして慈母のようにひそやかに私たちの気持ちをつつみこんで希望で満たします。

なぜ、「聖霊のはたらき」が強調されているかと言えば、使徒言行録に記されているように、そもそも教会共同体のはじまりが聖霊のうながしによるものだったからです。

ちょうどいまから五十数年前に終結した第二バチカン公会議によって刷新された教会共同体は、初代教会の信仰生活を模範にして原点に立ち返ろうとしていたわけであり、必然的に聖霊の導きを意識し直したのです。つまり、それまでは硬直した心で生きていたキリスト者たちが、神さまの親心を実感して愛情深い生き方に目覚めたのです。

いま述べたことは、「時のしるしを見きわめる」という表現でも説明されています。現代の複雑な生活状況のなかで、神さまの愛情（＝聖霊）がどのようにはたらいているのかを注意深く洞察することが私たちにも求められているのです。

❑122　霊的解釈（聖霊に導かれて解釈すること）の大切さ

「神さまが人間に対して愛情深く関わる」という真実は、聖書全体のなかに明確に描かれています。特に、ギリシア語聖書（新約聖書）のなかの福音書におけるイエスの言葉とふるまいをとおして明らかです。そのためにキリスト者は、イエス＝キリストを中心にして福音書の意味を理解し、その前段階をあらかじめ示したのがヘブライ語聖書（キリスト者は旧約聖書と呼ぶ）だと信じます。キリスト者は「イエス＝キリストの光」に照らされて歴史の流れを見つめます。神さまの愛情深さの実りとしてのイエスが時の中心です。

初代教会のキリスト者の生活感覚にもとづけば、歴史は①「創造からイエス以前の時期まで」、②「イエスの時期」、③「イエス以降の時期から神の国の完成（終末）まで」という三つの時代に区分けされます。イエスを中心として時の流れは分けられるのです。つまり、②「新約聖書に描かれたイエス＝キリストの姿」が基準となり、その前後に①「イエスの誕生を準備する前段階としての旧約時代」と、③「イエスの死と復活をとおして世界宣教が展開されて信仰共同体が発展してゆく教会の時代」とがつながるのです。そのような歴史観に立てば、いまの私たちは、ちょうど③「教会の時代」を生きていることになります。

今日では、聖書を読む際に、さまざまな読み方があります。「客観的な歴史データとして読もうとする読み方」（歴史批判的解釈、社会分析・心理分析的解釈など）、「ドラマの脚本として読む読み方」（物語分析的解釈）、「特別な構造によって秩序づけられた藝術作品として読む読み方」（構造主義的解釈）など、いろいろな分析がなされています。その際に、聖書は人間の視点で読み込まれた「文学テクスト」としてあつかわれていますから、「信仰の書」としての意味が薄れてしまうという危険が伴いかねません。

ですからキリスト者が聖書を読む場合には、何よりも「聖霊のはたらきに導かれて敬虔に祈りながら読むこと」（霊的解釈）が大切になります。確かに、神さまへの深い信頼の念を深めながら味わう読み方は、古代から現在に至るまで「レクチオ・ディヴィーナ」（聖書謹読、霊的読書）と呼ばれて尊重されています。

神さまの愛情のまなざしを実感しながら聖書を読むことは、私たちに常につきそってくださる聖霊のはたらきに支えられて聖書を読むことでもあり、「霊的解釈」とも名指すことができます。聖霊の導きによって可能になる聖書の読み方が「霊的な読み」と呼ばれています。このような視点は、二世紀のオリゲネス以降、キリスト者によって大切にされており、さらには、五世紀の聖アウグスティヌスにも受け継がれました。そして、霊的解釈は教会の公の聖書解釈法として今日に至るまで大切に保たれている方法です。

キリスト者が聖書を読むときに、表面的な字面だけを追うのではなく、ゆっくりと時間をかけて段階的に成熟してゆくことが望ましいでしょう。――つまり、聖書の読み方を①「文字通りの意味をくみとる段階」から、②「教訓を発見し、善悪の行動原理を洞察する段階」へと向け、さらには③「文字の奥に隠された意味を祈りを通じて味わいつつ、心のなかで静かに育む段階」へと深めてゆくのが理想です。

①「文字通りの意味」だけで満足してしまうと融通のきかない原理主義者になる危険性があります。一方、②「教訓的な意味」だけにこだわりすぎると、愛情を忘れて善と悪を安易に区分けして物事を機械的に裁く規律重視の形式主義者のような生き方におちいることになりかねません。ですから、③神さまの愛情を自らの生活のなかで味わいながら感謝して生きることを大事にするカトリック教会の「霊的解釈」を深めること

によって、「神さまと私たちとの愛情に満ちたコミュニケーション」を常に心がけたいものです。

❏123　愛情が憎しみに反転するとき――矛盾をかかえこむ私の心

それにしても、私たちが愛情深さを忘れてしまうことは、日常茶飯事です。たいていの人は、日曜日の福音朗読を耳にするときに、そこに登場するファリサイ派や律法学者たちを愛情のない原理主義者や形式主義者として軽蔑したくなることでしょう。

しかし、ファリサイ派や律法学者たちは、もともと、真実を求めて生きる真面目な人びとでした。融通がきかない頑固者だったのです。彼らは真実に気づいていたはずです。それでも、なおイエスを十字架の死にまで追い詰めたのは、「嫉妬」のゆえでしょう。イエスが神さまの愛情を深く理解して実行に移すのを横目で見ながら、自分たちの力量をはるかに超えているイエスをねたましく思ったのでしょう。民衆の人気を根こそぎイエスに奪われたように感じた宗教指導者たちは、何としてでも自分たちの宗教的な権威を取り戻そうとしたのです。自分の立場にこだわるあまり、他者に開かれた柔軟性を失っていたのです。

当初、彼らは、イエスを困惑させて活動をやめさせようとするだけでしたが、次第に「手段を選ばない冷徹な策謀家」になってしまったのでしょう。

もともと真面目な人が悪い方向に一直線に突っ走るのですから、取り返しのつかない結果を生むことになります。最終的には、「イエスさえ亡き者にしてしまえば、あとは再び自分たちが主役になることができる」という残虐なおもいが宗教指導者たちの行動目標となったのです。こうして、善悪の岐路に立ち、矛盾をかかえこむ人間の心の闇がそこに垣間見えてきます。

もしかしたら、宗教指導者たちは、イエスに対して仲間意識をいだいていたのかもしれません。愛情が深ければ深いほど、憎しみもまた心の奥底にまで深く深く根を下ろすものだからです。

それから、ふだん、たいていの人が軽蔑する登場人物としてヘロデ王も典型的な悪役です。しかし、皮肉なことに、洗礼者ヨハネの公正さと人間的な魅力を最も熟知していたのは、このヘロデ王でした。困惑しながらもヨハネの語りに耳を傾けるヘロデ王の姿が福音書のなかに確かに描かれているからです（マルコ6・20）。しかし、王は世間体を気にして自分のメンツあるいは体面を守るために、つまり、見栄をはって自分の生き方を正当化するためだけにヨハネを殺す命令を出したのでした。

自分の立場を守るために善良な相手を死に至らしめるという人間の醜い姿は、イエスを見殺しにした十二弟子たちの姿、そして歴史上のあらゆる立場の人びとにも、ひいては私の心の奥にある本音とも微妙に重なってきます。決して、ひとごとではないのです。実に、例外なく、誰もが、引き裂かれるほどの善悪の矛盾を心の奥にかかえて生きているのです。

❏124　「さけび」としての十字架、罪、祈り、死

あらゆる人びとの残虐な思いのうずまく中心にイエスの十字架が立っています。イエスの「さけび」。罪の響き合う最悪の状況が、イエスの「絶望のさけび」即「愛情深い祈りの沈黙」によってつつみこまれて、すさまじい気迫と化します。その気迫に満たされた空気の流れのなかに、いまの私たちもつつまれています。死によっても決して滅びえない愛情のさけびが、あまりにも圧倒的なものである事実を表現するために「全地が震えた」（マタイ27・51）という説明句が明記されています。

福音書の至るところでは、いのちをかけて友を活かすことの重みが語られています。つまり、イエスのようにいつくしみ深く生きることが最も大切な心がまえなのです。ひとりひとりがイエスと出会って、そのい

つくしみを実感して、その愛情深さに感謝しながら晴れやかなうれしさのうちに生きるとき、周囲の人びとも生きることのよろこびにつつまれるのかもしれません。それこそ、神さまのいつくしみの広がってゆく状態（＝神の国）です。

イエスは、私たちに対して、徹頭徹尾、神さまのいつくしみを示しつづけてくださいました。十字架にかけられて、いのちをささげ尽くすほどの激しいいつくしみ。いのちを惜しまないほどに、あまりにも深い愛情のおもいが満ちあふれています。

あらゆる国籍の人びとがイエスの十字架のもとにうごめいていました。みんなの視線が「十字架につけられたキリスト（救い主）」の姿に向けられてゆきます。神さまのいつくしみは、人間の全生涯を貫く信頼の気持ちを固めさせ、あまりにも親密な関わり（＝夫婦間の結婚の契約に匹敵するほどの深い一致）へと招きます。相手のためなら、なりふりかまわず自分のすべてをささげ尽くす神さまの愛情の姿が、まさに「十字架につけられたキリスト」をとおして示されています。

「十字架につけられたキリスト」を眺めて、その奥に神さまのいつくしみの激しいほどの火炎を実感できるときに、信頼する姿勢が芽生えているのでしょう。そのときにこそ、人は、まことのキリスト者となることができるのです。あまりにも激しい愛情の表現は、徹底的で、逆説的なものです。十字架につけられていのちをささげ尽くす御子イエス＝キリストの徹底的な一途さにしても、それ以前の宣教旅行の最終段階で、神殿に巣くう打算的商売状態を打ち砕くイエスの激烈な行動にしても、相手に対する深い愛情の念があふれるような、いのちがけの表現だったのでしょう。

イスラエルの宗教指導者たちによる憎しみも、弟子たちによる裏切りも、民衆の無責任も、あらゆることが瞬時にしてかすんでしまうほどに、イエスの十字架上の愛情の姿はあまりにも圧倒的なものでした。悪意も罪も心の病も死すらもつつみこんでゆるし尽くして、愛情のあふれに変貌させてしまうほどの力強い出来事。まさに、いつくしみ深い愛そのものである神さまのおもいはイエスをとおして、この私たちの生きているみじめな現実を、確かに着実に変容させてゆきます。

ひとつぶの麦が死ねば、多くの実を結ぶ（ヨハネ12・24）。相手にすべてを与えることで、相手を活かすことができます。愛ゆえのいのちのささげ尽くしの姿。イエス＝キリストは御父からつかわされた者として、相手を活かすことに集中しています。御父の望みが、愛ゆえのいのちのささげ尽くしだからです。

歴史上の数多くの殉教者たちは、まさに一粒の麦として地域に埋もれ、新たな芽が生ずるための土壌となりました。古代から現代に至る歴史の流れのなかで、世界各地で殉教者の遺徳をしのび、取り次ぎを求める祈りが繰り返されています。殉教者たちは、キリストの死をまねました。相手を活かすという目的のために自分のいのちをささげたのです。ということは、キリストにならう究極的な姿が殉教であったわけです。ということは、「相手を活かす」ことに殉教の眼目があることになります。相手に対する愛のゆえに、自分のいのちをささげ尽くしても決して悔いはないという熱烈な想いを、私たちも受け継ぎたいものです。

キリストは御子であるにもかかわらず、多くの苦しみによって従順を学ばれました。これは、四旬節第五主日（B年）の第二朗読のヘブライ書（ヘブライ5・7－9）で言われているメッセージです。神さまとしての自分の身分にこだわらずに、相手のほうへと出向いてゆく謙虚さ、つまりへりくだりの姿勢がキリストの特長です。フィリピの信徒への手紙2章6－7節で述べられていることと同じ内容のメッセージがヘブライ書でも繰り返されています。ということは、初代教会の信仰共同体の信仰生活においてはキリストのへりくだりが重視されており、その重点の置きかたはヨハネ福音書におけるひとつぶの種の話題とも共通性があることが結論づけられます。こうして見てくると、パウロもヨハネも同じ核心を語っているという事実が理解できます。神さまは御子をとおして全世界のあらゆる人を愛そうとして前進されるのです。

神さまは相手の悪をゆるします。これは、第一朗読のエレミヤ書（エレミヤ31・31－34）に描かれている呼びかけを要約したものです。神さまは相手に対して常に再出発のチャンスを約束します。相手の落ち度や悪意さえもつつみこんで、回心するきっかけを与える神さまの寛大さそのものが神さまの姿を示します。寛大な心で相手を抱擁する神さまが確かにおられるというメッセージを告げたのが預言者エレミヤでした。

殉教者たちが、迫害者たちに対しても神さまの寛大な慈愛を告げ知らせようとして自分のいのちを差し出したことは、身をもって神さまの愛をあかしする姿でした。殉教とあかしとは欧米の言語では同じ一つの言葉ですが、それはまさに古代から現代に至るまでのあらゆる時代の殉教者が神さまの愛のあかしびとでもあることを如実に示しています［二〇一二年三月二十一日　四旬節第五主日（B年）（エレミヤ31・31－34／ヘブライ5・7－9／ヨハネ12・20－33）］。

❑125　十字架上の死の意味――新しい契約、従順、多くの実

四旬節第五主日（B年）の三つの朗読箇所の核心をまとめるとすれば、それぞれ、順に、「新しい契約」・「従順」・「多くの実」となるでしょう。

「私が地上から挙げられるとき、すべての人を自分のもとへ引き寄せよう」（ヨハネ12・32）。イエス＝キリストは十字架に挙げられることを明確に意識していました。しかし、十字架の上での死は、決して無駄な死ではなく、むしろ、すべての人を引き寄せるための死でした。つまり、実りをもたらす死に方です。

相手のしあわせを願って、相手にいのちをささげるという積極的な意味をもつ死を、イエス＝キリストは意図的に選び取りました。相手のしあわせを願うがゆえの、徹底的ないのちのささげ方。その姿勢こそが、

従順な生き方です。

神さまである御父が、あらゆる人のしあわせを願って、新しい契約を与えてくださるように、御子イエス＝キリストもまた、あらゆる人のしあわせを願って生き抜きました。相手のしあわせを願って、徹底的に身をささげる生き方こそが、従順な姿勢なのです。新約聖書の原文を見ればわかるように、「従順」というギリシア語には「いっしょに進む」という意味があります。まさに、御子イエス＝キリストは御父といっしょに進む姿勢を選びました。

イエス＝キリストが、神さまによる新しい契約を明確に意識して、同じ姿勢で歩んでくださったおかげで、多くの実が実りました。あらゆる人が十字架上のイエス＝キリストの姿を心に刻みつけて、新たな生き方に目覚めたからです。私たちは、歴史上、数多くの殉教者や聖人たちが活躍してきたことを、教会の典礼暦をとおして毎年想い出しています。

私たちも、今日、相手のしあわせを願って（新しい契約）、イエス＝キリストといっしょに進み（従順）、多くの実りを生み出す、積極的な姿勢を心に留めておきたいものです。その姿勢を、最悪の状況のまっただなかで着実に貫きとおしたイエス＝キリストの心意気を、教会の十字架像を見上げながら再確認しましょう［二〇一八年三月十八日　四旬節第五主日（B年）（エレミヤ31・31－34／ヘブライ5・7－9／ヨハネ12・20－33）］。

❏126　私たちの苦難

神さまのとりはからいに信頼して生きること。――年間第三十三主日（B年）の三つの朗読箇所のポイントです。神さまのいつくしみが完全に実現するまでの歩みを人間たちが体験しています。しかも、完成のときの直前には、「大いなる苦難」が必ず訪れるということが強調されています。

たしかにイエス＝キリスト御自身も、神さまの栄光に入る直前に「十字架の死」の苦難を身に受けました。苦難を経ても、神さまへの徹底的な信頼が保たれるときに、その人の信仰は、ゆるぎないものとなります。

私たちの日常生活においても、さまざまな苦難が次々に起こりつづけています。親子の不和、夫婦の断絶、会社と個人との矛盾、学校内のいじめの問題など、数え切れないほどの問題が積み重なっています。しかし、それらの苦難のなかにあって、神さまに信頼して前進しつづけてゆくときに、必ず、思いもよらないほどの実り豊かな結果が与えられてゆくこともまた、真実なのです。困難が大きければ大きいほど、試練を経たあとの豊かさは、はかりしれないものとなるのでしょう。

「神さまに信頼して生きる人」は、第一朗読では「お前の民、あの書に記された人びと」と呼ばれており、第二朗読では「聖なる者とされた人びと」と名指され、福音朗読では「弟子たち」として描かれています。つまり、神さまは何としてでも人間を助けようとして「つながりを密接に深めてゆこう」とされているのです。神さまとのつながりが深まるときに、人間は「神の民」となるのですし、「聖なる者」として生きることができるのです。「聖なる」とは、神さまのいつくしみにつつまれて、常に神さまとともに親密に生きているという意味なのです。「あの書」というのは、神さまが人間を救おうとして、ひとりひとりの名前やデータを深く知り尽くして忘れないように記録しているという比喩表現です。それほどまでに、相手のことを大切に覚えて責任をもって接してくださるのが神さまのいつくしみの真相なのです。

私たちは、日ごろ、必要以上に悩んだり、苦しみつづけてしまうことが多いのですが、苦難は苦難で終わるわけではないという真実を想い起こすことが重要なのでしょう。いつくしみ深い神さまが、私たちを見棄てることなどは、決してありえないのですから。聖書には、さまざまな人物と神さまとの関わりが描かれていますが、そのような関わりの奥から常に「滅びることのないいつくしみの実現」が浮き彫りになってくるのです〔二〇一八年十一月十八日　年間第三十三主日（B年）（ダニエル12・1―3／ヘブライ10・11―14、18／マルコ13・24―32）〕。

❏127　いまの私たちにとっての「徳」の可能性

イエスの十字架上のさけびを忘れないようにしましょう。あれほどまでに自分をささげ尽くして、人間の悲惨をまるごと引き受けきったお方はイエスしかいません。その徹底性ゆえに、神さまの愛情の力強さが圧倒的なものとして目に見えるかたちで明らかになります。

それでは、私は、どうすればよいのでしょうか。自分にできるささやかな善行を大事にしたいものです。善い行為の積み重ねが「徳」になり、周囲を照らす愛情のあかしになるからです。イエス＝キリストのおもいを身に受けて善い行為を積み重ねつづけましょう。

ここで、キリスト教にも造詣が深かった樋口一葉の言葉を引用しておきましょう。「徳」の意義が見事に要約されているからです。

――「つとめとは行いである。行いは徳である。徳が積もって、初めて人が感銘をうける。この感銘はその人の一生に及ぶのみならず、長い将来にわたって風雨に耐えて生き残り、たった一言一言でも世のため人のためになる。こうした徳のこんこんたる流れは、俗世間の濁りを清らかにして、人間や社会の善悪の基準を定めるだろう」（佐伯順子編『一葉語録』岩波書店、二〇〇四年）。

❑128　悪について

「悪」とは何か、というのは、なかなかに難しい主題です。「悪」というものは、ほんとうに難しい問題です。キリストの教会の二千年の歴史のなかで、ほんとうは「悪」という問題については、公文書は一度も発表されていません。興味深いことには、教会は悪に関しては一言も公式見解を発表してこなかったのです。それほど難しい主題であるわけです。しかも、簡単にはまとめられないのです。

しかし、教会は逆に二千年間かけて、キリストの救いや神さまの恵みなどに関しては積極的に述べてきました。プラス思考で物事を見ようとしてきたわけです。そこからわかることは、教会というものが、もっぱら明るくて可能性のある話題を歴史的に解説してきたことです。

逆に、教会において悪の問題が公に解説されてこなかった理由は、第一として、悪の現実はあまりにも複雑なので理論的に一般化してまとめることが決してできないからです。そして、第二として、個別的なひとりひとりの人間の生活の問題として各自のなまなましい生活のなかでこそ経験されるものであるからです。各自は責任をもって自分の人生を見究めないといけないのです。こうして、教会が複雑な悪の現実を、それぞれの人びとのなまなましい生活に沿うかたちですべてをくまなく見定めることができないことを認めているわけです。いわば、平均的な見解を表明することができないのです。つまり、軽々しく扱えないので、意図的に公の場で議論しなかったわけです。そういう前提がありますので、悪について述べるということは、勇気がいることなのです。二千年間扱われなかったことに挑戦することになるからです。

❑129　苦しみについて

まず「苦しみ」について考えます。苦しみは、どの人も感じることです。だいたいの場合、苦しいことにはマイナスのイメージがあります。どのような人にとっても、苦しみは避けたいものです。あらゆる人にとって、苦しみは悪いものだからです。苦しいときに、だいたいの人は落ち込むことが多いとおもいます。苦しいときには、生きる気力を削がれてしまうからです。苦しみと悪は結びついております。物事の悪い状況というのは、何らかの苦しみを実感するときです。何としても苦しみから逃れたい、という本音をあらゆる人がいだいています。それゆえに、今回は、万人に共通する苦しみについて考えます。苦しみから解放されるためには、まず苦しみそのものについて知っておく必要があります。処方箋を得るには、病巣をじかに調べておくことが不可欠だからです。

先ほどは、悪の意味をたどりました。わりと理論的なイメージが強かったかとおもいます。しかし、「苦しみ」の場合は、もっと自分の肉体的な痛みとか、自分の生活に密着するものとして、感じられるものです。苦しみは理論的なことがらなのではなく、むしろ、からだとじかに関わる切実な問題です。これは、考えておくべき主題だと言えます。どの人も苦しみから逃れられない、という失意の状態で過ごすことが多いからです。それで、苦しみの意味とは何かと考えておく必要があります。そうしないと、なかなか本来的な道に入ることができないからです。苦しみそのものを見つめないかぎり、どう生きてよいのかがつかめないわけです。

からだの痛みやさまざまな人からの批判を受けたときの心のざわめきというのが、苦しみにつながる場合があります。つまり、自分にとって心地よくない、安心できない、不安な状況が出てくるときが苦しみの状態です。苦しみの状態というものは説明できません。本人にしかわからないものです。世のなかでは多くの人が、それぞれの状況のなかで苦しんでいます。苦しみを実感して、そこから抜け出そうとして、もがいているわけです。しかし、たいていの場合、その人の苦しみというものは、他の人から見ればわからないものです。理解できない不条理です。そうして、ますます人間関係が冷えてゆくことになります。

家庭でも職場でも苦しんでいる人が多いのです。本人にしかわからない、もやもやとした、何か傷つくような痛みが確かにあります。ところが、そばにいる人は、どうしても相手の苦しみをわかりきれないのです。そのようにして、独りで苦しみをかかえている人は、そばにいる大切な人が自分を理解してくれない、という事実に絶望します。ますます不安になりますし、人間不信におちいるわけです。どうしても理解し合えないままで、溝ができて、人間関係が冷えて、別れてゆきます。ひとりひとりがかかえている苦しみの状態は、実は人間関係をこわすきっかけにもなります。わかり合えない深い断絶は確かにあります。

苦しみを受けて、もがいているときに、どうするのかという場合に、だいたい二つの反応の仕方がありま す。まず一つ目としては、復讐をするということです。二つ目は、その苦しみを背負いながらも、ささげて、誰かを助けてゆこうとする態度、つまり相手を祝福する動きを創り出す人もおります。私たちは「復讐か、祝福か、あなたはどのように生きるか」を絶えず問われつづけて生きています。苦しみを受けたときに、あなたはいったい何をするのか、どのように生きるのか、二者択一を迫られます。あなたは復讐するのか、祝福するのか。

「悪」というものは、実際は苦しみの状況のなかで経験されます。最初は、からだの痛みとして感じられ、次第に本人の心の奥にも入り込んでくる場合が多いです。からだから心へとしみわたるのが悪の動きなのです。あなたは、その悪の浸透をどのように受け留めて、その後で立ち直ってゆくのか、問われています。ここでは、その流れを話します。

人間であれば、誰でも苦しみます。苦しみの状態を経験して、もがくということは、痛みの特徴です。動物の場合は、からだが傷ついたり、他の生きものから攻撃されたりしたときに痛みを感じます。しかし、動物が心のなかで悩むということは、あまりないと思われます。それと比べると、人間の場合は、からだの痛みと同時に心の奥深いところの痛みの両方を経験します。動物と比べて、人間のほうは心の奥深いところでの痛みを感じます。目に見えない心の領域での痛みです。人間は肉体的な苦しみと精神的な苦しみの両方を感じ取ります。人間は、なぜ苦しむのでしょうか。人間として生きているからこそ、苦しみはもっと深く増幅されてゆくわけです。

歴史上、たくさんの人びとが苦しみを実感して徹底的に傷つけられたり、痛みを感じると同時に心の奥深くでの傷つきを積み重ねながら生きている状況を経験してきました。それでも、その痛みの状態から抜け出して再出発した人びともおりました。あきらめずに、気力を取り戻した人びとです。生きる気力を取り戻した人びとのことを考えるときに、さまざまな宗教が役に立ちます。ここではキリスト教を例にとって話を進めます。

苦しみを受けながらも、それでも落ち込まずに新しい状況に作り変えていった人間の先駆けとしては、いまから二千年前に活躍したイエス＝キリストが一番著名です。イエスは苦しみを受けたあとで、自分自身の意志でまわりの人びとを祝福していのちを余すところなくささげ尽くして亡くなりました。つまり、祝福するという決断をくだして道を進んでゆきました。自分を痛めつけて死へと追い込んだ指導者たちに対して、イエスは、決して否定的な態度をとりませんでした。痛みを感じて十字架の上で処刑されて、無実の罪を着せられて、あらゆる意味で罵倒されて、それでも相手をうらむことなくイエスは亡くなりました。

普通の感覚であれば、何も悪いことをしていないのに身勝手に裁かれて死刑に処せられるというのは、本人にとっては耐え難いことです。そこまで追い込んだイエスの敵対者たちもあまりにも残忍な姿勢で頑固に突き進むので、そのような悪意を全身で受けた者は、普通は復讐心を燃やすことが当たり前なのですが。しかし、キリストは一切の復讐をせずに十字架上で息を引き取りました。まわりの人びとの将来を気づかって、憂慮しながらいのちを燃焼させたキリスト。相手を祝福して、相手が気づいて、相手が立ち直るのを待とうとするキリスト。そのイエス＝キリストの十字架上の死の際のことばが書き残されています。

イエスは十字架の上にいます。両手が広げられて、釘で固定されています。イエスは、もはや何もできません。ただ、ことばを述べるだけです。イエスは天を仰ぎながら御父である神さまに向かって祈りました。「神よ、どうか彼ら（加害者たち）をゆるしてあげてください。彼らは何をしているのか自分でもわかっていないからです」（ルカ23・34）。

十字架の上で手足を固定されて、痛みを感じてうめき声を挙げるイエス＝キリストが、その一番苦しい状態で、それでも加害者たちの将来を気づかって祈りをささげています。イエス＝キリストを追いつめた人びとは、いまは何をしているかわかっていません。いずれわかる日がくるかもしれないから、そのときには立ち直れるように、何とか待ってあげてほしい、とイエスは神さまに願ったのです。イエス＝キリストは自分を追いつめた相手のことを必死でかばいました。決してうらむことなく、復讐することなく。彼らの将来を気づかって、祝福を与えながらいのちをささげました。

追いつめられて苦しんでいる人が、相手を祝福して、将来をおもんぱかって、いのちをささげる、ということは普通の感覚で言えば狂気の沙汰です。ありえません。しかし、その狂気の姿こそが真実の生き方であるという視点でルカ福音書に書き留められて二千年間も伝承されてきたのです。キリスト教は、イエスの人生の選択の仕方を受け留めて、言い伝えることをつづけています。教会とは、イエスの尊いわざを受け継いで、絶やさないようにつなげてゆく集団なのです。苦しみを乗り越えて、相手を祝福してゆく生き方をあかしする共同体がキリスト者の教会です。

これは、普通の人間の感覚からすると、不可能なことにおもえます。だいたいの人は、他人から悪意をもって追いつめられた場合に、仕返しをしたり、同様の苦しみを相手に与えようとして必死に復讐するものです。復讐することで、自分の怒りを収めようとするわけです。ところがイエス＝キリストの場合は、通常の人間の常識的な態度とはまったく異なる生き方を示しています。まさに、神わざです。その点に注目したのが、イエスの十字架刑の場に立ち会っていたローマ帝国の百人隊長でした。そして使徒パウロは、さまざまな手紙を書き残しています。使徒パウロによれば、イエス＝キリストは神さまの愛情深さを体現した者として、神さまから遣わされた神の子として描かれています。しかも十字架上のイエスの姿こそは神さまの愛の極致を体現している、と述べています。

既存の人間の常識を打ち破る新しい価値観を体現するイエスの十字架上の姿。この奇跡的な出来事を、使徒パウロは強調しています。使徒パウロの弟子がルカです。ルカは、十字架上のイエスのことばを書き留めたわけです。使徒パウロとルカという、先生と弟子との二人三脚による解説が、イエス＝キリストの姿を後世に伝えることになったわけです。

イエス＝キリスト自身は、一切書物を書きのこさなかったので、自分の人生をひたすら走り抜いて必死に相手を大切にしつづけただけでした。イエスの場合は、生き方そのもので人びとを魅了したわけです。魅力あふれる生き方でした。それを記録して、イエスの尊い姿を後世に残したのが使徒パウロやルカでした。そう考えると、キリスト教の最初の出来事は、いまでは新約聖書という文書にまとめられていますが、その大半の部分は使徒パウロとその弟子の系統によって記されたものです。パウロ的な文章の分量が多いのが新約聖書の特長となっているわけです。使徒パウロやルカが書き残そうとしていたことが、十字架の上でいのちをささげ尽くしたイエスの姿だったのです。

実は、加害者を祝福して、自分の身をささげて相手を活かす新たな生き方のはじまりがイエスの十字架上の死の出来事だったのです。いけにえとしての、自らのいのちをささげる姿が、相手の人生を再起動させるきっかけとなったのです。その出来事を何としても伝えたいというのがパウロの宣教者としての使命感によって増幅された意図でした。しかもパウロの熱意を身に受けた弟子のルカもまた同様の視点で福音宣教に挺身したのです。キリスト教が二千年間保ってきたメッセージというのは、「苦しみを受けても、かえってまわりの人びとを祝福して生きる決意をする、いわば常識的な生き方を打ち破る新たな歩み方が可能であること」を示すことだったのです。

このような歴史上の出来事が生じたおかげで、全人類の歩み方の新しい道が開けたのです。それがキリスト者の共同体として、つまり教会として、世界的に広がって、各地に定着して、いまでも賛同者がいるという一連の流れを創っていったのです。キリスト教と言うと、世間では、一定の教えとか特別な考え方とか整った組織とか、ひとつの枠組みとして理解されがちです。しかし、むしろイエス＝キリストが必死に生きた姿こそが大事です。その姿を心に焼き付けて、決して忘れないようにして受け継ぐことこそが、キリスト者の使命であり、その姿を伝える責任ある実行機関が教会なのです。ということは、イエスの出来事を風化させないように後世に引き継ぐための橋渡し役を教会共同体がつづけなければなりません。教会は、建物や組織体制などではありません。ひとりのかけがえのない相手の必死の生き方そのものを絶やさないように伝えることにこそ、教会の主眼があります。そこに注目しなければ、キリスト教の看板を掲げていても、まったく意味がありません。

キリストと同じ生き方を目指して決断するキリスト者の集いが教会です。イエス＝キリストの出来事を理解して受け継いで伝える共同体としての教会という核心をつかむことがキリスト者にとっては最も重要な課題です。ところが、そのような本筋の一番重要なメッセージを、なかなか理解できないまま、形式的な組織を運営するようなキリスト者も歴史上数多くいたわけです。つまり、表面上の感覚で、自分たちにとっての都合で組織を運営するだけのキリスト者がいたわけです。ですから、キリストを信じて教会共同体の動きを活性化する際に、メンバーのキリスト者が世界的に見れば二十三億人ほどおりますが、全員が全員、十字架上のイエス＝キリストの姿を理解して生きて伝えるということを実践しているかどうかは、あやしいです。まごころを込めて、本気でイエスの姿を把握しているかどうかは、わかりません。

しかし、そのキリスト者が把握すべき原点、つまり出発点としてのイエス＝キリストの十字架の出来事に立ち帰る必要があります。いま、苦しみの状況をどのようにして乗り越えて前に進むべきかを考えております。ひとつの例として、イエス＝キリストの出来事を紹介しました。復讐せずに、祝福するという立場の尊さについて。その生き方を歴史上、おそらく初めて切り拓いたのがイエス＝キリストです。

もちろん、この出来事はキリストを信じる人びとにとっては尊いメッセージになっていますが、他の立場の人びとには納得がゆかない場合もあるかもしれません。しかし、実は、キリストを信じていない人びとにとっても価値がある生き方です。相手に復讐して、仕返しをして、相手を引きずりおろして人間のあさましい態度とは異なる生き方を人間が選び取ることができる、という可能性を教えてくれるからです。

たとえキリスト教を信じていなくとも、相手を祝福して、相手を支えて活かすという道は前向きであり、明るい方向性であることはわかるはずです。相手の可能性を信じて待つ姿勢は、何らかの希望をもたらします。どのように頑張っても苦しみから逃れられない、と、もがいて苦しみ抜いている人にとって、別の道が拓けてくることは、新鮮で、開放的な方向性を示しているようにおもえます。

歴史上、新たな道がはじまったことを、イエス＝キリストの十字架上の姿が示しています。イエスの十字架上の姿を見上げるときに、人間は勇気づけられるのかもしれません。こういう生き方がある、と。普通の常識的な立場とは異なる人間の生き方がある、と。イエス＝キリストはあらゆる人を視野に入れて、すべての人のことを考えながら身をささげ尽くしました。自分に味方してくれる人の将来のことも想い、自分を追いつめた加害者たちの先行きにも配慮し、自分を見棄てる人の行く末をも案じ、あらゆる人の将来を想いながら、神さまに祈っているわけです。

この幅広さ、寛大さ、心の開きというものが、普通の常識的な人間の態度をはるかに超えていました。その事実は、キリストを信じる人びとにとっては「神わざ」に見えるわけです。特別な奇跡的なわざとして心に焼き付けられたのです。その衝撃の強さが、使徒パウロやルカによって文章化されて遺されたわけです。みなさんも、よく御存知のように、使徒パウロは若いころはキリスト者に反対して迫害を加えるユダヤ教の体制側の人間でした。使徒パウロはキリスト教関係者を片っ端から捕らえて牢獄に押し込むための見回りをする人物でした。つまり、イスラエルの民をまとめるユダヤ教指導者の手先がサウロという青年（後の使徒パウロ）でした。いわば、キリスト者の集団をつぶすための取締役が使徒パウロでした。キリスト者に敵対するサウロ。しかし、このサウロは、後になってキリストの十字架上の死の姿の意味に気づいて、気持ちを入れ替えました。相手に復讐せずに、かえって祝福する生き方があるということに、サウロは気づいたのです。

この発見は使徒パウロにとっては衝撃的な価値観の転換につながりました。それを理解したときに、使徒パウロは自分の肩書とか、それまで積み上げてきた実績を全部棄てて、キリストに味方するための書物をたくさん書き残しました。敵対する者であっても、認められて、配慮されて、ゆるされることを、使徒パウロはキリストの十字架上の姿をとおして理解しました。衝撃的な発見です。復讐せずに祝福するというキリストの態度は、真剣に物事を見究めようとする人にとっては意味深い呼びかけとして迫ってくるものです。

最初はキリスト教関係者に対して反対していた使徒パウロでさえも、キリストの呼びかけのたぐいまれな愛情の迫力に気づいたときに、キリストを全面的に受け容れて協力する立場へと転換したわけです。敵対者から最高の味方へ、と大いなる転換を成し遂げました。祝福して、相手のことを気づかって、相手のほうに目を向ける愛情深さ。自分の痛みよりも、相手の将来に想いを馳せる。相手を最優先するキリストの十字架上の姿は強烈な呼びかけとして使徒パウロの心を徹底的に打ち砕き、転換させました。

イエス＝キリストは常に徹底的に相手のほうへと向かう生き方を選びつづけました。自分に閉じこもらず、自己保身に走らず、徹底的に相手のことを想うイエス＝キリスト。相手がよい状況へと変わってゆけるように配慮して、自分の心を開いて相手に歩み寄る姿勢をイエス＝キリストは徹底的に貫きました。その姿勢から学べることは、普通の人間の感覚を最大限に洗練させて充実させる、いわば無限の努力の重要性です。

ひるがえって、私たち自身の生き方を眺めますと、たいていの場合、私たちが痛みや苦しみに苛まれているときは、自分のことだけで精一杯であって、相手を見なくなります。相手のことが眼中になくなるわけです。私だけが、なぜ苦しまなければならないのか、と自問自答するだけで、相手のことを一切忘れているか無視していることが多いのです。自分で閉じこもって悩みつづけるだけで、となりで誰かが手を差し伸べようとしているのにも気づいていないわけで、頑なな心で生きています。独りで悩み始める人は、独りで落ち込んで、まわりを見なくなり、状況がますます悪化するばかりとなります。苦しみを感じている人は閉じこもって独りで奈落の底に落ちてゆきます。独りで解決しようとして、もがきつづけ、ますます下方へと落ちてゆきます。まわりが見えていませんので、孤立しているかのように錯覚します。

こうして、ますます孤独な状態に陥ります。そして、もはや奈落の底から抜け出せなくなります。そうなりますと、自分を追いつめた加害者に対して、うらみを感じ、復讐心を燃やすことになります。自分の心の内側で、相手をどのように叩きのめすか、と思案しはじめます。加害者と同じレベルで憎しみをたぎらせてしまうわけです。心のなかで、悪意をもって、自分の復讐心を燃やしつづけることになります。自分がこうむった苦しみと同じ分量の苦しみを相手にも味わわせようと躍起となって、仕返しを計画する場合もあります。そのような普通の人間の感覚や生き方というものは、決して止めることができません。

それと比較すると、先ほどのイエス＝キリストの十字架上の死の姿に凝縮される生き方は衝撃的な、あり得ない、奇跡的な出来事に見えてきます。天を仰いで、ひたすら神さまに懇願するイエス＝キリストの切実な祈り。十字架の上で、イエス＝キリストは自分の痛みや苦しみよりも、まず相手の行く末を案じていました。相手を祝福するイエス＝キリスト。イエスは、相手に復讐せずに、かえって相手を祝福する祈りをささげて息絶えるわけです。イエス＝キリストの場合、追いつめられたときであっても、自分のことよりも他人のことに集中してしまう激しい愛情の示し方が身についていたわけです。

痛みを感じながらも、自分のことだけで精一杯にならないだけの心の広さ、寛大さがイエス＝キリストの態度には見受けられます。自分よりも他人に目を向けるイエス＝キリスト。みなさんも御存知のように、イエス＝キリストは三年間、さまざまな場所を旅して神さまの愛を説きつづけ、相手をいやし、ゆるし、支えつづけました。困難をかかえる人を立ち直らせて（復活させて）、社会復帰させました。イエスは常に相手の窮状を全面的に受け留めてから、手助けしました。

❑130　神義論——「神さまが沈黙している」と思い込んでいる人間の痛みをおもう

一　じゅうぶんすぎる神さまの応え

「わたしが、こんなにも苦しんでいるのに、神は沈黙しているではないか」。そのような切実な心の叫びを繰り返す人間たち。しかし神さまはすでに、じゅうぶんすぎるほどに応えてくださっているのではないでしょうか。新約聖書のなかに、「神は、実に、御自分の独り子を与えるほどに、世を愛された」（ヨハネ3・16）という言葉が書かれているからです。十字架上で、いのちをささげ尽くしたイエス＝キリストの姿。それこそが神さまからの人間に対するじゅうぶんすぎるほどの応えです。

アブラハムに対しては最終的に独り子のイサクをいけにえとしては決してささげさせなかった（創世記22・12）、あの神さまが、御自分の独り子イエスについては決然とささげ尽くしました。これほど真剣で誠実な応えかたが他にあるでしょうか。

二　自己中心的な人間の現実

「わたしが、こんなにも苦しんでいるのに、神は沈黙しているではないか」。今日、そのように叫ぶ人間たちは、実に、自分の現在の生活についての悩みでいっぱいいっぱいになっており、自己中心的な立場におちいっているのかもしれません。たいていの場合、自分のことしか見えていないときに、自己中心的な人間の心の狭さが万事を暗いものへと落ち込ませてゆくことになります。

しかし、ひとりひとりがかかえている苦しみは、あまりにも大きく、心の底から気持ちを沈み込ませる重大事なのであり、他人には決してわかり得ないし、背負えるものではありません。ですから、叫ぶことは、まっとうなことです。我慢する必要はありません。思い切り、自分だけの苦悩を表明することは人間的なふるまいです。

三　それでも……。

それでも、あらゆる不条理をすべて背負って十字架上にはりつけにされることで、自分をささげ尽くしたイエスの徹底的な愛情の深さと体当たりの関わりかたも決して忘れてはなりません。あらゆる人から見捨てられ、あざ笑われ、それでも相手の可能性を信じて態度を変えなかったイエス。彼の姿こそが、あらゆる時代のあらゆる人の心の痛みの重荷に対する雄弁な応えとなっているからです。まるで「わたしのいのちを享けて、あなたは生きなさい！」という最大限の励ましが、十字架のイエスの姿から伝わってくるようです。

四　沈黙しない神さま

果たして、神さまが沈黙していたことがあったのでしょうか。決してそうではなく、神さまは常に親身になって語りかけています。救いをもたらす神さまの独り子イエスをとおして。とくに、イエスの十字架上のいのちのささげをとおして。いのちをなげうってまでも、わたしたちひとりひとりを活かそうとする御子イエスのおもいは、御父である神さまの熱いおもいと寸分たがわぬほどにひとつであり、わたしたちの心に切実なまでに迫ってきます。

五　神さまのただしさと不条理

キリスト教神学のひとつの分野に「神義論」というものがあります。神さまのただしさ（義＝愛）を理解するという目的で研究を進める分野です。神さまが最善のおかたであるとすれば、なぜこの世界に不条理が蔓延しているのだろうか、悪がはびこっているのは神さまのただしさと矛盾するのではないだろうか、という切実な疑問に応えるための考察をするわけです。

しかし、いくら議論したとしても、次のような形式的な解答しか出てきません。神さまは神さまであり、ただしいおかたである。人間の社会に悪がはびこっているのは、自分のことしか考えない人間の責任である。神さまは、最初は人間に親身になって関わるが、その後は人間の自主性にすべてをまかせて信頼して安心しているので、とりたてて何もしないのです。「神義論」は、迫力に満ちた神さまの愛の体現者としてのイエス＝キリストの姿を実感させるほどの説得力をもちあわせてはいません。

六　十字架上のイエスをとおして、神さまは雄弁に語りかける

ところで、自然災害、事件や事故、戦争やテロなど、この世ではさまざまな不条理に満ちた出来事が起こります。これらは人間の現実の諸問題です。神さまの領域とは異なります。人間にまかされた生存環境における責任の領域です。キリスト者が信じている神さまは物事をはじめる出発点を提供し、最終的な責任をとりますが、途中経過の段階では人間を信頼して、すべてをまかせています。

自然災害の場合は物質の変動の要素が大きく、人間には制御できないほどのエネルギーの爆発がつづきます。たとえば、地球内部のマントル上のプレートの動きが地殻変動を生じさせて地震の発生につながります。これは物事のありのままの動きなので、防ぐことが難しいものです。しかし、冷静なデータ分析や防災訓練によって被害を最小限に抑える工夫は可能です。

事件や事故の場合は、何かの物事の流れが関係者の無意識的な操作ミスや悪意ある意図的操作によってゆ

がむときに、誰かを巻き込むことにつながります。なるべく集中して物事に対処し、予防するとともに、悪意を実行に移さないように慎重に反省することが常に必要になります。

戦争やテロの場合は、特定の集団の大義名分のために数多くの人びとを動員して強引に物事を改革しようと志すときに無数の犠牲を生み出すことにつながります。名前のある相手の生活に想いを馳せて、物事を理念でまとめずに、むしろ個別に丁寧に関わる努力を怠らないことが肝要です。

人間は注意深く生きてゆくことで、さまざまな困難を乗り越えるしかないのです。苦しいときだけ、急に神さまをもちだして責任を問うのは身勝手な態度でしかありません。結局、神さまのおもいは謎のままです。人間には神さまのおもいを推し量ることができません。しかし、十字架上のイエスの姿をとおして、神さまは最も雄弁に語りかけています。そのことを、キリスト者たちの信仰生活の積み重ねが二千年かけて、全体としてあかししています。いのちがけで体当たりで人間ひとりひとりに関わる神さまの熱い姿勢を信じるのが、キリスト者たちの信念です。

七　ただ、そこに、いるだけ

しかしながら、この世には、痛めつけられて、ほんとうに苦しんでいる人がたくさんいます。そのかたの叫びが響き渡ります。解決できない哀しみが確かにあります。答えは、決して出ません。神さまが応えてくれないという実感は、確かにあるのです。無慈悲な現実。不条理な日々が、ただただつづくだけです。灰色の人生が、果てしなく、果てしなく。

キリスト者は、相手の哀しみを、ただひたすら聴きつづけて、その場から離れない生き方を選ぼうと努めています。辛さをかかえて、ひたすら、たたずむ。ただ、それだけ。神さまの沈黙に打ちひしがれる人のそばに、いっしょにいるだけ。議論しても仕方がないのです。ただ、いっしょにいるだけ。「ただ、ひたすら寄り添うだけ」というのが、沈黙の痛みに打ちのめされている相手に対する応えなのだ、と思います。そこに、いるだけ。どれだけ愛情を込めて、ひたすらたたずむことができるのか、が問われています。

八　圧倒的な愛情に満ちた呼びかけ

「はじめに、愛情に満ちた呼びかけ（ロゴス＝神のことば＝キリスト）があった」とヨハネ福音書（1・1参照）が伝えます。灰色の人生をすごしている人にとって、誰かが親しく声をかけてくれるときに人生が明るくなり始めるという切実な経験がものを言います。

「愛情に満ちた呼びかけ」が、沈黙の空間に響き渡るとき、灰色の人生は一瞬にして薔薇色の人生へと転換します。そして、そのときから、その人は誰かと関わることができるようになります。息をふきかえして、コミュニケーションを愉しむことができるのです。創造のとき。すべてが始まります。その再生（レジリエンス）の景色を、よろこび（福音）を、ただひたすら信じて生きるのが、キリスト者たちのあかしです。

沈黙の暗闇が深ければ深いほど、そこに響き渡る愛情こもった呼びかけには迫力が増します。圧倒的な愛情の呼びかけ。イエス＝キリストのことばとわざ、そのいのちがけで体当たりの歩みは十字架上の姿において頂点に達します。あらゆる時代のあらゆる沈黙の暗闇のまっただなかで、たったひとことの神さまの愛情に満ちた呼びかけとして、イエス＝キリストの姿がゆっくりと浮かび上がってきます。

九　現代の状況とその遠因

現在、震災や自然災害やウイルス禍によって打ちのめされている私たちにとって神さまの愛が実感できないままでの生活がつづいています。それゆえ、どうして悪がこの世にはびこるのだろうか、という切実な問いを誰もがいだくことでしょう。しかも、困難の積み重なる現代社会の教会共同体において、いまだに有効な解決策を持ち合わせないままで、人びとを導く牧者となるべく努力している司教や司祭たちの苦悩もまた計り知れません。そのような状況のなかで神さまの愛の意義と人間の可能性に関して考察し直すことが緊急課題となっています。そこで、いまこそ、「神義論」の研究をとおして、悪にのみこまれないための冷静な姿勢を保ち、人間の自由意志の価値を確認し、苦を乗り越える方途を探ることが必要となるのです。

これまで、二〇一八年から二〇一九年にかけて筆者は岡田武夫大司教との協働作業をとおして福音宣教を問い直すとともに（アレルヤ会主催『みんなで考える日本の福音宣教』ニコラ・バレ、二〇一八年十一月三日、本郷教会主催『みんなで考える日本の福音宣教・続』本郷教会、二〇一九年三月二十一日）、「悪」についての講座を二つの小教区（鷺沼教会、浦和教会）で集中的に行いました。その後もさまざまな小教区で考察を発展させる予定でしたが、二〇二〇年は新型コロナウイルスの感染拡大により講座の中断を余儀なくされ、同年十二月十八日の岡田大司教の帰天により計画は途絶しました。しかし、岡田大司教の尊い遺志を引き継いで作業を再開し、今後も困難な課題に果敢に挑戦してゆきたいと願っています（「悪」をめぐる考察をさらに深めたいのです）。

i　現代の状況――震災・不況・自死

相手を名前で呼び、新たな使命を与えるイエス＝キリスト。――その個別的な関わりが今日、忘れられているのが現代の状況なのではないでしょうか。ひとりひとりのかけがえのない人間は十把一絡げに数値化されてしまいます。たとえば災害の被害を受けた方々が「死亡三十人、行方不明十人」といった具合に報道されて、時間が経つと人びとの記憶から忘却されてゆきます。教会共同体においても、哀しいことに「今年度は洗礼志願者の数が昨年度よりも五人多い」とか、「教会維持費を収める人の人数が十人減った」とか、統計上のデータを眺めながら一喜一憂するキリスト者がいます。

現代の日本の状況は、一言でまとめれば「相手の回復を妨げる打撃に満ちている」と述べることができるでしょう。相手を完膚なきまでに叩きのめす競争社会において、ゆりかごから墓場に至るまでのあらゆる人が苦難をかこっているのです。現代においてあらわになってきている悪とは「相手の回復を妨げる打撃」だと言えるでしょう。神学的に言えば「復活を妨げる状況」が根強く社会全体に行き渡ってしまっているわけです。

相手の「立ち直り」を認めずに妨げることは、自然現象・社会現象・精神現象において複合的にネットワーク化されています。その現実的な問題点は『現代世界憲章』が「構造悪」の視座を強調していたことと関連しているのですが、まさにレジリエンス（回復力＝復活力＝立ち直り）の否定と破壊とが「構造悪」のもたらす悲劇なのです。とりわけ、昨今の震災（自然現象）・不況（社会現象）・自死（精神現象）は人間の回復を妨げる代表的な事象です。

(1)「震災」と「原発問題（震災＋人災）」――二重の打撃

自然現象のひとつとして「震災」が挙げられます。**自然界の動向は人間には完全には統御できません。しかし、自然現象は人間の限界を自覚させるものです。**人間のがわから見れば、人間にとって不利な自然現象が「災害」と呼ばれ、そのなかでも地震による被害が震災と名指されています。

二〇一一年三月十一日に生じた東日本大震災の影響は今日にもおよんでいます。とりわけ看過できないのは、福島県の原発問題であり、その出来事は人びとに二重の打撃を与えました。なぜならば、福島県の原発の施設は海岸沿いに位置していたために地震に由来する巨大な津波の影響を直にこうむり、想定外の事態に対処しきれなかった堤防や脆弱な建物の破損が現実化し、結果的に空気中および土中および海中に多量の放射能漏れが惹き起こされたからです。

地震と津波という震災に、不十分かつ安易な堤防や原発施設の建築管理という人災とが重なるかたちで被害が拡大しました。自然現象と社会現象とは切り離せないシステムとして人びとのいのちと生活を奪ったのです。しかも、福島県において生活を脅かされて追い込まれた畜産業者や工場経営者が自死せざるを得なかったケースも出たのです。つまり、震災および人災の複合型の責め苦が人びとの精神現象のゆがみを惹き起こしたのです。信仰の立場に立って言えば、「震災」に関して人間は自分たちの無力さや限界をわきまえなければならなりません。そして、「人災」に関しては意識的に努力して最小限度に抑える策を講じなければならないのです。

(2) 不況――回復力を失った社会の状態

「不況」は人間が生み出した社会の動向です。不況は、回復力を失った社会の状態です。二〇〇八年、アメリカ合衆国におけるリーマン・ショック（大企業の倒産による関連会社や株主たちへの経済的打撃および失業の拡大による経済麻痺）（註1）の余波を受けた世界中の人びとは投資することや株取引に躊躇しはじめ、経済の円滑な動きが麻痺しました。それぞれの人は相手に対する疑心暗鬼におちいり、詐欺行為への警戒や水際での駆け引きに終始する生活が果てしなくつづいてゆくかのようです。結局は「相手に対する信頼感」が欠如するときに、すべては止まるわけです。回復力を失った社会の状態としての「不況」とは、近代以降のヨーロッパにおける人間中心主義的な社会システムの破たんを意味しているのです。科学・技術・経済は連動しており、それらを動かす人間の心の状態によって多くの人びとの生活の先行きが左右されてしまいます。神さまを無視した人間が自ら主役であろうとする社会は危険です。なぜならば、特定の人間の都合で多くの人びとが抑圧され、搾取され、利益が正当に分配されない場合が必ず出てくるからです。

信仰の立場に立って言えば、キリスト者は「不況」の動向に埋没して為すすべもないままに落ち込んでいる場合ではありません。不信感の渦巻く社会のなかで、キリスト者は「神さまの支えをしっかりと意識しつつも周囲の相手に信頼して生きることで、不信の社会的な堂々巡り（負のスパイラル）の連鎖を断ち切らねばならないのです。

(3) 自死——回復力を失った個人の状態

先ほど述べた「不況」を背景として二〇〇八年以降の日本社会が苦境におちいっていたときに、さらに二〇一一年に「震災」が重なり、しかも「人災」的な要素をもあわせもつ福島原発問題が深刻化し、行き場を失った方々のなかで「自死」の悲劇が生まれてきました。もちろん、「自死」は先祖代々のいのちの流れの途絶という意味では古来よりの大問題ではありますが、二〇〇八年から二〇一一年を経て今日に至る日本社会の状況下における「自死」は自然現象・社会現象・精神現象の複合化した深刻な危機なのです。いのちの連鎖のレベルのみならず、個人のいのちの尊さという視座から見ても「自死」は、人間の全人格的な在り方のひとつの途絶でもあり、社会的な生活状況における強度のストレスが原因となっています。

そして、何よりも自死は「回復力を失った状態」です。つまり、生きる余力がなくなり、身心ともに枯渇した人びとが、解放を求めながらも力尽きてゆく様子を見るにつけて、周囲の者たちの悲嘆もまた色濃く沈殿してゆくことになります。個人の自死は周囲の人びとをも巻き込みながら深刻度を増すがゆえに、実は共同体全体の痛みに直結しているのです。やるせない現実が、多くの人の心を暗くしてゆきます。回復力を失った個人の状態としての自死は、回復力を失った共同体の状態と連続しています。

信仰の立場に立って言えば、キリスト者は「自死」に関して、当事者や家族に寄り添いつづけるしか道はありません。つまり、キリスト者は神さまの支えに信頼しながらも、相手と共に居て、ともに苦しむことを黙々とつづけるのみです（亡くなった方を想い起しながら祈りつづけ、そして遺族を訪問してともに過ごすことが大事です）。

ii　現代の状況が生じた遠因——ヨーロッパにおける神忘却の近代の諸相

これまで、現代の状況としての震災・不況・自死を連動する一つの流れとして理解し直してみました。その際、自然現象・社会現象・精神現象の複合的な絡み合いによる個々人の尊厳の崩壊および共同体の断絶という、やはり重層的な危機が現実化していることにも触れておきました。しかし、事は二〇〇八年から二〇一一年を経て今日に至る現代社会の問題に留まりません。今日の問題が存している背景には「現代の状況が生じた遠因」が根を張っているからです。この遠因は、ヨーロッパにおける「神忘却」の近代的諸相として説明することができるものです。

⑴「神忘却」としての新たな認識の仕方

ここで述べることは東京大司教区の高木賢一師からのアドヴァイスにもとづいて発見したことです（常

に御世話になり、深く感謝しています）。ヴァルター・カスパー枢機卿が『イエス＝キリストの神』（註2）のなかで近代以降の人間中心主義的な認識論（世俗化された認識論）の流れをたどりながらも、その流れの限界性を鋭くも指摘していることは新鮮です。

もはや神さまを認識しなくなった近代以降のヨーロッパ文化は、もっぱら見える事象にのみ集中しており、現世的利益や快適さを追求することに躍起となっています（デカルトをはじめとする哲学者たちは意識的自己認識にこだわるあまり、神さまの存在という超越的な事象を捨象してしまったのであり、神さまと結びついてこそ行使されてきた人間の理性的能力は、近代以降は神さまと切り離された人間的自律的理性として解釈されてきています）。

まさに、近現代の人間社会の在り方は、科学・技術・経済を中心軸として一握りの人間の欲望を実現するための権力を手中に収めるための競争と闘争の歴史であると言っても過言ではありません。日本もまた国家としては、一八六八年以降の明治維新期を出発点としてヨーロッパ文化を範として近代化を成し遂げて今日に至っています。それゆえに、日本という国家もまた「人間中心主義的な認識論」を土台とするような「神忘却」の格差社会として存続しているのです。

十七世紀から生じ、十八世紀に社会的に標準化されるようになったヨーロッパにおける人間中心主義的な生活システムそのものが「神忘却の近代の確立」を意味していました。この時代において、もはや人間は、神さまとの信頼関係に重点を置かなくなりました。人間は神さまに信頼するよりも、まず人間的な現世の統御のみに没頭するのです。こうして、世間における「神不在」が喧伝されるようになりました。

ヨーロッパにせよ日本にせよ、神さまが居なくても世の中が回ってゆくような社会の在り方がまかりとおっており、そのような認識が当然視されています。人間が自力で物事の法則を発見して科学的世界観を構築し、技術的な応用をもって生活を快適に調整し、そのような科学＝技術を相手に提供する際の利害関係を貨幣によって表現することによる経済活動が成立します（註3）。いわば、**科学・技術・経済という三拍子そろった生活システム**が近代から現代にかけての人間の最大の発明と見なし得るのです。

(2) 人間の暴走に歯止めをかけようとする「弁神論」あるいは「神義論」

近現代の人びとは自律的な自由（神さまの庇護を拒絶して勝手気ままに自己中心的な欲望を満たす方向へと逸脱してゆくという意味での自由）を望み、「神さまへの不満」をあらわにしつつ「神さまを無視」する態度へと傲慢化してゆきました。そして「神不在」という理屈を正当化するようになりました。そのような「神忘却」の世相のなかで、神さまの存在を弁護する動きは人間の暴走に歯止めをかけようとする「弁神論」あるいは「神義論」として理論的に洗練されてきたのです（註4）。

人間中心主義を人生の態度として選んでしまった近代以降のヨーロッパの知識人たちとその追随者や一般庶民は頼るべき「よるべ」（よりどころ）を見失っており、「神不在」という理屈を用いて「人間中心主義的な生活」を正当化したのを鑑みれば、そういう状況のなかで「弁神論」を編み出して神さまへの謙虚さを失わなかったライプニッツをはじめとする一部の知識人たちの誠意は評価に値するのです。

しかしながら、「弁神論」は理論的にのみ神の存在を論じるに留まるという意味ではイスラエルの民と「活ける神」とのいのちがけの交流（人格的応答）とは似て非なるものなのであり、全身全霊を賭して身体をはって御父の慈愛を体現すべく出会う相手と真剣に渡り合った御子イエス＝キリストの歩みと比べた場合に、いかにも安っぽさが露呈してしまうのです。

しかも、「神義論」にしても、神の存在の意義を真摯に問うことを敢行するのではありますが（その問いには以下のものがあります。――①神は何故に悪を放任するのか、②神が万物を善く創ったのならば何故に現実の社会はゆがんでいるのか、③神は何故に苦難のなかにある人の叫びや祈りを聞き届けないで沈黙をつづけるのか）、結局は問いを発するだけで、相手に対する愛の実践や具体的な解決への努力という積極的な信頼感が欠如していることになります。

(3) 科学・技術・経済が連動する生活システムの破たん

それにしても、科学・技術・経済が連動する生活システムは万能ではありませんでした。科学的な認識の仕方が個人の欲望に支えられたかたちでなされてゆくのならば、そのようなゆがんだ認識の仕方を発動して実現される技術的な諸道具は人間共同体全体に深刻な格差と危機をもたらすことになります。たとえば、人類全体の幸福よりも科学者個人の権力欲によって推進されて深められた物理学の知識が悪用されて技術的な道具として応用されれば、破壊的な死をもたらす核兵器が増殖することは明白であり、核兵器が誤用されれば一瞬にして全人類の生活そのものが終焉します。近現代の人間たちは「神忘却」を推し進めながらも「人間中心主義的な世界」（科学・技術・経済の力を用いて快適な生活世界を実現しようとして）を構築しようとして、結果的に自らの生存可能性を危機的な状況へと追い込みました。

破たんした現実に対しての認識の仕方としては、従来の科学的な認識では不十分であるのです。そこで、新たな認識の仕方を発見する必要があります。キリスト者にとってはイエス＝キリストの態度こそが信仰的認識の道しるべとなり得ると考えています（註5）。

iii　世間における「神不在」に抗して回復を期すこと――神義論と現実生活

イスラエルの民の選びの伝統からはじまってキリスト者の使命感に至るまで堅持されている視点は信仰の立場（信仰的認識と呼べるでしょう）であり、「神さまこそが生きている」という確信です。信仰者にとって、神さまは一瞬たりとも不在ではありません。人間が勝手に「神不在」ということを喧伝しているにすぎないのです。人間は個人的な利益をせしめるだけではなく、神さまを無視し、神さまを存在しないことにしてしまうのです。私たちは神義論を展開するだけでは不十分なのであり、何よりも現実生活を真摯に生きてゆくことが信仰者としての踏まえるべき方向性なのです。

私たち信仰者にとって必要なことは、世間における神不在の風潮に抗して「神さまとの信頼関係の回復を期すこと」です。その際、聖書における「立ち直り」（回復）のメッセージを印象深く示す物語は「ヨブ記」であるでしょう。そして、あらゆる苦難を身に受けながらも、御父への信頼を保ちつづけた御子イエス＝キリストの十字架上の死と復活の姿も私たちにとって希望のしるしとなっています。

神さまは決して沈黙しません。むしろ十字架のしるしを通して今日も語りかけているからです。ここでは、「苦難からの回復」という方向性を理解するために「ヨブ記」とイエス＝キリストの十字架の姿に焦点を絞って考察を進めてみます。

⑴ ヨブの姿勢――ヨブ記

ヨブは「神さまへの信頼」を徹底的に貫きました。ヨブには、あらゆる種類の苦難がふりかかりましたが、その絶えざる痛みのさなかでさえ、ヨブは神さまへの祈りを絶やさずに信頼を保ったのです。震災後の日本社会で生きている私たちにとって、苦難を耐え忍ぶヨブの心の底に備わった不屈の信仰感覚はひとつの希望のしるしとなり得るでしょう。神さまへの信頼を絶やさないヨブの姿勢は「神さまに対する人間の信仰深さ」および「人間の気高さ」をあかししているからです。

「ヨブ記」そのものの流れをたどっておきましょう。――ヨブが受けた苦難は、①第一に、「家族や持ち物の一切を奪われるという経験」でした。②次に、「自分自身の身体が病魔にむしばまれて、いのちの質がゆがみはじめるという経験」でした。そのような外面と内面との二重の試練を経たヨブは、③「過去の回想」に浸ることで現在の苦難を忘れようと努めました。④ひとりで闘うものの、一向に埒があかないヨブのもとに友人たちが訪問しはじめ、因果応報論に満ちた説得を突きつけますが、どの説得も小手先だけの虚言に見えてくるだけで、ヨブには納得できないままでした。しかし、最後に真打《しんうち》が登場しました。⑤まず、「神さまの偉大さと人間の小ささを対比的に示すこと」です。⑥次に、「神さまの圧倒的な実力を実感させること」です。

「ヨブ記」における、①から⑥までの一連の流れは、現代の日本社会における震災後の私たちに突き付けられた試練を冷静に見つめ直す（認識し直す）際の手がかりとなります。私たちが自分たちの出来事として閉じこもって震災後の日々を送っているだけでは、その苦悩から抜け出すことは決してできないのです。しかし、「ヨブ記」を読み返しながら洞察力を鍛え上げてゆけば、私たちの苦難は私たちだけのものではなく、歴史上のあらゆる人びとのこうむった苦難とも連帯性があるものであることがわかってくるはずです。

(2) 十字架上でいのちをささげるイエス＝キリスト――使徒言行録2章22－24節

a　御父である神さまのわざへの認識転換

これまでは旧約聖書における「ヨブ記」を手掛かりにして、人間の立ち直りのプロセスを考察してきました。これからは新約聖書における主キリストによる復活の道筋をたどっておきましょう。イエス＝キリストは「相手に対する慈しみ深い想い」のゆえに、いのちをあますところなくささげ尽くしました。相手の悪意をすべて身に受けつつも、それらを全面的に逆転させて相手を活かすという意味で（註6）。つまり、御父である神さまのわざは、神さまと異質な敵対勢力としての悪をも善の方向へと転換させる実力を備えているのです。使徒言行録2章22－24節におけるペトロの論理は、神さまのわざの実力を如実に物語ります。その論法を意識しながら、この世の悪の現実を眺めるときに、私たちの認識の仕方が根底から刷新されてゆくことになります。

b　御子イエス＝キリストをいかにして認識すればよいのか――ペトロの場合

それにしても、「使徒言行録」2章22－24節の文脈は、十字架上でいのちをささげる御子イエス＝キリストをいかにして認識すればよいのかをペトロが示している箇所でもあります。ペトロこそは最愛の恩師を三度も裏切るという意味で最もみじめな断絶状況にまでおちいってから、そのどん底から立ち直ったという徹底的回復（回心）の経験を成し遂げた使徒でもあります。

ペトロの場合、大切な相手（イエス＝キリスト）を完膚なきまでに拒絶したという加害的経験と同時に、自らも相手（イエス＝キリスト）との親密な絆の可能性を幾重にも潰すことで、行き場を完全に失うという苦い被害的経験によって打ち砕かれたのです。つまり、ペトロは加害者であると同時に被害者としても、もはや生きてはいられないほどの苦悩を身に負ったのです。このように深刻な苦悩は、震災・不況・自死の痛みにさらされた現代人としての私たちの背負う重荷との近似性をもっていると言えましょう。

c　私たちの回復の方途

そして、「使徒言行録」２章22－24節の文脈は私たちに「回復の方途」を示します。他ならぬペトロこそが「回復」を身をもって果たしていたからです。興味深いことに、旧約聖書学者のクリストファー・J・H・ライトは、この聖書箇所を震災からの立ち直りのための希望を与えてくれるメッセージとして、講演「東日本大震災に対する神学的応答――聖書と悪の問題」のなかで高く評価しているのです（註７）。

日本の震災の現実をキリスト者としていかに受け留めるべきかを考察しているライトは、聖書全体が述べている三つのメッセージを明らかにします。――①「神の絶対的至高性」、②「悪の絶対的邪悪性」、③「神の絶対的善性」という枠組みを用いて。十字架の出来事は御父の意志であり、御子イエス＝キリストはその意志に従うという意味で御父である神さまの絶対的至高性が明確に示されています。

しかも、神さまの絶対的に至高なる意志は、悪の絶対的邪悪性の極みにおいてこそ、神さまの絶対的善性として実現してゆくのです。①を土台として、②および③の鋭い対比が対照的に成立しているわけです。悪はサタンの邪悪な意志によって発動され、その意志に突き動かされた人びとが無辜の相手を抹殺し、亡き者とします。しかし、神さまはイエス＝キリストの十字架上の姿を通して加害者や傍観者の行く末を案じて徹底的に愛しつつ赦すという意味で絶対的な善性を全面的に示すのです。

しかも、これら三つのメッセージは、ライトによれば「十字架において一つになる」とされています。ライトの見解を以下に引用しておきましょう。――「使徒言行録２章22－24節において、ペトロは十字架の出来事を次のように要約しました。すなわち、一方では神の至高の知識と意思の下で道徳的に責任を有する人びとの邪悪な行為があり、もう一方では神の救いの愛という善があり、それによってあの邪悪な行為をしでかした人びとでさえ神の赦しにあずかることができるということです」（ライト、前掲論文、二九頁)。

十字架は滅びの姿なのではなく、むしろあらゆる相手に対する果敢な愛と赦しの体現となっており、相手との連帯に行き着くという意味で共同体的な絆を成立せしめるものです。キリストを土台にしたあらゆる人同士の連帯こそが、復活の栄光という事態なのです。

(3)「にもかかわらず」諦めずに生きる
――キリストに照らされて「世の光」として復活の希望を証しするキリスト者のかけがえのない役割

こうして、「ヨブ記」の物語とイエス=キリストの十字架の姿とから共通して見えてくる聖書そのものの超時代的な一貫性のあるメッセージとは、あまりにもむごたらしい苦難をこうむった「にもかかわらず」決して諦めずに生きてゆく、という積極的な姿勢こそが信仰者の道であることが見えてくるのです。現代の私たちには**キリストに照らされて「世の光」として復活の希望を証しするキリスト者のかけがえのない役割**が存していているのです。

iv 新たなるはじめに――新たなる創造のとき

今日、私たちキリスト者は「主イエス=キリストの十字架上の死と復活」の意味(註8)を絶えず黙想しながらも、その出来事の根底にひそむ「レジリエンス」(回復力=復活力=立ち直り)という価値観を信じることで、立ち直る気力を失っている数多くの現代人ひとりひとりを「かけがえのない相手」として名指しで呼び、ともに居て、共に苦しみ、支え合うことを決して諦めずにつづけてゆくしかないのです。まず、具体的な相手とともに生きることしか、立ち直りの方途は開けてこないのです。

ここでは「苦難からの回復」という方向性を理解するために、「ヨブ記」とイエス＝キリストの十字架の姿に焦点を絞って考察を進めてみましたが、他にも関連して忘れてはならない書物群があります。「創世記」と「ヨハネ福音書」です。「創世記」も「ヨハネ福音書」も苦難のさなかで編纂されましたが（「創世記」はバビロン捕囚期の失意の日々のなかでイスラエルの民が神さまに信頼して自らの存在意義に目覚めて回復してゆくための物語でしたし、「ヨハネ福音書」はキリスト者の共同体がローマ帝国内において迫害の憂き目に遭っていた時期に栄光のキリストの光に照らされていのちの躍動を回復してゆくための物語でありました）、両者ともに一貫して「立ち直り」（レジリエンス）の風光を描き出しているのです。

旧約時代においても新約時代においても教会の時代においても、信仰者は「神さまが私たちとともにいて、ともに苦しみ、いっしょに立ち直ってゆくといういのちの回復のプロセス」に希望を見い出す仕儀を堅持しています。この伝統を絶やさないように、私たちも今日、新たなる創造のときに積極的に関与しながら生きてゆくように神さまから召されているのです。

（註1）二〇〇七年にアメリカ合衆国第四位の投資銀行だったリーマン・ブラザーズ社がサブプライム住宅ローンの債権が焦げついたことによる経営上の巨額の赤字（六十四兆円以上）を生み出し、二〇〇八年に破産した影響で、数多くの関連会社や取引先や個人株主の資本の崩壊に拍車をかけた出来事。この影響は今日もつづいており、多くの人びとが失業し、欧州やギリシアの経済の麻痺にもつながっています。

（註2）Original Edition; Walter Kasper, *Der Gott Jesu Christi*, Verlag Herder GmbH, Freiburg im Breisgau, 2008./New Edition; Walter Kasper, *The God of Jesus Christ*, Continuum, London, 2012. なお興味深いことにラッツィンガーも、すでに一九七六年に同名の著書を書きました。ラッツィンガーもカスパーも共に三位一体の神のパースペクティブにおいて論を進めますが、結局は使徒信条およびニカイア・コンスタンティノポリス信条を起点とした信仰告白の意図を受け継ぐ神学的な営為が表明されています。

（註3）近現代の一部の権力者による民衆に対する抑圧や収奪のシステムそのものの悪に対する徹底的批判と警告はイバン・イリイチの文明批評において顕在化しています。最も読みやすい参考書として以下を参照のこと。——David Cayley(ed.), *Ivan Illich, 1926-2002; The Rivers North of the Future, The Testament of Ivan Illich*, House of Anansi Press, Toronto, 2005. 邦訳は、イバン・イリイチ著、デイヴィッド・ケイリー編（臼井隆一郎訳）『生きる希望——イバン・イリイチの遺言』藤原書店、二〇〇六年。

（註4）「神義論」に関しては以下の文献が参考になります。Stephen T. Davis(ed.), Encountering Evil; Live Options in Theodicy, Westminster John Knox Press, 2001. 邦訳は、スティーヴン・T・デイヴィス（本多峰子訳）『神は悪の問題に答えられるか——神義論をめぐる五つの答え』教文館、二〇〇二年。

（註5）他に、神話的・民俗的・イメージ論的な認識の仕方もまた参考になります。代表例としては以下の文献を参照のこと。——Cornelius Ouwehand, Namazu-E and Their Themes; An Interpretative Approach to Some Aspects of Japanese Folk Religion, 1964. 邦訳は、C・アウエハント（小松和彦・中沢新一・飯島吉晴・古家信平訳）『鯰絵──民俗的想像力の世界』せりか書房、一九七九年。C・アウエハント（小松和彦・中沢新一・飯島吉晴・古家信平訳）『鯰絵──民俗的想像力の世界』岩波書店（岩波文庫）、二〇一三年。

（註6）ルカ13章1－9節の文脈の中で、イエス自身は、他人の人生の行く末を詮索する群衆に対して「まず自分自身の生き方を見つめて悔い改めること」を勧めており、他人の噂をする大衆の態度を見直させようとしています。「自然災害」（震災など）や「道徳的災害」（人災）などの犠牲となった人びとは、それぞれのかかえていた罪深さのゆえに罰を受けたわけではありません。イエスが「決してそうではない」と二回繰り返して強調しているからです。災害で亡くなった人の罪深さによる自業自得という視座で物事を理解する大衆の認識の仕方は、イエスから見れば完全に間違っているのです。今日、私たちも被災者の境遇を理解する際にイエスの姿勢を再確認しておく必要があります。

（註7）『宣教学ジャーナル』第7号、日本宣教学会＋夢窓庵、二〇一三年、四－三三頁所載。

（註8）ヨハネ・パウロ二世教皇書簡（内山恵介訳）『サルヴィフィチ・ドローリス──苦しみのキリスト教的意味』中央出版社、一九八八年、第二一項（初版六五－六六頁、第二版七七－七八頁）を参照のこと。──「キリストの十字架は、最も浸透しやすい方法で、人間の生活の中に、特に苦しみの中に、救いの光を投げかけます。なぜならば、信仰によって十字架は、《復活とともに》人間に到達します。ご受難の神秘は、過ぎ越しの神秘の中に含まれています。キリストのご受難の証人たちは同時に、キリストの復活の証人たちです」。

十一

よろこび

聖性

慈愛

霊性神学・恩恵論

❏131　神さまとの親しさとしての「聖性」

「聖性」と言うと、ふつうは、何か「超人的な気高さ」といったイメージをいだく人が多いかもしれません。しかし、「聖性」とは、「神さまとの親しさ」のことです。神さまとどれだけ親密な関わりを保っているかが問われているのです。

神さまの愛情深いおもいを、理解して生きはじめるときに、人は「聖性」を身につけて「聖なる人」になってゆきます。というよりも、人の心の奥底に眠っている「聖性」が目覚めるのでしょう。どんな人であっても、神さまの愛情のおもいを心の奥底に宿しています。人間は「神さまのかたち（似像）」として活かされているからです。ですから、何らかのきっかけがあるときに、神さまに向かって歩もうという熱意が生じてくるのです。

何よりも大切なことは、「神さまの愛情深いおもい」を自分の生き方の基準とすることです。まわりの人びとに対して、あらゆるものごとに対して、愛情深く接することこそがキリスト者の目指すふるまい方なのです。常に「神さまの愛情深いおもい」を理解して、自分の人生をとおして生き抜いた者が「聖人」と呼ばれています。

「聖人」とは、「私たちと同じ人間性を備えながらも、より完全にキリストの姿に変えられていった人びと」（二コリント3・18）のことです。それぞれの時代のキリスト者たちが、それぞれの環境で聖性を磨いていったように、私たちも、現代社会のなかで、キリストと一致し、「聖性」に達する道を見つけるように招かれています（『教会憲章』第三九－四二、五〇項）。「聖性」に達する心構えは、「信仰・希望・愛にもとづいた生き方」によって深められてゆきます。

❑132　よろこびに満たされて生きること

それにしても、「聖性」を深めるためには、何よりも「よろこびに満たされて生きること」が大切です。つまり、「愛情深く生きること」が大切なのです。キリスト者であるということは、伝統的な規則や祈りを形どおりに守ろうと、仕方なく義務をこなしてゆくことではないのです。むしろ、常に愛情をこめて生きることこそが肝要なのです。

義務的に規律を守るだけで、周囲の人びとを思いやりをこめて大切に眺めることができないときに、人は、まだほんとうの「聖性」には達してはいないのです。厳しい顔をして、断食したり、犠牲をささげたりするばかりで、相手に対する細やかな愛情の表現が抜け落ちてしまっているのならば、何の意味もない生き方をしているとしか言えないのではないでしょうか。パウロが「愛の讃歌」のなかで力説しているように、「愛がなければ、むなしい」のです（一コリント13・1－13）。

おだやかなよろこびに満たされて、なごやかな状態をつくり出すことができるときに、「聖性」が豊かに発揮されてゆきます。ほがらかな品のよさが「聖性」の基礎となります。

❑133　神さまとの疎遠な状態――悪と原罪と罪

神さまを拒絶し、神さまから離れようとするとき、私たちは神さまの愛情深いおもいをふみにじることになります。つまり、神さまとの疎遠な状態がつづくときに、私たちは「聖性」とは逆の状態に落ちこんでゆくことになります。愛情深さが欠如する悪の状況です。

神さまの愛情深いおもいを無視して、自分勝手に生きようとすることが悪の発動となります。しかし、どんな人間であっても神さまから離れようとする傾向性に引きずられてしまうという厳然たる現実があるわけで、そのような根深い離反の傾きは、「原罪」と呼ばれています。つまり、原罪とは、神さまに信頼しきれない弱さと言えましょうか、自分から神さまのもとを去ろうとする絶望的な諦めとも言えましょうか。

ともかく、神さまから離れようとする悪の態度は、日常生活のなかでは具体的な数々の「罪」となって周囲の人を傷つけ、神さまの愛情深いおもいからますます遠くへだたることにつながるのでしょう。相手を傷つけて関係性を一方的に断ち切ることが悪なのです。

❑134 天使の役割

「天使」は、神さまの愛情深いおもいを運ぶ「伝達者」（メッセンジャー）です。天使は、私たちが積み重ねてしまうさまざまな罪の根元に潜む「神さまから遠ざかろうとする傾向性」を逆転させる手助けをしてくれます。私たちが自力ではどうにもできないような場面で、天使が「神さまへと向かう力」に目覚めさせてくれるのです。

それにしても、天使は目には見えません。人間のような身体を備えていないからです。しかし、天使は深い智慧に満ちた思考力と理解力、そして、神さまのいつくしみを噛みしめて生きる共感力を備えています。相手のおもいを明確に受け留める精神的な存在が天使なのです。

五世紀以降から中世ヨーロッパの教会藝術を経て現在の藝術表現に至るまで、天使は白い羽の生えた姿で描かれることが多いのですが、天使のかたちにこだわる必要はありません。天使を理解する際に、「神さまと人間との間をつなぐメッセンジャー」であるという点こそが大切だからです。関係性を創り出す「橋渡し役」が天使です。

キリスト教信仰の歴史において、天使が注目されるようになったのは、擬《ぎ》ディオニュシオス・アレオパギテースによる著書『天上位階論』による影響が大きな役割を果たしています。

『天上位階論』とは、天上界の秩序を説明した著作です。つまり、ごく大雑把に言うと、神さまが御自分の意志を執り行うときに、直接には①セラフィムを照らし、その威光を受けた②ケルビムが五つの天使群（③玉座、④主権、⑤勢力、⑥権威、⑦支配）に意向を伝え、その意向を受けた⑧大天使たち（ガブリエル、ミカエル、ラファエル）は、⑨下位の天使たちのチームに緻密な作戦の具体的実行をまかせる、といった具合に縦割りの命令伝達構造があることを論じています。

このような九つの位階からなる天上界の規律ある任務遂行のシステムは、地上界では教会の組織をとおして責任をもって引き継がれます。いわば、教皇を頂点として枢機卿団・大司教・司教・司祭・助祭・修道者・信徒というキリスト者の序列をとおして神さまの愛が世の中におよぼされてゆくという理念を『教会位階論』が明言しているのです。つまり、地上界の秩序は、『教会位階論』のなかで詳しく説明されています。『天上位階論』と『教会位階論』はセットとなっている著作であり、両者は天地万物を秩序づけて説明する意図によってつながっています。これらの著作は関係性の重大さを強調しています。

これまで、キリスト教信仰の伝承では、ディオニュシオスはギリシアの出身で、使徒パウロの弟子として宣教活動に携わったあかし人であり、神さまの救いのわざを解説する著作を数多く書き残した権威ある人物とされてきました。その著作類は、中世期には敬意の的であり、キリスト教社会の思想的土台として聖書に匹敵する重要性を備えました。

しかし、現代の教父学の研究では、ディオニュシオスの著作類は、実は六世紀のシリアの修道士が「ディオニュシオス」の権威ある名前を借りて書き上げた「仮託文学」であるという見解が主流となっています。そのような意味で、ディオニュシオスの著作は、現在では「擬ディオニュシオス著作群」もしくは「ディオニュシオス偽書群」と呼ばれています。つまり、ディオニュシオスの名前を借りて（＝「ディオニュシオスに擬する」という意味）書き記された著作として理解されるようになっています。

ともかく十三世紀の聖トマス・アクィナスに至るまでのキリスト教神学の伝統において、ディオニュシオスの著作は、十二使徒やパウロの権威に次ぐ影響力を備え、西欧中世期の最重要思想として絶大なる尊敬を受けました。大天使ガブリエル、ミカエル、ラファエルをはじめとして守護の天使たちに対する尊敬の念が民衆に広まったのも、『天上位階論』の内容が司教や司祭たちの信仰理解に大きな影響を与えたからです。

❏135　聖霊のよろこびに満たされて生きること——聖ジョン・ヘンリー・ニューマン

「聖霊のよろこびに満たされて生きること」を大切にしていた聖性の誉れ高いキリスト者として、十九世紀の英国で活躍した聖ジョン・ヘンリー・ニューマン枢機卿の名前を挙げることができます。

聖ニューマンは、次のように述べています。——「聖なる人の真実の生活は、自分自身と神さまだけが居るときの暮らしです。彼は自分自身をわきまえることができ、いわば何事にも満足することができます。というのも、彼のなかに内在する神さまの恩恵と永遠のなぐさめ主である聖霊の現存に彼のよろこびがあるからです」（『教区説教集』）。他にも、ニューマンは、次のような言葉をも残しています。——「聖なる人のたましいは、そのなかに汲めども尽きない、深く静かな平和をわきださせる平和の井戸を備えています」（同書）。

聖霊のよろこびに満たされて生きている人が「聖性」の目覚めを体験しているのであり、「聖人」としての歩みを深めているのです。そのような歩みは、日常的な当たり前の物事を大切にすることによって深まってゆきます。

思いやりに満ちて、ほがらかに和んだ精神状態で生きることは、ちょうど聖パウロのガラテヤ書が強調している「聖霊の実り」の諸項目とも重なってきます（ガラテヤ5・22－23）。「聖霊の実り」とは、まさに、「おだやかなよろこび」のことなのです。真実を求めて生きるキリスト者の心のなかで聖霊がはたらくときに「おだやかなよろこび」が生じてきます。

❑136　おだやかでほがらかな慈愛――聖フランソア・ド・サル、聖ジョヴァンニ・ボスコ

「よろこびに満たされて生きる」ということは、具体的に言うと、「おだやかでほがらかな日常生活をすごしてゆくこと」なのではないでしょうか。

「神さまの慈愛」に着目して生きた聖人たちのなかに、聖フランソア・ド・サル司教や聖ジョヴァンニ・ボスコ司祭がおります。二〇〇二年に帰天四〇〇周年を記念した聖フランソア・ド・サルは十六世紀のフランスで生まれました。彼は、後にジュネーブの司教に任命されました。しかし、ジュネーブの街の中には入ることができませんでした。なぜなら、当時、ジュネーブ周辺の地域ではすべてカルヴァン派の宗教改革者たちが神政政治の体制を敷いていたからでした。

カルヴァンや後継者たちは、厳しい姿勢で信仰生活を送ることを民衆たちに要求しました。しかし、聖フランソア・ド・サルは、神さまの慈愛を意識的に受けとめながら「おだやかさ」や「思いやり」を大切にすることを信仰生活の基本姿勢として強調しました。確かに、聖フランソアは『神愛論』や『信心生活入門』という名著を残しています。「ひと樽の酢よりもスプーン一杯の蜂蜜のほうが、たくさんの虫たちを引き寄

せる効力を秘めている」という聖フランソアの名言があります。つまり、相手を引き締めるような厳しい姿勢で強引に事を進めるよりも、ほんのわずかな愛情深さがあれば、多くの人が心を動かされて、よろこびの共同体が、いとも容易に実現するという意味がこめられています。

しかも、聖フランソア・ド・サルは、「自分の置かれた環境で心をこめて神さまのおもいを受けとめて生きるときに、誰であっても聖人になることができる」という持論を掲げていました。つまり、主婦は家事や子育てを心をこめて行うことで、周囲の人たちに対して神さまの愛情を深めてゆくことができますし、子どもは毎日楽しく遊んだり学業に邁進したりすることで神さまに感謝して成長してゆければ、それでよいわけです。なにも、修道院に入って厳しい断食や祈りの生活を送らなくても、自分の務めを日々誠実に果たすことで、聖性を豊かに輝かせることも可能です。

十九世紀のイタリアで活躍した聖ジョヴァンニ・ボスコ（愛称はドン・ボスコ）は、若いころから聖フランチェスコ・サレジオ（聖フランソア・ド・サルのイタリア語表記）の著作を愛読しており、その生き方に魅せられて、「おだやか」で「柔和」で「思いやり」に満ちた生き方を心がけました。生来、短気で怒りっぽかった聖ジョヴァンニ・ボスコが、常にほほえみを絶やさない忍耐強い思いやりを身につけることができたのも、ひとえに聖フランチェスコ・サレジオの生き方のおかげだったのです。

聖ジョヴァンニ・ボスコは、のちに、修道会を創立する際に、聖フランチェスコ・サレジオの名前を掲げました。それが、サレジオ会という名称の修道会の発端でした。聖フランチェスコ・サレジオの生き方を大切にして青少年たちの成長を支えることで社会全体を「神さまの慈愛」で満たす修道会でありたいという切なる願いがこめられています。

❏137 日常生活の味わい——菩薩道《ぼさつどう》・却来華《きゃくらいくゎ》・喫茶・高悟帰俗《こうごきぞく》のさりげなさ

ところで、日常生活を味わい深く生きることが、日本人の特徴だと言えると思います。何事に対しても感謝して生きる感覚が、日本人の日常生活のなかに行きわたっています。このような感性は、「恵みを実感する感覚」とも言えるでしょう。キリスト教信仰の立場から表現すれば、「日常を神さまとともに生きる霊性」と言うこともできるかもしれません。

キリスト者の生き方も、「日常生活において神さまとの親しさを実感してゆくこと」に尽きるのですから、日本人の生き方の感覚とも重なる視点を見つけ出すことができると思います。「聖性」とは「神さまの慈愛にほだされてあらゆる相手に心を開くこと」です。

仏教的な発想では、「菩薩道」が日常生活の味わいとつながってきます。人間が自分の真実の姿を求めて坐禅し、あらゆる偏見から解放されて「くもりのないまなざし」で物事をありのままに眺めることができるようになれたときに、「悟り」（＝あらゆる偏見から解放されること）の境地に達するわけですが、その悟りの境地からも解放されて日常のありきたりの生活をさりげなく大切にして奉仕してゆくことが「菩薩道」なのです。

「菩薩道」あるいは「菩薩の境地」とは悟りを開いた覚者が、なにものにもとらわれない、解放された生き方に満たされつつも、あらゆる人びとのもとへ立ち戻って、いつくしみ深く寄り添って歩むことであり、あらゆる人にも悟りの境地のすばらしさを味わわせる奉仕に邁進することです。悟った後に、世俗の民衆の元に戻って奉仕に徹する生き方が「菩薩道」なのです。悟りの豊かな恵みを決して独り占めすることなく、かえって幅広くあらゆる人びとに対して心を開いて分け与えてゆくことが大切にされています。

日本の文藝活動においても、「菩薩道」と同様の発想が息づいています。たとえば、日本の室町時代、つまり十四世紀から十五世紀にかけて活躍した能役者の世阿弥の「却来華（却来花とも表されます）」の発想や安土桃山時代の千利休の「一期一会としての喫茶」の発想、さらには江戸時代の松尾芭蕉による「高悟帰俗」の発想などが共通して「高い境地から俗世間の日常を当たり前に生きることで周囲にも味わいを広げること」を目指しています。

まず、世阿弥の「却来華」の発想とは、至上の藝術的演技力を磨き上げた役者が、あらゆることを犠牲にして演技訓練に邁進し、厳しい鍛錬の果てにたどりついた藝術的境地に満足せずに、さらにその境地すらも棄てて庶民の通俗的な要求（日々の労働に明け暮れて疲れきった庶民が、気晴らしを求めて、笑いをさそうような演技を役者に期待すること）に応えて身軽な演技を披露してゆくことです。高きに至ってから低きに降る自由闊達な態度が貫かれています。

次に、室町時代の武野紹鷗から安土桃山時代の千利休に至る茶道のながれにおいても、死を覚悟するほどの有終の美を意識しながら「最期のお茶」をかけがえのないいまにおいて飲むという「悟りの境地の喫茶」が究められましたが、そのような至高の境地すらも棄てて、軽妙に日常の当たり前の「喫茶」を愉しむほどの自由闊達さが茶道に独特な味わいを呼び覚ましているのです。食事のときにお茶を飲む。――心をこめて、最期のお茶であるかのように、大切に飲むことで、日常生活そのものが深い悟りのひとこまとなります。

さらに、松尾芭蕉の俳諧の世界においても、高い悟りを求めて、独自の藝術的境地に至りながらも、そこから解放されて普通の日常生活の場に戻ってゆく姿勢が見受けられます。いわば、「高悟帰俗」という用語で表現されていることなのですが。――究極の悟りの境地に高められていった修行者が、悟った後は、再び俗世のありきたりの毎日の生活に埋没してゆくことで、悟りの境地を日常化します。

高い境地に向かう努力を積み重ね、至上の境地に至ってからも、そこから解放されて、周囲の人びとの間に溶けこんで、日常の当たり前の生活を味わい深く、さりげなく、ひっそりと生きつづけること。――悟りを独り占めしないで、心を開いて日常の場に帰る「ゆとり」あるいは「遊び心」を生きることが「おだやかでほほえましい雰囲気をかもし出す慈愛に満ちたふるまい」につながります。本当の実力者は、親しみやすく、気さくな、おだやかさを漂わせているものなのでしょう。

❑138 「へりくだり」という極意

これまで、高い境地に至ってから日常生活の普通の歩みに降りてゆくことの謙虚さがかもしだす人間の魅力について考えてきました。そのような下降の姿勢は「へりくだり」(フィリピ2・8)と呼ぶこともできます。ここでは、「へりくだり」という極意について述べておきましょう。

自分を無にして相手を活かす、いわばささげる生き方を徹底させることによってキリスト教の信仰共同体の出発点となったイエスの姿(フィリピ2・6－11)を紹介します。実は、イエスの生き方は二千年前の出来事として伝えられています。つまり、遺されたキリスト者たちによって文章化されて、一定の物語が生まれました。それらの物語は現在の聖書学の分野では福音書文学とも呼ばれていますけれども。

そのような書物というものは、イエスの生き方をある意味ではドラマとして描いています。ですから、ひとつの宗教的な演劇として読むことも可能です。もちろん、信じる立場で書かれているのですけれども、そこにひとりの人物の生々しい生涯の歩みがつづられております。ともかく、ひとりの人間のドラマを伝えていこうとする後継者たちが存在していたからこそ、福音書という物語が今日にいたるまで残っているわけです。そういうわけで、福音書を演劇論の立場からも眺めることができます。

❏139　無心論

一　無心の状態――最も自分らしいとき

i　好きなこと（自分の役割）に熱中するとき

人間が最も自分らしいとき、自分らしく生きているときというのは、「無心の状態」だと言えるでしょう。つまり、心が何かに集中して打ち込んでいるときに、人は活き活きとしているものです。たとえば、自分が好きなことをやっているときにはその作業に集中しますから、他のことを考えなくなります。いくら時間がたったとしても気づかないほど熱中する場合もあります。私たちには自分の役目である仕事に熱中してこなしているとき、時間がたつのも忘れていることが、しばしばあるものです。

ii　好きなもの（自分の趣味）に没頭するとき

あるいは、自分が好きな演出家とか俳優がつくりだす映像を観たりするときに、人は画面に没頭して時間があっというまに過ぎていく体験をします。好きなテレビ番組を観ていると、何時間たっても平気で座りつづけてしまうものです。ですから、何かに集中して打ち込んでいるときというのは、たいていの場合自ら選んで事を行っているときでありますが、そういうときに人間は自分らしく生きることができます。スポーツが好きな人はサッカーとかテニスとか水泳とかに打ち込んでいるときにひとつのことに集中しています。車の運転をするのが好きな人は愛車に乗って日曜日にドライブしていると、それだけで結構幸せな気分になったりもします。――何かに集中して、自分が好きなことを生きているとき、人はのびのびと自分らしいひとときを味わうことができます。

iii　心おきなく自分の好きなことと集中して生きているとき

こうやってさまざまな例を思い浮かべてみてもわかりますように、「無心の状態」というのは、自分の心を本当に豊かに満たしている状態であるとも言えるでしょう。心おきなく自分の好きなことに集中して生きているとき、それが無心です。漢字で書きますと、「無心」は「無」の「心」、つまり「心を無にする」と書きます。こうなりますと、何か否定的なことのように、マイナスのイメージに見えてくるかもしれません。しかし、実際には「無心になって生きているとき」というのは、充実したひとときであることがわかります。たとえば、子どもが無邪気に水遊びをしていたり、砂場で山をつくったりお城をつくって遊んでいたりするとき、それも無心の姿です。時間を忘れて、遊びに熱中して遊びそのものと化す姿が、そこにあります。

iv　自分にこだわる心を滅却する

実は、仏教では、無心というのは、「自分にこだわる心を滅却する」という意味で理解されています。――無心というのは自己中心的な生き方を捨て去っている状態、自分の心がきれいになっているとき、いわば自我が忘れ去られて本当の自分らしさが表出されるようになっている状態のことです。

もう少しわかりやすく言えば、「せせこましい利害関係から解放されてのびやかに生きている姿」のことです。心を無くすということは、「自分にこだわる心を無くす」つまり「自分に執着する態度を滅却する」ことです。自分のことしか眼中にない、そのような自分勝手さから解放されるということです。

たとえば、子どもは遊びの世界に入り込んで、遊びを愉しんで過ごしているので、そこに純粋さがあります。そして、仕事とか料理づくりとか、自分の好きなことに没頭して集中している人は、集中している時間はたいていの場合には悪意はないと思います。誰かを押しのけて自分だけ出世しようとか、自分だけ有利な立場に立とうとか、競争意識が一切消えて純粋にひとときを愉しみます。——それが何かに集中している状態としての無心なのだと言えます。ですから、大人から子どもにいたるまで、あらゆる人に共通していることは、無心の状態で生きているときは純粋さがあって、余計な考えに縛られることがない、つまり自己中心的な立場から解放されてのびのびと人生を謳歌しているのです。

v 「からだそのもので考える」（全身体的思惟）という極意

それから、たとえばお寿司を握る職人さんたちなどは、お寿司を毎日握りつづけていますから、からだ全体で握る、自分の気持ちをこめて集中して職人として生きることに喜びを感じているので、次第に慣れた手つきで作業を進めることになります。特に考えなくても、お客さんの前に立った時点で本当においしいお寿司を完成させることができるようになります。

長い修錬を積み重ねることによって、とりたてて考えなくとも一番おいしい状態で御飯を炊くコツをからだで覚えて働くことができるようになります。修業を積んで繰り返し訓練して職人になってゆくプロセスのなかで技を身につけて、特に考えて計算しなくとも見事な成果を公にすることができるときに実力が身についていることになります。

スポーツ選手も職人と似ています。たとえばサッカー選手やテニスの選手などは、毎日ボールを追うことに集中して訓練を積みます。単純な動作を繰り返して積み重ねていくうちに、自分で意識して考えなくともからだがおのずと動くようになります。反射的に、相手がこう出てきたら自分はこう動くとか、すばやく次の一手を読むことができるようになります。からだで動きを覚えて動くことが容易になります。

こうして「からだそのもので考える」という事態が実現します。頭で計算しなくとも、からだ全体で自然に動きがつくられていきます。そのことは、実は、からだ全体で深く考えて動いていることでもあります。ですから、脳の狭い部位だけで考えるということではなくて、むしろからだ全体を使って自然体で動くことが、つまりからだで表現することが考える基本になっていきます。——いま説明したような事態は、「全身体的思惟」とでも呼べるものでしょう。

どのような分野でも、訓練を積んでプロになることは、からだそのもので技を身につけてしまっているので、頭だけで計算するようなせせこましさが無くなっていきます。こざかしいふるまいから解放されて、つまり自分の狭い了見や競争意識、相手を陥れようという悪意からも解放されて生きることができるようになります。ですから、訓練を積んで鍛え上げた結果、無心の境地が開かれてくるわけです。これは、求めてすぐに手に入るようなことではありません。むしろ、恵みとして突如贈与されるものです。

vi　まかせきって生きる純粋さ

しかしながら、赤ちゃんとか幼い子どもは常に相手にまかせて生きるような純粋さを備えておりますのでで、いつのまにか無心の境地に入ることができるのです。実は、無心の境地というものは、どんな人間にも備わっているものなのです。ところが、大人になるにしたがって純粋さが失われていきます。何事においても計算高くなり、相手と比較して、競争しようとする、つまり自分に有利な立場や利益だけを求めようとする欲望というか、そういう醜さが生じていきます。そうなりますと、大人になればなるほど無心の境地に至るのは難しくなっていきます。ですから、本当は子どものような気持に入ることが重要となってくるのでしょう。大人というものは、子どものようにまかせて生きる自由さがないので、自分の理想の生活から遠ざかっていくことになるのです。

しかし、子どもと言っても、子どもも成長するにしたがって意地悪になる場合もありますし、心が曲がってくることも否めません。そう考えますと、やはり、赤ちゃんの状態の無心さが人間にとっての心の在り方の原点なのかもしれません。赤ちゃんのときの無心さというものは、生きていることを必死で味わっている状態で、親や周囲の人びとの助けを借りつつも、微笑みながら転がっている状態において現われます。相手に感謝して転がってまかせる。そのような赤ちゃんの無防備な姿。——ここに無心の境地が体現されていると思います。

二　無心の境地の文化的な理解——キリスト教と仏教と茶道

i　キリスト教の場合

仏教でもキリスト教でも無心の境地を目指しています。たとえば、キリスト者たちの信仰共同体の出発点となったイエス＝キリストが次のように言っています。——「誰であっても、おさなごのようにならなければ、神の国に入れない」（マルコ10・15、ルカ18・17）。これは、イエスが弟子に人間の生き方の根本姿勢を説明した言葉です。本当に、おさなごのように無心の境地に入って相手から世話を受けて感謝して、にこやかに生きること。自分のことだけを考えて生きようとするあさましさが清められた状態。そのような状態に至らなければ、すべての人は人間らしく生きることができない。そのようなメッセージがイエスの言葉の奥にはあると思います。

ii　仏教の場合

仏教の立場の人たちも、すべてを棄てることを目指しています。自分の意識さえも棄てて、つまり自己を忘れるということですが、物事によって縛られない解放された状態を重んじております。自分にこだわっているからこそ苦しみを感じてしまうのですし、相手と自分を比較して落ち込んだり、あるいは有頂天になったりします。

人と自分とを安易に比べて、自分のことを優先しようと目論むからこそ迷いや苦悩が生じてくるのです。劣等感や優越感、傲慢さも、周囲を気にしすぎるからこそ出てくる心の状態なのです。自分にこだわり、自分を優先するせせこましさやあさましさが残っているかぎり、人は決して無心の境地に至ることができません。しかし、そのような自己中心的な状態を棄てさえすれば、楽になれます。

もっと具体的な日常実践の面から補足しましょう。――仏教の人びとは、せせこましくあさましい自分を棄てる訓練を坐禅をとおして、つまりひたすら坐りつづけることをとおして無心の状態に至ろうとします。ひたすら坐って、大自然の風のそよぎを受ける木の葉の音そのものと成り切り、自分の意識を解放します。

iii　日本の藝術の場合——茶道を手がかりにして

このような訓練は、日本においては藝術の分野でも深められております。たとえば、茶道を挙げることができます。一杯のお茶を全身を賭けて味わいます。御茶碗を両手でつつみこむようにして、丁寧に護持して、お茶の温度を器のぬくもりから感じ取ります。そして、茶椀から立ちのぼってくるお茶の香りを鼻で嗅ぎ取り、同時にお茶の深い碧の色合いを目で愉しみます。——このように全身を用いて一杯のお茶を味わい尽くします。

茶道の専門家は精進すればするほど、一杯のお茶からたくさんの情報を一瞬にして受け取ります。お茶の碧の深みから茶葉を育んだ大地の土質から肥料の成分にいたるまで、さらにはお茶の葉を育てた人たちのまごころをも瞬時に受けとめるのです。しかも、お茶のぬくもりから、お茶を沸かしたときの薪の組み方とかさまざまな事柄を察知します。一杯のお茶にしかすぎませんが、心をこめて取り組むことで、あらゆる要素を一挙に身に覚えることができるようになるときに、その人は茶の道の極意を生きているのです。まさに、そうした極意の達人こそが「教養人」あるいは「文化人」と呼ばれています。

「教養人」あるいは「文化人」という人びとは、小さなこと、ささやかな出来事からたくさんの情報を瞬時に読み取る洞察力と愛情を兼ね備えている点に最大の特長があります。感受性が豊かで、奥深い味わい方を愉しめるゆとりを身に帯びている藝術的な人間が「教養人」であり「文化人」なのです。

では、私たちは、どうでしょうか。毎日、かけがえのない一杯のお茶を飲んでいながら、あまりに簡単に飲み干して終わりなのかもしれません。しかし、お茶を一杯飲むということも、御茶碗のつくりから温度から味から、すべてを大切に受けとめて全身で愉しむことによって、その一杯が意味のある出来事に深まります。そのときにしかない一杯。毎日、なにげなく飲むお茶ですが、日によって温度が微妙に異なっていたり、お茶の色合いが変わっていたり、その日の天気や湿度によってもお茶の味がまったくちがったものとなり得ます。

実は、同じことを毎日繰り返していたとしても、そのひとつひとつの出来事は、そのときにしかないかけがえのないものなのです。あらゆる条件がすべて重なって絶妙な一杯が実現します。それを味わうことができるのは、一生涯で一回であり、今日のお茶は今日しかない味であるというかけがえのなさが確かに存しているのです。

そのときしかないお茶、そのときにしか味わえないお茶。——そういうことを考えながら生きてみると、実は、生きていることそのものが奇跡的なことであると実感できるようになります。人生というものは奇跡の連続。繰り返しのきかない、そのときにしかない貴重な出来事が積み重なって人生を構成しています。

三　無心の境地の定義

i　無心の境地の定義、そしてプロの鍛練

ここで、敢えて定義づけるとしますと、「無心の境地」というものは、「からだ全体で感じ取って、かけがえのない出来事を最大限理解し、深く味わう状態」です。プロであればあるほど、物事を深く感じ取って味わう能力が発揮されるようになります。常に感覚を鋭く研ぎ澄ますうちに、物事の奥に潜んでいる極意をつかむわけで、新しい発見を次から次へと身に覚えてゆきます。たとえば、剣道の専門家は、相手が打ち込んでくるときに竹刀や刀の道筋を一瞬にして読みます。相手のからだの位置や手の角度を、しっかりと眺め太刀筋を悟るのです。毎日の鍛練を積み重ねることによって、いわば「慣れ」によって「読み」

の力を向上させています。

ii　人間の成長における「読み」の深まりの経験

プロが修錬を積んで生きる道を向上させてゆくのと同様、人間の成長にも鍛錬による「読み」の深まりの経験が見受けられます。私たちはおさないころから母親とか父親の話している言葉を聞きながら、おのずと日本語を体得してゆきました。無意識のうちに、毎日繰り返される愛情のこもった言葉を聞きながら、心の奥にためこんで、日本語のニュアンスを身につけていったのだと思います。日本で生活して日本人として生きている私たちは日本語の文法をとりたてて習わなくとも、日本語のもつ空気感とか独自の使い方を自然体で身につけてしまうのです。いつのまにか理解して、洞察を深めてゆくことができます。

一方、外国で育ってから日本に留学して日本語の文法を組織的に完璧に勉強した人であっても、なかなか日本社会の空気感とか言葉のこまやかなニュアンスをくみ取りつくせないわけですけれども。

しかし、日本で育っている日本人にとっては、とりたてて文法を勉強しなくとも、いつのまにか日本語の気持ちの込め方をからだで覚えて自然に使っています。

そのように考えますと、私たちの言葉遣いというものは、実に、気づかないうちに深まっていると言えます。からだで生きる、からだ全体で感じ取って、身に覚えて表現することができる。——そのひとつの具体例として、日本語を挙げてみました。日本人がなにげなく使っている日本語が無心の境地の日常的深まりの例として適していると思います。私たちも、普通に言葉をしゃべっているだけで、実は無心の境地に達していると言えるのかもしれません。

iii　人間としてのプロになる

ひとつのことに賭けて鍛練を積み重ねてゆくと、強くなります。物事を丁寧に理解して、からだで物事の極意を汲み取るからです。ですから、大切なことは、深めつづけることであって、繰り返すことによって理解の度合いを増やし、丁寧に物事を受け容れる姿勢なのでしょう。それを生涯の課題として真剣に生きている人たちがプロと呼ばれ、専門家としての道に入って生きる資格を備えていることとなります。

しかし、すべての人は人間としてのプロにならないといけないと思います。人間らしく生きること、自分の生きている人生の意味や行いの意義を考えつづけること。そのような鍛練を絶えずつづけてゆくことが必要なのです。

四　演劇における無心の境地

i　役者による無心の境地

いままで、無心の境地の意味をさまざまな角度から眺めてまいりました。ここでは、無心の境地を理解するひとつの手がかりとして演劇を紹介したいと思います。演劇というのは、脚本があって、それを訓練をとおして自分の言葉として表現することです。ですから、俳優たちというのは、演劇の脚本を全部暗記して、そのせりふを自分の人生と重ね合わせて自らのからだで吐き出す役割をになっています。俳優が役を演じるときは、脚本に書かれているその役柄になりきって、その役柄の言葉を自分のものとして表現してゆきます。

役者が練習をするときには普通の自分の状態を棄て去って、役に徹して、役柄の人間の姿を生きようと努めます。ひたすら無心になって、必死で自分のからだそのものを役柄に没入させて生きる訓練をするのです。もちろん、練習を始めたばかりの頃は、せりふを忘れたり、つっかえたり、間を空け過ぎて演技のテンポを狂わせたりもします。

しかし、何度も何度も、毎日同じせりふをしゃべって、ひとつひとつの言葉に注意を払って、せりふを自分のものとして着実に覚えてゆくうちに、すべてのせりふが自分の頭に記憶されるばかりではなく、心の奥にもしみとおり、さらには台本を見なくともおのずとせりふがからだの奥底からの絶妙なふるえをともなって湧き出すまでになります。頭に入ったせりふが、心のレベルで深く感じ取れるまでに咀嚼《そしゃく》されて自分の血肉と化すわけです。つまり、単なるせりふの暗記のレベルから心の叫びの切実さの吐露にまで境地が深まります。役者は自然体で気持ちを込めて観客に言葉を投げかけます。――これが役者の毎日の鍛練のプロセスです。

ii 「身体智」にもとづく感動

心をこめて鍛練すればするほど、演技が熟達の域にまで練り上げられていきます。しかも、どうやって演じようかという不安感も吹き飛ぶほどに、からだそのものでせりふを表現することができている段階では、からだと一体化したせりふの重みが観客の心に圧倒的なエネルギーとして迫ってくることになります。何度も何度も訓練を積み重ねて慣れることによって、頭で考えなくとも、からだそのもので動いて自然に演じることができるようになります。

からだで動けるようになれば、そのような思考実践は「身体智」となります。からだそのものの智慧として、振舞が深まってゆくという事態が生じてきます。これは、普段の生活でもわかると思います。たとえば味噌汁をつくる際に、お味噌の量とかをからだで覚えてつくっていることと思います。だいたいの目分量というか、何も考えなくとも味噌を適量分だけ鍋にポンッと放り込んでいることでしょう。毎日、わざわざ計量スプーンで味噌の量を正確に量ってから鍋に入れることはないと思います。自然に、いつのまにか味噌汁をつくってしまうことでしょう。手の感覚で、味噌をお湯に溶かしているでしょう。かえって計算して味噌や調味料を何グラムと量りながら作業したとしても、果たしておいしい味噌汁が出来上がるかどうかは疑問です。

からだで覚えた勘みたいなもので料理をつくっている。目安としての味噌や調味料というものは、あくまでも目安でしかないので、マニュアルどおりに料理づくりをしたとしても、おいしくなるとはかぎらないのです。何よりも、料理をつくる人がからだで覚えた感覚で作業するしかないのでしょう。理屈ではないのです。身の覚えた味わいが料理づくりの基本になります。

その家庭にしかない秘伝の味というものは、紙に書いて他の人に伝達することができないものです。からだで慣れるしかないわけです。母親が子どもに料理を教えるときも、子どもの横に並んでからだで覚えさせるのです。いっしょにつくるときに、家庭の味がおのずと伝達されます。大切なことほど、紙に書いて伝えることが困難になります。

役者の人生も同じだと思います。台本に書いてあることを全部暗記してきれいにしゃべったとしても、決して人を感動させる演技になるとはかぎらないわけです。同じ台本であったとしても、役者の心の込め方によって、まったく異なった世界が開けてゆくものです。ある役者が演じれば、その演技が生々しくリアルに、観る者に対して迫ってくる場合があります。

――どうして、そのような、人を感動させるような演技をすることができるのか、それは言葉では説明できない事柄です。その役者が人生を賭けて涙を流しながら苦労して、ときにはよろこびながら自分で体当たりして身に覚えた感興を演技として表現しているからこそ、観る者にもエネルギーが伝わっていくからなのでしょう。果てしない鍛練の果てに生じた演技ですから、心をこめて生きるという極意によって支えられています。そのようないのちがけの演技だからこそ、観る者を感動させる力を宿しているのかもしれません。

iii　演技から哲学が生じてゆく

演劇とは不思議なものです。実は、哲学よりも前に、演劇があったのです。人類の歴史においては。ギリシア悲劇を観てもわかると思いますが。古代ギリシアにおいて、哲学が隆盛期を迎えるよりも前からギリシア悲劇や喜劇が民衆の生き方を思索に誘うきっかけとなっていたのです。

ギリシア人は哲学的思考を発達させた民族ですが、それよりも前は神話や演劇を生き方の土台に据えていた人たちだったのです。ギリシアで哲学が発展するよりも前から演劇が大切にされ、演劇が人間の生き方を奮い立たせる道先案内となっていました。いわば、演劇の時代を経て、哲学が生じたのです。

ギリシアの人びとは演劇の台本を書いて、それを俳優に演じさせることで、幅広く観客に魅せることによって人生の意味を問いかけました。一方、観客は俳優の動きを眺めながら人生の意味について考えを巡らせました。いわば、舞台をはさんで俳優と観客とは問い問われ、まるでキャッチボールのような対話を繰り返していたのです。否、演劇場そのものが対話の渦まく独自の空間として俳優や観客をつつみこんで活かしていたのです。

演劇を演じるということと、演劇を観るということとは、舞台を中軸として俳優と観客とが同じ土俵のうえで一緒に過ごすことに他ならなかったのです。

iv　演劇の効用としてのカタルシス（魂の浄化）

役者は問いを投げかけ、観客はその問いを受けとめます。そして、観客ひとりひとりはおのおの受けとめた問いを心に刻んで、観劇後も自分の人生という舞台を生きてゆくわけです。演劇を観たあとの観客というものは、何かを感じ取って影響を受けます。――このようなことは、現在でもあります。たとえば、テレビドラマとか映画を観たときのことを思い出してみてください。冒険映画を観たあとでは、なにかわくわくして勇気づけられることがあります。映画館を出るときに、気分が変わっていたりします。みなさんは、どうでしょうか。

筆者は、仕事のあとで、疲れるとよく映画館に入ります。映画に没頭して映画の世界に入ります。ある意味で無心の状態でしょう。疲労した自分を忘れるためにというか、日常の疲れが別世界に触れることで吹き飛ぶということを本能的に求めてしまっているからこそ、なにげなく映画館に入ってしまうのです。からだは正直なものです。仕事のことだけを考えてしまうと、今日はこの予定があり、明日はあの予定があり、明後日はまた他の予定があり……というように、やるべきことが無数にふりかかってきます。仕事の連続で疲れきってしまうわけです。それで、たまには自分の仕事を一切忘れて、自分が抱えている悩みを横に置いて、自分をからっぽにして、無心になって、心を映画の世界に向けてリラックスするひととくきが自分の狭い了見を開放するきっかけとなります。

冒険ものの映画というものは、自分も主人公と同じように冒険しているような気持ちに浸らせてくれるので、おのずと勇気づけられて生きる気力に満たされます。こうして、ハッピーエンドのよろこびを感じ取って元気になって映画館をあとにします。少し気分が高ぶった状態で、日常生活に戻ります。それまでの仕事のどんよりと曇った重みが一挙に晴れてしまうわけです。

映画を観たあとは、もう一度自分の日常生活に戻ることになりますが、しかし、映画館に入る前の状態とはまったく異なった精神状態の自分を実感することができます。何らかの作品を観たあとで、人間の気分ややる気が変わってくるということが一種の藝術経験です。古代ギリシアのアリストテレスが『詩学』において指摘していますように、精神の変容というかカタルシス（魂の浄化。心を洗われて、すがすがしく生き直すこと）をもたらすのが演劇なのであり、現代的に言えば映画という藝術作品も同じ範疇に含まれてくるものなのです。

古代ギリシアの人びとは演劇に参加したり、演劇を観ることをとおして日常とは異なった気分を味わっていました。演劇をとおして自分をリフレッシュするという考え方が行き渡っていました。演劇を発達させつつ、生きる意味を考えて、問いつづけたギリシア人。彼らの心のもちかたが、のちに「自分とは何か、自分はいかに生きるべきなのか」を問う哲学へと結実しました。

実は、演劇があったからこそギリシア哲学も生まれたのだと言うことができます。そういう意味で、演技はギリシア哲学の母胎となっているのであり、本書で演技の哲学を扱うことは哲学の根本を考え直すことでもあり、的を得たことでもあるのです。――このことを、みなさんにお伝えしたかったわけです。

五　ギリシア文化における美と演劇

何かに感動して自分の生き方が深められてゆく状態が古代ギリシアでは「美」と呼ばれていました。美しい状態。自らを「美しき民」（ヘレーノス）と自認し、自分たちの文化のことを「美しき文化」（ヘレーニスモス。英語ではヘレニズムのこと）であると誇りにしていたギリシア人は美術的な民族でした。美しいかたちにこだわって、美しい振舞に気を配るギリシア人。

たしかにギリシアの彫刻を見ますと、人間の均整のとれたプロポーションが強調されています。ギリシア人たちにとって、バランスがとれた状態こそが美しい状態でした。頭と身体の比率が一対八となるように彫刻をつくることがギリシア人の美術的理念でした。

たとえば八頭身という発想があります。これは、人が物を見るときにとても整ったかたちであると感じ取りやすい視覚的な比率なのです。いわば、ギリシア人たちが数学的に割り出した理想的な比率です。ギリシアの彫刻家たちは、そのような理念に則って彫刻をつくっていたのです。人が物事を心地よく感じ取ることのできる条件を整えることがギリシアの数学者や藝術家たちの最大の関心事だったわけです。

バランスのとれた状態を感じ取ることができるのが理想的人間であるギリシア民族であったのです。数学と藝術が、なぜ関連するのか疑問に思われるかたもいらっしゃるかもしれませんが、ギリシア人にとって数学と藝術は均整のとれたかたちを追求するという点で重なっています。数学と音楽を重ね合わせたピュタゴラスの思想も同様です。——ギリシア人というのは、あらゆる物事を整った状態に導き、驚きの気持ちで眺めることを心がけていたのです。

同時に、ギリシア人は動き方にも気を配ります。どのように動けば相手に安心感を与えることができるのか、人をよろこばせて感動させることができるのか、歩き方にしても手の動かし方にしても、観客が役者の動きを目で見ることと役者がからだを動かす際に観客の目を自覚することとが連動して深まるのが、ギリシアにおける舞台演劇でした。

舞台のうえで、役者が鍛えられた自分のからだを最も美しいかたちに保ちつつも、機敏に動かして観客を魅了するという事態。役者も観客の身になって自分の演技を冷静に自覚しているわけで、目で見ることと、からだを動かすこととが切り離せなくなっています。

まさに、演技とは、相手に見せることであり、相手を魅せることでもあったのです。役者が自分のからだを相手に見せることが、何よりも藝術的なわざでした。彫刻の場合は、止まっていて動かないのですが、役者の場合は動きを表現する、いわば「生きた彫刻」として人びとから眺められていたのです。ですから、無心の境地とは、美しい振舞を人に見せる姿でもあったわけでした。

こうして、考えてきますと、ギリシア人たちにとって演劇と美とはつながっています。しかも、役者の演技を観たり、毎日さまざまな彫刻作品を街のなかで眺めていたギリシア人たちは、さらに自らの振る舞いそのものをも洗練させていこうという気概に満ちた生活を送っていたのかもしれません。――いわば、彫刻と演技と生活とが密接に連動して、ひとつの美意識のもとで開花したのがギリシア文化だったのではないか、と筆者は考えています。演劇と美と毎日の振舞。――このようなギリシア的なひとつながりの要素が、哲学的な思索を発達させるための素地となっていたのです。

六　日本の場合

ところで、これから述べることは、ギリシア文化と日本文化との比較の問題となります。いままではギリシア文化を手がかりにして演技の哲学を導き出してきたのですが、それでは日本ではいったいどうなっているのでしょうか。美の問題を真剣に問い詰めた人物が、果たしてこの日本にいるのでしょうか。――おります。いささか時代をさかのぼることになりますが。十四世紀から十五世紀にかけて活躍した世阿弥、です。室町時代の藝術家です。彼が日本の演劇を飛躍的に発展させました。

世阿弥にとって、演じることとは、自分の心を込めて全身で観客と向き合うことであると同時に、真実なる道を究めることでもありました。観客の気持ちを高めることで、彼らが抱えていた悩みや苦しみが解消されるカタルシスの出来事が能という演劇システムの存在意義なのです。

——観客と役者とが一体化して同じ場に居合わせることで、互いに支え合って生きる勇気を取り戻すという稀有な事態。観客は役者の演技を観ることで新たな境地に導かれ、新たな勇気をもらって家路につきます。一方、役者は相手を活かす役回りを果たして謙虚な奉仕者としての誇りをいだきます。こうして、観客ひとりひとりと役者の新しい人生が始まります。

何よりも人びとの幸せを願いつつ、役者が真摯に転換の物語を演じることが能の最大の特徴となっています。日本において演劇とは、実は、人の人生を幸福に導く宗教的な次元を備えた出来事だったのです。

世阿弥自身、「申楽とは寿福延年のことわざである」というスローガンを掲げています。つまり、能を上演するということは、あらゆる人の寿命を延ばし幸福を招き寄せるきっかけをつくることである、そういう意味の言葉を世阿弥が述べました。つまり能は、当初は申楽(猿楽)と呼ばれており、神社の境内やお寺の庭で上演される神事だったのであり、人びとの幸福を招来するための神仏への祈りに他ならなかったのです。

能は単なる演劇ではありません。むしろ、あらゆる人の健康と幸せを願って舞を神にささげる儀式としての能楽の端緒を理解しておく必要があります。——これらが、日本の能という宗教的藝術の根底を支えている考え方です。

能の役者の場合も、ギリシア悲劇と同様、人間の振舞を、つまり美しい動きを一定のかたちとして限定して演じます。ということは、人が観て美しく感じるような動きを役者が工夫して観客に観せるわけです。さまざまな争いがつづき、人間相互間の不信の苦悩が渦巻く世界のなかでもがいている人たちに対して、人間の生存価値を呼びさますような深い感動を与える演劇は、社会の苦しみに対する役者の応えとなっています。

ですから、役者が演じているのは決して居ても居なくてもどうでもよいような役柄などではありません。むしろ、役者の演技は、社会の雑然とした動きを本来的な美しい状態へと転換させるきっかけとなります。つまり、役者の演技は、あらゆる人にとっての人生の道先案内の役目を果たしています。以上、述べてきたようなことを意識して演劇を完成させたのが世阿弥でした。

ところで、日本でも毎日の当り前の振舞を真剣に心を込めて生きるという思想は、あらゆる分野にゆきわたっています。先ほど紹介しました茶道の場合もそうです。一杯のお茶を、そのときにしか飲めないかけがえのないものとして味わう。お茶を飲む一瞬にいのちを賭ける。緑のお茶の葉の養分が溶けたお茶にしても、お湯の温度にしても、そのときにしか存在しないものです。昨日のお茶とも明日のお茶とも異なるコンディションが今日のお茶には存しています。

しかも、お茶を飲むときに、私たちはお茶の葉を心を込めて生産してくださった農家の人びとの心意気を感謝して味わうことになります。つまり、お茶そのものだけではなく、お茶に関わったすべての人のまごころを組み尽くすこともまたお茶を味わう際の極意となってくるのです。

たしかに一杯のお茶を飲むということなどは、巨大な歴史の流れから見ますと、ほんの一瞬の出来事かもしれません。ささやかなことではあるのですが、そのときにしかないかけがえのない出来事でもあります。あらゆるタイミングが重なって実現した一瞬の出来事として大切に受けとめる姿勢こそが意味のあることです。

ひたすら、無心になって、受けとめる。しかも、おおごととしてではなく、普通に飲む。心を込めるからこそ、おおげさではなくて、さりげなく飲む。さりげなくシンプルに飲む。ただ、それだけ。――そこに、単純な、素朴な美の表現が息づいています。日本人の藝術とか、あらゆる振舞というものは、すべて一瞬の小さな出来事に心を投入して自然体で表現することに極まります。大げさできらびやかな状態をみじんも感じさせない単純さ。ほんとうに簡単に、シンプルに、さりげなく、心をこめてありのままに受け容れる姿勢。

私たちひとりひとりは、それぞれの役割を、毎日の生活のなかで社会活動をとおして果たしています。しかし、私たちの動き方がどうなるのかで、この世界の在り方が変わってゆくと思います。たとえば、もし、私たちひとりひとりが他の人に対して失礼な態度をとってしまえば、私たちひとりひとりと出会った人にとって重大な心の傷となる場合があります。ほんのささいなことが、相手の心に突き刺さる場合があるのです。

十二

ふるさと

回復
終末
復活

復活論・終末論

❑140 「いのちの回復」としての終末の食事に向けて生きる

キリスト教信仰を理解する際に、イエスといっしょに生きた人びとの生き方のポイントに注目する必要があります。つまり、キリスト教信仰の一番のポイントは、「イエスといっしょに生きる」ということに尽きます。しかも、「食事をする共同体」という視点が重要です。イエスは生きているときに、さまざまな場所に旅して、あらゆる人びとと出会って、いっしょに食事をすることによって「いのちの豊かさ」を実現し、あたたかい関わりを回復させせました。福音書を読みますと、「食事をしているイエスの姿」がたくさん描かれています。たとえば、当時の宗教指導者たちは、イエスのことを軽蔑して悪口を言うときに「イエスはいつでも人びとと食事をしている。大食漢で大酒のみだ」（マタイ11・19）と非難します。ここからも、イエスがそれほど数多くの食事をしていたということが明らかです。

しかし、イエスが、いつも人といっしょに幸いな雰囲気を創り出していたということが大事なのです。コミュニケーションを重んじるイエスの姿に注目することが大切です。そして、イエスは、たとえ話を語るときにも「食事のイメージ」を用いて神さまのやさしさを伝えようとしています。神の宴会。よろこび。終末のときに、人びとが招かれて神さまの食卓につくというイメージがくり返し述べられています。

食事というものは、仲のよい者がいっしょに集まって食べる、しかもコミュニケーションするというかけがえのないひとときです。食事には、相手を受け入れて相手を大事にしてよろこびのひとときを過ごすという意味があります。おいしい食事を食べることで身体も健康になりますし、親しい人といっしょに語り合いながら食べることで心も豊かになり、自分の居場所があることを実感できます。つまり、食事というのは全人間的なコミュニケーションのひとときです。

イエスは、単に心の中だけで相手に同情して終わらせようとはしません。言葉で慰めるだけではなく、具体的に食べ物と飲み物で相手をもてなすわけです。イエスによる救いには、常に具体的な行動が伴っています。しかし、私たちは、口先だけでは相手を励ましたりしますが、相手を具体的には援助していないことが多いのです。ところが、イエスの場合は相手のそばにいます。心の問題としてだけで片づけないわけです。相手の心も身体もすべてが健やかな状態（＝円満な状態＝何一つ欠けることのない状態＝終末の完成の状態＝平和＝シャローム＝神の国）に導くために努力しています。あらゆる手を尽くして相手を受け容れるわけです。

相手をとことん受け容れる神さまのやさしさを具体化することがイエスの生き方の中心になっています。神さまはすべての人を招待する主人であり、寛大なお方です。万人を安心感に満ちたふるさと（＝居場所）に招く神さまのやさしさをイエスは自分の行動を通して目に見える形で歴史のなかで示しています。

❑141　神さまのいつくしみの満ちるところ

「食事」という伝統は、いまでもつづいています。たとえば、カトリック教会の「ミサ」。これこそ食事のなかの食事です。実際に二千年前から、弟子たちのながれを受け継ぐキリスト者たちが「イエスの食事する姿」を絶やさないように伝統として伝えつづけているわけです。「食事をとおして祈る」という生き方を貫くわけです。

洗礼を受けてキリスト者となった人は、毎週日曜日に教会に通って一つのパンをともに食べます。現在では丸い形の御聖体を用いていますが、もともとは一つのパンをちぎることがはじまりでした。神さまから愛されている家族として、みんなで同じ食卓につく、同じよろこびを分かち合う、それがキリスト教信仰の中心的なポイントです。

実は、食事のイメージはイエスが勝手につくりだしたものではなく、イスラエル民族の生活の智慧であり、伝統でありました。イエスもイスラエル民族の一員として、その伝統を受け継いで完成させたわけです。イエスが突然登場して食事に意味をもたせたわけではなく、すでに、モーセが活躍していた時代からイスラエル民族は、食事を中心として神さまのやさしさを確認するという集まりを当たり前のこととして生活の中で重んじたのです。

イスラエル民族の特徴は、食事のよろこびを家族でともに経験することによって神さまのいつくしみを確認することです。イエスもそのような民族のながれから登場して、伝統をさらに発展させました。イエスがイスラエル民族の食事の伝統を最も徹底的に生き抜いたわけです。十字架の上で自分のいのちをささげて、投げ出して、自分を食物として人びとに与え尽くすということを実行に移したのです。

自分が食べ物になる。新しいいのちの始まりとしてのささげものになるということです。十字架の死の姿をとおして、すべての人を活かす食べ物の姿になってくれたわけです。それが、徹底的な食事の思想の最高の結晶化、神さまのいつくしみが満ちるところの形になっています。

❑142 「復活」の六つの意味

イエスの仲間たち、弟子たちは、イエスが十字架につけられて死んだという姿を見たときに、はじめは落胆します。ショックを受けるわけです。自分たちが信頼してついてゆこうとしていた先生が、あっけなく殺されてしまった。しかも、弟子たちは先生を見殺しにして逃げたわけで、十字架というのは挫折の経験であり、先生が殺されたということと、自分たち弟子の集団が先生であるイエスを裏切ったという苦しみの経験です。あらゆる意味で、どん底状態におとしいれられるような絶望的な経験だったのです。

しかし、しばらく時間がたったときに、弟子たちは気づきます。これは、「呪われた十字架の死」ではなくて、実は「食物としてのささげ尽くす徹底的な姿」であるという受け取り方をするようになります。ですから、物を見る眼が開けるという経験があるわけで、それがギリシア語聖書（新約聖書）では「復活経験」と呼ばれています。

「復活」というのは、ギリシア語のもともとの福音書が書かれたときの言葉では、「起き上がらせていただく」というすごく単純な単語で表記されていまして、つまり「神さまによって抱き起こされる」という意味があります。つまり、倒れていた人が再び立ち上がらせていただくというニュアンスです。自分の力では立ち上がれない状況にまで落ちこんでいる人が神さまのいつくしみによって支えられて、神さまといっしょに存在し、立ち上がらせていただくという、つまり、ていねいに抱き起こしていただくということです。

弟子たちは、一度、イエスのことを裏切って逃げましたから、絶望的な状況に落ちこんでしまったわけです。あまりにも落ちこみすぎて、自分たちの力では、とうてい立ち上がれないほどにまで叩きのめされていたわけです。そのような弱い状態の弟子たちが、イエスの死後に、急に、力強い態度に変化して、「イエスが活きている！　死んで終わりではない！」ということを自信をもって宣言するようになりました。実際、何かが起こりました。弟子たちの裏切りの気持ちを百八十度回転させてしまうような強烈な何かがあったわけです。そういう事態は、ギリシア語で「起き上がらせていただく」という表現でありまして、日本語では「復活する」と言われていますが……。「神さまのいつくしみによって抱き起こされる」ということです。「起こされる」という単純な動詞です。神さまから支えられて抱き起こされることで、自らも起き上がって再出発できるようになる、という出来事が、「復活経験」と呼ばれています。

ところが、日本語に訳すときは「復活」という神学的な術語を用いるわけで、それでは本来の意味がわかりにくくなってしまうのです。ギリシア語の原文で福音書を読むと「起こされる（他動詞）＝起き上がる（自動詞）」という単純きわまりない日常生活の術語ですが、ギリシア語原文では、他動詞的な要素と自動詞的な要素をあわせもつ術語なので、ほんとうは日本語には訳せません。

神さまは、どんな状況であっても私たちひとりひとりを決して見棄てることなく、常に守ってくださる。――「復活」という言葉が指し示す内容には、そういう意味があります。神さまは、人間ひとりひとりに対して、親として責任をもってくださっているわけです。ですから、子どもが、たとえどんな裏切りを働いても親である神さまが子どもを見棄てることができないのであり、最後までひたすら責任をもって抱き起こそうとしてくださるのです。

「復活」という言葉には、悲惨な状況に追い詰められた人が、それで潰されるわけではなくて、必ず滅びないで活かされるという、神さまから起き上がらせていただいて、もう一度いのちを回復させられるという意味があります。イエスは「復活」という出来事をとおして、人間が政治的な圧迫とか憎しみによって殺されても、それで終わりになるわけではなく、必ずいのちが元に戻るという、しかももっと新しいかたちで永遠に活きつづけるという「よろこびのメッセージ」（福音）を示してくれたわけです。

ファリサイ派や律法学者などの宗教指導者たちはイエスを妬み、憎しみをいだきましたが、最終的には殺されてしまったイエスがそれで潰されたわけではなくて、かえっていのちの回復の可能性を自ら示してくださったということです。

弟子たちは、イエスのわざを経験して、自分たち自身も抱き起こされたわけで、そのよろこびを力強く宣べ伝えるようになりました。弟子たち自身も、自分たちが裏切り者であったということを正直に認めております。ですから、福音書のなかには、弟子たちの悲惨な姿がありのままに描かれています。たとえば、にわとりが鳴くまでにペトロがイエスを三回否定するという場面が描かれています。あまりにもブザマな姿がそのまま書き残されています。もしも、ペトロが教会のリーダーとして権威をもっているとするならば、自分にとって都合の悪い内容を改竄して取り消すこともできたでしょう。しかし、ペトロは何も手を加えませんでした。福音書をまとめた人びとが書くのを、そのまま認め、彼らの書かせるままにしておいたわけです。もみ消さなかったのです。弱い姿を描かれても、それをありのままに認めたわけです。やはり、そこに真実があるのではないか、ということがわかります。

いままで説明してきたことは、イエスの十字架上の死と、その後の弟子たちの反応、つまり復活経験ということです。このことは、弟子たちをとおして「パンを引きさく儀式」として定着してゆきます。

とくに、使徒パウロがコリントの信徒への手紙のなかなどで、詳しく説明してゆくわけです。「キリスト者とは、パンをさく人びとである」という定義づけが出てきます。つまり、いっしょに集まって食事をして、一つのパンを分け合って食べる祈りのグループがキリスト者たちの共同体であるわけです。イエスの死の姿を、一つのパンを引きちぎることを通して記念する集団という説明の仕方をしています。

キリスト者。――イエスにしたがって、いっしょに生きてゆく人びとの群れ。彼らは、パンをさく、つまりパンを引きちぎって、一つのパンをいっしょに分け合うグループです。キリスト者の生き方とは、パンをさく生き方なのです。つまり、イエスのいのちを分け合って、いっしょに生きるグループ、いのちの分かち合いの共同体という意味があります。

そのような「パンをさく集い」という発想が、後に、カトリック教会では「ミサ」というラテン語の呼び方で、つまり「派遣する」という用語によって洗練されつつ定着します。キリスト者がいっしょに集まって、一つのパンを分け合って食べることを大切にし、食べたあとで、よろこびに満たされて、各々の職場や家庭に戻ってゆくこと。――まさに、それが派遣されるということなのです。

イエスといっしょに過ごしたよろこびをかみしめて、パンを分け合って心も身体も満たされた状況で、もう一度自分の持ち場に戻ってゆきます。その持ち場で、まわりの人びとに対して、同じよろこびを伝えることが、派遣される経験だからです。いまでも、教会でのミサの最後に、「行きましょう、主の平和のうちに」という「派遣のあいさつ」が司祭の呼びかけをとおして参加者全体に投げかけられています。ミサに参加しているあらゆる人が、ミサの後で教会の門から外に出たときに、イエスといっしょに生きているよろこびを伝えるための新しい出発をするように、司祭をとおして神さまから呼びかけられているわけです。実に、教会の門から外に出たときに、本当のよろこびがはじまるわけです。

「ミサ」は、いっしょに集まって「イエスの食事」を想い出し、神さまがあらゆる人を寛大に招くという事実を経験し、差別しないで相手を招く神さまのいつくしみを実現してくれたイエスを身近に感じて祈るひとときです。そのようなミサがキリスト者の生き方の中心的な特徴になっています。

ところで、「終わりの日」、つまり「世の終わり」のことで、「終末」とも呼ばれていますが、そういう思想がキリスト教信仰のなかにはあります。そのような発想は聖書のなかでは、常に「食事のイメージ」あるいは「婚宴のイメージ」で語られています。とくに、イエスのたとえ話のなかで、「あらゆる人は神さまから呼ばれている、招待を受けている」というめでたい表現で描かれています。本人がやる気を起こして応えれば（実は、人間が応えなくとも、神さまは積極的に呼びかけつづけておられるのですが）、誰でも神さまといっしょに永遠に生きることができる、よろこびの食卓で過ごすことができる、というたとえ話（マタイ22・1－14、ルカ14・15－24）をイエスが語っています。以上が、「食事」というイメージで満ちたイエスの全生涯の流れです。食事は「いのち」の最前線なのです。

さかのぼって考えますと、イエスは、もともと、かいばおけで寝かされていたと、ルカ福音書に書かれています（ルカ2・7）。おさなごのときに、動物のエサ箱のなかに置かれていたという伝承が残っています。これも、実に象徴的なイメージでありまして、イエスはすべての生き物を活かすエサとして、食べものとして、この世に来たということです。

動物のエサ箱に置かれた赤ちゃんのイエス。その姿を、みなさんもクリスマスの季節が近づくたびに馬小屋セットを飾るときなどに目にしたことがあると思います。これは、まさに「いのちの豊かさをもたらすお方」としてのイエスの姿です。それが「かいばおけに寝かされた赤ちゃん」の姿で、いまでもあらゆる立場の人びとによって大切にされています。本当に興味深いことに、いまの世の中、どんな立場の人びとでも、十二月になるとクリスマスをお祝いするのが、まるで当たり前であるかのような風潮が定着していますから。

それにしても、「復活」に関して、弟子たち自身が、最初は当惑していたことが福音書のなかに書き残されています。復活の朝。とまどい。――イエスとともに歩んでいたはずの弟子たちは、あわてふためいたのです。ゆるぎないはずのきずなが、途絶えたのです。洞窟型のからっぽの墓のなかに広がる漆黒の闇。マグダラのマリアもペトロもヨハネもイエスを見失っていたのです。人間というものは、誰でも主イエスとともに生きることを望みながらも、さがし求めながらも、何か信頼が足りないという現実に突き当たるものなのです。しかし、闇そのものが復活の確かな証拠でもあるのです。

マグダラのマリアは、当初、誰かが主イエスの遺骸を運び出したのだと思いこみました。人間的には、当然すぎるほど当たり前な納得の仕方を選ぼうとしたのです。ペトロはマグダラのマリアの報告を聞いて、あわてふためいて走り出しました。ヨハネは、信じがたい気持ちで独走しましたが、先輩たちの立場を立てて、墓のなかにはすぐに入りませんでしたが、後から墓に入ってからマグダラのマリアの報告をようやくにして信用しました。

当時のイスラエル社会には年功序列的な風潮がありました。何よりも年配の男性が第一で、若い人びとは年長者に花をもたせることが礼儀作法でした。そして、残念なことではありますが、女性の証言は容易に信用されないという雰囲気も当たり前だったのです。マグダラのマリアは、自分の意志では決して行動しようとはせずに、まずペトロとヨハネの指示を仰ぐために走ってゆきましたし、かたわらで目立たないように見守る姿勢を終始保っていました。

三者三様の態度が垣間見えるわけですが、結局は男性たちは共通して「まだ理解していなかった」のです。つまり、ヨハネの福音書には、「二人はまだ聖書の言葉を理解していなかった」（ヨハネ20・9）と、はっきりと描かれています。しかし、女性であるマグダラのマリアだけは、不安になりながらも主イエスに信頼していく気持ちがあったのかもしれません。確かに、その後、主イエスが最初に復活の姿を見せた相手はマグダラのマリアだったからです。それほどまでに、深いおもいのつながりがあったわけです。主イエスとともにいたいという渇望が光をもたらすのです。

神さまのいつくしみは、人間社会の通念に決してとらわれることがないのでしょう。そして、ただ、ひたすら愛情をこめて生きる者こそが、神さまのいつくしみに気づくことができるのかもしれません。愛情に満ちたいのちの実力としての神さまのいつくしみの偉大さをかみしめましょう。

復活とは、神さまのいつくしみが最高度に深く強く圧倒的に実現することです。あの懐かしい主イエスがいまでも生きつづけてともにいてくださるという感触を実感することです。

ここで、もう一度、「復活」についての要点を確認しながら、まとめをしておきましょう。イエスの復活。――これこそ、キリスト教信仰の原点だからです。「あらゆる困難や悪でさえも決して人間のいのちを押しつぶすことはできない」という確信をキリスト者たちは心の底にいだいています。つまり、神さまへの深い信頼感につつまれています。「復活」が意味する内容は、簡単にまとめると、六つのポイントによって示すことができます。

①《起き上がらせていただく＝起き上がる。神さまの圧倒的な勝利。》――「神さまのいつくしみと圧倒的な実力によって、あらゆる困難（生きているときの苦しみや悩み・罪の根深さ・老いてゆくことの苦しみ・病気の痛みと絶望・悪や死によるいのちの断絶）から起き上がらせていただくことの先駆けをイエス＝キリストが示してくださった（神さまの全能の偉大なわざがあらゆる困難に勝利すること）」。もはや一巻の終わりという絶望状態から、新たないのちの道がはじまるという救いの現実。絶望的な死は決していのちの終わりを意味しない。むしろ、終わったところから、すべてがはじまってゆくのです。

②《ささげて活かす。新しいいのちの始まり。》――「イエス＝キリストは自らのいのちそのものをあますところなくささげ尽くして、いのちの食べものとして私たちを活かしてくださる」。これは、生命界の法則をはるかに超える新しい生き方の提示です。相手のいのちを奪ってしか生きつづけることができない生物の哀しい現実を乗り越える道がはじまったのです。自分のいのちをささげ尽くして相手を活かすという新しいいのちの在り方がイエスによって実現されました。

③《いまも生きつづけている。強烈な愛のおもいの実現。》――「イエス＝キリストはいまも生きて私たちとともに歩んでくださる」。キリスト者が常に実感していることですが、パンとぶどう酒が実際にイエス

＝キリストそのものとして人間の心も身体も満たして生きつづけているという迫力のある確信があります。イエス御自身、最後の晩餐の際に、弟子たちに遺言を遺したのですが、「あなたがたを決して見棄てることはない、生身の身体として常にともに生きつづける」という強烈なおもいを吐露しています。イエスは、常にいのちがけで生きています。

④《豊かに生きる。》――「イエス＝キリストのいのちが死を受け容れることによって、まるで、ひとつぶの種が大地に落ちて死にきることによって豊かな実りをもたらすこと（死に対する逆転勝利）」。復活とは、いのちがよりいっそう大きな実りを生み出すことにつながるという確かな現実なのです。御父である神さまは御子イエスを受け留めるのです。

⑤《ともに食事をして連帯する。》――「イエス＝キリストは死のどん底という最期に至るまで、あらゆる人びととともに食事をして連帯することを大切にしていましたが、その終局の姿が十字架上の愛情深いささげ尽くしの出来事でした」。

⑥《大切にしてゆるし尽くす。シャローム（平安）の呼びかけ。》――「イエス＝キリストは十字架のもとにたたずむあらゆる人の罪や悪意をすべてありのままに眺め、ゆるしのうちに大切におもいながら祈りをささげて、彼らの将来の可能性を確信していました」。イエスのことを裏切ってしまった弟子たちは後ろめたさにさいなまれ、イスラエルの宗教指導者からの追及をおそれて家に閉じこもりました。八方ふさがりの絶体絶命の四面楚歌状態。そのときに、復活された主イエスがいつのまにか現れて「あなたがたに平安

（シャローム）があるように」と呼びかけます。「シャローム」を現代語で言い直せば、「もうだいじょうぶだよ、あなたたちはすでにゆるされているのだから、安心してもよいのだよ」というニュアンスの非常にありがたいはげましの言葉に置き換えることができます。

つまり、イエスの全生涯における食事の連帯・最後の晩餐・十字架上の死は常に重なり合いながら「いのちの豊かさ」を開き出すきっかけとなっているのであり、世の終わりのときの神さまの圧倒的な愛情の充満が、すでにイエス＝キリストの生き方そのものにおいて実現しているという奥深い事実が「復活」と呼ばれています。いま掲げた「復活」の六つの理解は、まさに、「いのちの可能性」を表現しているのです。

❏143　相手が生きつづけていることの尊さ――復活の日常性

主の復活の光に照らされて、新たに生き始めるひととき。復活徹夜祭のミサ。光として、キリストは人びとの心の闇を照らします。新たなる創造のとき、暗闇の状況からの解放のとき、あたたかい血のかよった生き方が実現してゆくとき、懐かしい相手とともに立ち上がるとき。幾重にも積み重なる呼びかけが、私たちの心に響きます。

主を失った悲しみによって打ちひしがれていたマグダラのマリアたち。そのマリアたちの前に復活のイエスが立ちはだかります。「おはよう」と愛情をこめてあいさつしつつ、キリストは相手を安心させます。「おはよう」という日常のあいさつ。そのあいさつは、実は、「あなたがたが幸いであるように」という祝福の言葉です。「あなたがたがよろこんでいられますように」という、相手の行く末を深くおもう愛情に支えられた呼びかけです。

イエスは、常に相手のしあわせを願っていました。その態度は復活後も継続します。相手に対する一貫した愛情のおもいの深まり。復活のよろこびとは、相手の愛情のおもいに気づくことによって、より一層奥深く洗練されてゆきます。

暗闇のなかで仕方なく生きていた私が、誰かから声をかけられて、寄り添っていただけるときに、大いなる励ましを受け、新たな人生が花開いてゆきます。それまでは灰色で、止まっていた、つらい時間が、一瞬にして極彩色の世界へと転換してゆきます。

福音書に描かれているマグダラのマリアたちの経験した復活の主との出会いの出来事は、先に声をかけて相手に関わるイエスの愛情深い姿勢を今日も想い出させてくれます。そして、私たちも、誰かに対して声をかけて、親しく関わることで、相手を活かすことができるという、人生の可能性を再確認させてくれるのも、復活の主との出会いの出来事の場面なのでしょう。

「おはよう」という日常のあいさつ。愛情をこめて普通の言葉を相手に投げかけてみることが、復活のよろこびを今日生きることにつながる、という現実をかみしめつつも、春の陽射しを浴びて再び前に進んでゆくことのよろこび［二〇一七年四月十六日　復活徹夜祭のミサ（A年）（創世記1・1、26－31a／出エジプト14・15～15・1a／エゼキエル36・16－17a、18－28／ローマ6・3－11／マタイ28・1－10）］。

❑144　神さまに感謝する教会共同体

現在のカトリック教会に話題をしぼって述べておきますと、「教会」という視点が大切です。教皇ベネディクト十六世は神学校で教えていたときに、「教会共同体」、つまり「イエス＝キリストの後についてゆく集団」のことを定義づけて、次のように説明しています。――「教会とは、ミサに基づく信頼関係によって成り立つ家族的共同体です」。つまり、「神さまに対して感謝する祈りをいっしょにささげることによって、おたがいの信頼関係を深めて、一つの家族になる」というポイントが教会の姿を表現しているということです。

信頼に満ちた家族的共同体。――これは、ギリシア語で言いますと「コイノーニア」(κοινωνία)、ラテン語の「コムニオ」(communio)、英語の「コミュニオン」(communion)です。「交わり」という意味です。「関わり」と言ったほうがわかりやすいかもしれませんが。教会共同体には、「神さまの前で、みんながおたがいに信頼し合って家族になる」という意味があります。いのちの交流を生きることが「コイノーニア、コムニオ、コミュニオン」という事態なのです。

しかも、「ミサ」つまり「食事」をとおして、という意味がこめられています。これは、イエスの時代からの伝統を確認しているわけです。食事。身体も心も豊かになる、おたがいにコミュニケーションを深めて、いっしょに家族となる、という経験。それを、「教会共同体」を説明するに際して大切に確認しているのが、前教皇ベネディクト十六世の立場なのです。

実際、このような考え方は、教皇ベネディクト十六世が、いま、いきなり提示したわけではなくて、実は、彼が神学者として大学で教えていたころから述べていたものです。ですから、いまから五十年以上も前から、教会共同体のことを「食事をする信頼共同体」であり、「家族」であると明言していたのです。その元の言葉を紹介しておきましょう。

彼は、ドイツ人ですから、ドイツ語で書いているわけですけれども、Kirche ist Eucharistiegemeinschaft.(キルヘ・イスト・エウカリスティーゲマインシャフト)となります。教会は、ミサの食事をいっしょに味わうことで家族になって生きることである、というわけです。キリストと連帯して、いのちを分かち合う共同体となることが肝要です。

「エウカリスティーゲマインシャフト」というのは、一つの単語です。ドイツ語の特徴というのは、いくつもの単語をつなぎ合わせて、一つの新しい言葉を創り出すことにあります。この「エウカリスティーゲマインシャフト」というのは、日本語には訳しにくい言葉ですが、無理に直訳するならば「感謝の祭儀的で親密な信頼に満ちた家族的な共同体」というニュアンスです。つまり、「いっしょにミサのなかでパンを分け合って、家族として、ゆるぎない信頼関係を結んで、いっしょに生きる協力体」という意味です。

ふつう、私たちがイメージするのは、教会という制度や組織のことです。一つのグループや集団を思い浮かべます。何かの組織体制であるというイメージが、最初に思い浮かぶわけですが、教皇ベネディクト十六世は、ヨゼフ・ラッツィンガーとして活躍していた神学者のころから「教会とは単なる人間の集まりではない、組織ではない」と明言しています。教会は、ふつうの社会の政治団体とか利益集団（ゲゼルシャフト）とは違うと、教会共同体というのは、「神さまとの関わり、つまり愛情に満ちたコミュニケーションを大切にして、信頼し合っている家族である」という定義づけをしています。

ポイントは「信頼関係を結ぶ家族」（ゲマインシャフト）というところにあります。ですから、社会のなかの普通一般の利益団体とは根本的に異なっているわけです。何よりも、「家族になる」ことに強調点が置かれています。愛情によって結ばれた連帯を生きるのです。

しかも、教会共同体は、身内意識で自分の家族だけを優先するような家族主義に縛られるものではなく、むしろ「神さまとのつながりを深めつづける家族」です。つまり「神さまのよろこびを実感するような愛情に満ちた分かち合いの食事を大事にする家族」というイメージが根底にあります。その際に、信仰家族の中心に位置しているのはイエス＝キリストなのです。二千年前に人間とともに歩んでくださったイエスは、いまもキリスト（救い主）として私たちを勇気づけながらふるさとへの旅をつづけています。

ですから、私たちはキリストをとおして、あったまることができます。そのとき、神さまにつつまれて、私たちは安らかに眠るおさなごのような何とも言えないよろこびの感触を身におぼえることになるのです。

❑145　もどってくるイエス＝キリスト

「あなたがたのところに戻ってくる」という呼びかけ。イエスは、いつまでも相手とともにいてくれます。相手を決して見棄てたりしないのが、イエスの愛情表現なのです。自分の身が滅びようとも、相手を優先して、護りつづけるイエスの徹底的で激しい愛の示し方には驚かされます。何としてでも相手のもとへと向かおうとするイエスの決意の強さは、今日の私たちをも励まし、勇気づけるものです。

「キリストに結ばれたあなたがたの善い生活」というメッセージを物語るのは、イエスの一番弟子のペトロです。人間はキリストと結ばれることで善い生活を深めることができるのです。ということは、キリストと離れてしまえば人間は善をなすことができなくなるのでしょう。キリスト者は常にキリストとともに生きることを自覚しているはずです。何としてもイエス＝キリストとともに生きてゆきたいという決然たるおもいが、キリスト者の心の底にみなぎっています。その愛情深い活力が聖霊の働きです。御父のみむねは御子イエスによって社会的に表現され、両者の深いおもいは今日にいたるまで聖霊の働きをとおしてこだましつづけるのです。

町の人びとが大変よろこぶほどに、使徒たちの活躍は目覚ましいものでした。常に立ち止まることなく、使徒たちの旅はつづいてゆきます。うまずたゆまず、前に進みつづけること。使徒たちの、疲れを知らないほどの精力的な働きは、常に働きつづける神さまの圧倒的な愛情表現と結びついています。御父・御子・聖霊は常に相手を支えて励ましつづける愛の活力のみなぎりです。

こうして眺めてみると、復活節第六主日（A年）の三つの聖書朗読箇所は共通して御父と御子と聖霊との一体性のまっただなかに私たち人間が招き入れられる様子を物語っていることが見えてきます。相手とともに歩む三位一体の神さまの働きが私たちを信仰者として歩ませます。

最初は挫折して、どうしようもない弱さをかかえていた弟子たちは三位一体の神さまの圧倒的な励ましを得て生まれ変わります。弟子たちもまたイエスと同じく復活のいのちのみなぎりの内で誕生し、使徒としての使命に目覚めたのです。

私たちも、二千年前の弟子たちと同じく挫折の苦しみや自分自身の弱さにさいなまれています。しかし立ち上がることができるのです。あの弟子たちが使徒として勇敢に歩み出せたのも、御父から御子を経て聖霊へと流れるように受け継がれている愛の呼びかけを実感したからなのです［二〇二〇年五月十七日　復活節第六主日（A年）（世界広報の日、使徒言行録8・5－8、14－17／一ペトロ3・15－18／ヨハネ14・15－21）］。

❏146　連帯について

マリアは「急いで」でかけます。相手の苦境を黙って見ていられないからです。すぐに相手のもとへと出向くマリアは、相手の苦しみに敏感に気づく人でした。

マリアの生涯の歩みは、常に相手の痛みにいちはやく気づいて行動を起こすこまやかさと勇敢さとによって特長づけられていました。カナでの婚宴の際にも、マリアはぶどう酒が途切れるという新郎新婦の門出の危機を救いました。

マリア自身は小さな人間であり、権力や財力はありませんでしたが、いちはやく相手の痛みに気づいて

「とりなしを引き受ける」という実力はありました。今日も「マリアのとりなし」を願って祈る人びとが世界中におります。

年老いたエリサベトと年若いマリアとが、ともに生きるときに、彼女たちは強いきずなによって結ばれた最強の共同体となりました。ひとりひとりは弱く小さな者にすぎません。しかし、ともに協力するときに、相手の弱さを補って最強の連帯を実現させることになるのです。

年老いた人は体力がおとろえており、ひとりでは何もできません。しかし、長年の経験にもとづく洞察力があり、人生の困難を乗り越える際の適確なアドヴァイスを相手に授けることができます。一方、年若い人は体力や冒険心がありますが無鉄砲で無防備であり、しばしば危険に巻き込まれる危うさもかかえています。

年老いた人の経験にもとづく適確なアドヴァイスをいただいた年若い人は安心して成長することができます。そして、年若い人の体力によって身体を支えてもらう年老いた人は日常の雑事を簡単にこなせるようになり、快適な日々を送ることができるようになります。ひとりだけでは危うい人たちが協力することで、安全な生活を過ごすことができるようになります。

私たちが教会共同体において生きる際に、マリアとエリサベトとの協力関係、心あたたまる共同体づくりの極意を学ぶことが重要となります。相手を支えて共同体を創り、安心して生きてゆける環境を整えることが「神さまのみこころ」であり、「神さまのみこころ」を実現するためにひとりひとりの人間は生まれてくるのです。小さいひとりひとりの人間は相手を支えるこまやかさや勇気を発揮するときに、共同体の偉大なる創始者となるのです［二〇二一年十二月十九日　待降節第四主日（C年）（ミカ5・1－4a／ヘブライ10・5－10／ルカ1・39－45）］。

出かけてゆくマリア。急いで。そしてマリアは三ヶ月ほどエリサベトの家に滞在しています。つまり、高齢出産を迎える親戚のエリサベトを支えるために、マリアは急いで出かけたのです。相手の状況をいちはやくつかんで、即座に行動を起こすマリアの積極的な姿勢は一貫しており、その愛の実践の前向きな歩みが神さまから完璧に受け容れられました。つまり、マリアは神さまのもとにまで挙げられるという栄誉を受けたからです。

神さまは小さな人びとの誠実な歩みを確かに見守っております。田舎町の目立たないマリアの人助けは神さまの愛情深い寛大さとも重なっています。気前よく、相手を最優先して出向く積極性は、まさに人間のもとに近づく神さまの親しさとつながっています。まさに、マリアは神さまのわざを社会生活において明確に生き抜いたのです。

荒れ野で生きたマリアは神さまの安らぎを得ることができていました。人間の死の恐怖や痛みにも決して押しつぶされることなく、生きることのできる力強さがマリアには備わっていました。それが神さまによって護られていたマリアの強さであり、身分の低い者が高められた姿だったのです。神さまはひとりひとりの相手を受け容れて力強く生きるだけの活力を与えるのです。それこそが神さまからの恵みです。

マリアは神さまのまなざしのもとで生き抜き、生きたまま神さまのもとへと引き上げられ、常に生きる者として他者を支えつづける役目を授かったのです。いまでも、聖母マリアは「相手を支える者」として活躍しつづけています。しかも、マリアの被昇天によって示されているように、人間は神さまによって受け容れられて高められるという現実を確かに保証されています。マリアは、人間が将来的に成熟して到達できるようになる「在るべき姿」を示す先駆けとなっています。

キリストは人びとの悪意によっても決して滅ぼされることなく、神さまから受け留めてもらって生きつづける栄誉を示しましたが、キリストを支えつづけた母マリアもまた被昇天によって幸いなる人間の境遇を私たちに実感させてくれるのです〔二〇二一年八月十五日　聖母の被昇天（黙示録11・19a、12・1－6、10ab／一コリント15・20－27a／ルカ1・39－56）〕。

それまで一度も子を産んだことのない「おとめ」と「年をとっている女性」とが子を産みます。それらのイメージは、神さまのわざの偉大さを物語っています。いわば、世間では「実りをもたらさない者」とされがちな人こそが神さまのわざを実現する先駆者として処遇されるという意外な出来事が待降節第四主日のメッセージとして強調されています。ということは、「神さまにできないことは何もない」という神さまの強烈な主権と活躍が救いの歴史をつむぎ出すという事実が私たちに突き付けられているのです。

いまから二千年前のイスラエルの社会の通常の女性観では、「おとめ」が成熟して子を産み育て、「年をとっている女性」として人生をまっとうしてゆくという流れがありました。「おとめ」から「成熟した女性」を経て「年をとっている女性」へ、という三段階が女性の一生とされていたわけです。

ということは古代のイスラエル社会では「成熟した女性」、つまり「子を産んで育てた女性」が女性の理想像とされました。そうなると基準は「成熟した女性」であり、「おとめ」および「年をとっている女性」は両極端な状態としてあつかわれます。古代のイスラエル社会では「おとめ」は「未熟さ」の象徴であり、「年をとった女性」は「枯れ」の象徴です。

しかし神さまは「成熟した女性」のみならず両極端の立場の女性たちにも期待を示して、重大な使命をまかせる、という事実をルカ福音書が強調します。神さまのわざは人間の規準をはるかに超えるかたちで実現します。世間の常識を越える仕方で、神さまは歴史を変革します。

第一朗読のサムエル記に登場するダビデ王も、もともとは目立たない末っ子であり、羊飼いとしてのアルバイトをこなす平凡な人物でしたが、神さまから特別に選び出され、イスラエルの王として迎えられました。

ダビデが建国の父としてイスラエル王国を復興するとは誰もが予想もしなかったことでした。第二朗読に登場する使徒パウロも、神さまによる秘められた計画に沿って復活のキリストと出会うべく導かれ、迫害者から宣教者へと劇的な転換を遂げた人物でした。

驚くべき歴史の転換期にマリアとエリサベトが活躍します。これら二人の女性が救いの歴史を切り開く先駆者となりました。イスラエルの男性中心社会において「子を産み育てたことのある女性」つまり「成熟した女性」がようやく発言権を得ていたのに対して、神さまが創り出す新たな世においては「おとめ」や「年をとった女性」こそが重大な役目を果たすのです。つまり、両極端に位置する者こそが神さまのわざを生きる適任者として活躍してゆきます。

ダビデに安らぎを与える神さま、秘められた計画を実現する神さま、その神さまが世間の予想を超える相手にすべてを託します。マリアとエリサベトは神さまからの呼びかけを受けて、自分たちの予想をはるかに超える人生の歩みを始めました。

私たちもまた、それぞれ未熟さあるいは年をとった苦しみによって悲しみや痛みを感じて生きています。しかし、その私たちを用いて、神さまは何か大きな実りを生じさせるべく計画します。神さまは私たちに安らぎを与えつつも歴史を大きく導くようにとうながします［二〇二〇年十二月二十日　待降節第四主日（B年）（サムエル記下7・1−5、8b−12、14a、16／ローマ16・25−27／ルカ1・26−38）］。

❏147　じゅうぶんに相手を大切にしていないという罪深さをこえて

最後になりますが、編集者の進藤氏は以下の質問を筆者に投げかけております。「キリスト教では、人間の存在は原罪があることを前提としていますが、生まれながらにして人は罪深い存在である、法律を破らなくても『罪深い』状態があるという意味がわからないという人は多いようです。しかし、この前提がわからないと、罪からの解放、救いの必要性、復活の意義が分からないことになるのではないでしょうか。日本の文化を踏まえて、分かりやすく説明を加えるためには、どのように例えればよいのでしょうか」。

筆者なりの応えは以下のとおりです。「じゅうぶんに相手を大切にしていないという罪深さ」には、日本の人びとも気づいているのではないでしょうか。親は子どもをじゅうぶんに育てきれていない場合もありますし、子どもも親を安心させることができていないままで悩んでいたりもします。それればかりではなく、先生と生徒の関係性や職場の上司と部下の関係性も同様です。教会現場での司祭と信徒の関係性や修道院の上長と修道会員との関係性も似た課題をかかえています。キリスト教と縁のない一般の方々も、それぞれの生活の場での人間関係における愛情不足というか相手に対するいたらなさを実感して後悔したり、後ろめたさに苛まれている場合もあるでしょう。「じゅうぶんに相手を愛しきれていないというふじゅうぶんさ」が、まさにキリスト者の「罪」に該当するものなのです。解決策は、単純に目の前にいる相手を大切にする決意をして、身近な親切を尽くすことです。

そして、次の質問もくださいました。「キリスト教の『終末論』(エスカトロジー)において述べられている『神の愛の充満による万物の完成としての終末』が、世間では『世界の終焉』(カタストロフィー)とか『人類の破滅』であると偏って捉えられることで、あまりにも絶望的な恐怖のイメージだけを強調することが多いようです。『救いの完成』を目指すキリスト者の信念とは異なる解釈は、現代の人類が直面している格差社会の問題、環境問題や気候変動問題などの解決は絶望的で、どのような努力をしても最終的には無駄だというような無関心を引き起こし、刹那的な考え方を助長している可能性があります。コロナ禍で医療が逼迫し、必ずしも充分な対策を示せているとは言いがたい厳しい社会状況の中でも、希望を持って終末に向かうということは、どのように生きることなのか、特に教会共同体はどのような実践をすべきなのか、ご指導いただけるでしょうか」。

筆者の応えは以下のとおりです。相手を大切に支えたという事実は、「貴重なおもいで」として、いつまでもいつまでも色あせることなく残ります。少なくとも神さまのおもいのうちには記憶されて永遠に保存されます。キリスト者が二千年来お祝いしている「エウカリスティア＝感謝の祭儀＝ミサ聖祭」は、まさにイエス＝キリストのいのちがけの身のささげの出来事を想起記念しつつ現実の尊い愛の迫力として経験しつづけるという意味で「貴重なおもいで」を生きることに他なりません。

イエス＝キリストのようにいのちがけで体当たりで生きて、いのちまでも相手に与え尽くして相手を活かす努力は、相手を大切におもえばおもうほど高まりつづけ、よろこびとして洗練させてゆくものなのです。刹那的な感じで生きてしまう人やあきらめのうちに自暴自棄になる人は愛する相手と出会っていない場合や人との関わりを見失っている場合が原因で、大切な相手にいのちをかける機会を得ていないのかもしれません。

キリストとともに生きること。大切な相手を支えるために。いのちをささげ尽くす日々を送る気高さを忘れないこと。キリスト者の目指すべき道筋は、一般の方々にとっても意味のある愛情の全力投球の歩みなのではないでしょうか。本書が最も言いたいことは、「キリストとともに」（シュン・ホドス→シノドス——キリストという道をともに旅すること）というただひとつのことだけなのです！

〈了〉

解説――というより、讃詞

人間もまた、貯金箱のような脆き入れ物……。

読者のみなさん、阿部仲麻呂先生の待望の新刊書が、私たちのもとに届けられる日がきました。良かった、助かった！　おかげでこの書をいま、神学に興味を持っておられる方にお贈りできる、これからの時代を担おうとしている次の世代の方にもプレゼントできる。何か安堵にも似た心持ちになります。これだけ分かりやすく、温かい、羽のように軽やかに舞う神学書は世界にも例を見ないのではないでしょうか。子どものように御父に甘えながら楽しんで神学ができる、老いも若きも、思い立ったが吉日、今日から神学を学んでみようという気持ちにさせてくれる、そんな本は、他にはないです。

阿部仲麻呂先生は、私の前を歩いておられる若き日本の神学者です。これまでずっとそうでしたし、これからもそうありつづける方です。司祭の道を通して神の道を突き進み、よそ見もせず、あらゆる神学書を読み、ご自分の知識として統合され、美しい日本語で私たちに噛み砕いて教えてくれます。このような作業を阿部先生は十四歳からつづけておられます。

絵を描く才能をお持ちの先生は、大学時代は後輩たちにかっこいいイラストを描いて聖書から教父の教えまでを分かりやすく説明してくださいました。ふつう、一般的には、「神学を学ぶ」ということが何を行う営為なのかよく分からないものです。神学部に入る学生たち、修道女、修道者、神学生たちは、目の前に立ちはだかる書物の山の前で呆然と立ち尽くすものですが、おそらく阿部先生は十四歳で召命の門を潜った頃からすでにお分かりになっていたのではないか、そんなふうに思います。

私は三十歳で神学の学びに入りました。当時、先輩だった阿部先生は二十代後半、すでに司牧の現場で活躍されており、上智大学の神学研究室で常に、常に、目の前の誰かに神学を語っておられました。楽しく、楽しく……。いつも笑いがありました。いま思えば、その頃すでに阿部先生の神学キャリアは十年を超えていたというわけです。

いま、阿部先生はアラフィフという世代に突入され、いわゆる中堅の重厚さを放つべくしてこの大著を刊行されるわけですが、当時の若さと気軽さがご自身の探究の源泉となっていることは否めないのではないでしょうか。若さがずっとつづいている、若さが終わらない。阿部先生の文章からはみずみずしさが失われることはないのです。

その理由を少し考えてみました。

実に阿部先生の神学スタイルにその理由があるような気がします。そして、この神学スタイルこそ、第二バチカン公会議の息吹を受けた二十一世紀の神学スタイルを先取りしたものである、そんなふうに考えます。

阿部先生の神学的思索を働かせる動力は人間の生活からけっして切り離されることがありませ

ん。人は普段当たり前のように息をしている、何かを考えている、心が動いている、食べている、飲んでいる、眠っている、笑っている……。そうした生活の座とでも言いたくなる人間の普遍的有りようの中に今日、働いている神の恩恵をまるで顕微鏡で覗いているがごとく繊細に観察していきます。

私たちの肌の温もりを冷ますことなく、温かいままで皮膚の奥へと入っていき、神の働きを意識させてくれます。私たちは、このアプローチによって、神学の言語が冷たい言語ではなく、熱をもった言語として読者は受容できるのです。図書館の奥に眠っているホコリっぽい過去の言語ではなく、生きた言語に出会うことができます。

言語（ランガージュ）には「語り方」という意味合いもあります。同じ言葉でも語り方一つで意味や文脈が完全に変わってしまうほど、使う人の言語感覚は重要です。阿部先生の言語感覚は、特に日本語使用の美しさの点においてはもちろんのこと、素晴らしく、いつも感動を覚えます。

人間の生活の座から離れない阿部先生の神学的思索は、諸宗教の座からも離れません。本書には、ローマでのジャック・デュプイ先生との出会いのことが書かれています。師弟関係を結ばれ、お二人は回廊を散策して対話を重ねておられます。急進的と烙印を押され、査問に処される、かつての宣教師であり諸宗教の神学者であるデュプイ師とアジアの若き神学者とが二人、肩を並べて歩いている姿は、想像するだけでも刺激的です。デュプイ師の提唱する「実践的アガペ」の真の継承者は阿部仲麻呂先生なのかもしれません。人間の生活の座に、諸宗教の座に、イエスが常に現存しておられるように、私たちもイエスの座に招かれます。

阿部先生の神学スタイルには、最後にもう一つ、「序破急のスタイル」と名付けたくなる超越的な跳躍力が備わっています。もしかしたら、世阿弥が阿部先生を同伴しているのかもしれません。このことについては、もはや羨ましいとしか言いようのないことですが、阿部先生の書かれる世阿弥は、世阿弥が本当に喜んで救われているのではないかと思ってしまうほど、相思相愛です。

かつて私がパリで神学に入る準備期間、典礼学者のルイ＝マリー・ショヴェ先生のゼミにいた時のことです。ある時、ゼミの受講生が自国の神学文書をフランス語に訳して分析し、プレゼンするという授業がありました。まだ何の神学スタイルも身につけていなかった私は、当時、『カトリック生活』（ドン・ボスコ社）に掲載されていた阿部先生のお書きになられた世阿弥とプロティノスに関する記事を翻訳し、時代と文化背景の異なるテキストを同等に扱う問題点を指摘しました。それに対してショヴェ先生は、私の指摘を退け阿部先生の論文を高く評価し、世阿弥の「秘すれば花」を私たち学生に滔々《とうとう》と話したのです。それ以降、そのゼミでは、ポール・リクールの解釈学を学ぶということが課せられました。

阿部先生ご自身、能に造詣が深いという、いや、それ以上に、先生ご自身が能に受肉しておられる。先生は、その受肉の内部からイエスの神学を語るというスタイルを身につけられておられるのではないでしょうか。世阿弥と一緒に歩いている、能の美を身に帯びている、このような日本文化の座から、阿部先生は言の葉を紡いでおられるのではないでしょうか。序破急のスタイルで神学を語る、信仰のインカルチュレーションが綿々と行われているのです。

「もちろん微々たる金銭にすぎないのですが、子どもにとっては豊かな富に映ります。（中略）

人間もまた、貯金箱のような脆き入れ物です。その入れ物が壊されるときに、心のなかに隠されていた愛情あるいはいのちの力があまりにも豊かにあふれ出すことになります」（本書六篇「うつくしさ」より）。

阿部仲麻呂先生、司祭叙階二十五周年、心からお祝い申し上げます。いつまでも前を行く若き神学者として、私たちに神学の温かさとやさしさをお示しください。日本のインカルチュレーションを体現されるお働きに、いつも主のゆたかな恵みがありますように。そして、この温かくやさしい阿部神学本に出会った方々が主の大きな愛に包まれますように。

二〇二二年十一月二十日　王であるキリストの祭日に

上智大学神学部教授・援助修道会会員　原　敬子

あとがき――キリストとともに高貴なる者としての責務を生きる

二〇〇七年にオリエンス宗教研究所から拙著『神さまにつつまれて――キリストをとおしてあったまる』が刊行されてから、はや十六年という歳月が過ぎようとしています。その本の結論では以下のように書きました。「神さまのいつくしみ深い愛情のおもいは、私たちひとりひとりをつつみこんで育みます。そのことに気づいて、愛情のうちにつつみこまれる感触を身におぼえて感謝しつつ神さまを讃美するのが人間としての尊い生き方。つつみこまれる感触を実感することの大切さ。『つつみこまれること』を大切に自覚して生きてゆくことができれば、神さまに対するキリスト者の信頼感は、きっと、ほんものとなることでしょう。そのような生き方を、筆者は『母胎的なキリスト教信仰』と呼びたいと考えています」。この感慨はいまも変わりません。

おりしも昨年（二〇二二年）は筆者にとって重要な一年でしたので（司祭叙階二十五周年）、この機会におもいきって本文の内容をもとに大幅に加筆し、新刊書として刊行することにいたしました。その際にカトリック鷺沼教会での筆者によるミサの説教の内容（二〇一八年から二〇二一年まで）および霊性センターせせらぎでの筆者による主日の説教の原稿の一部（二〇〇四年から二一年まで）も参照しましたので、恩人のマヌエル・アモロス師や柳田敏洋師に御礼申し上げます。二〇〇三年から教区の諸神学院での講義の仕事に招いてくださった恩人の大山悟師に支えられて今日まで哲学や神学を教える機会を得てさまざまな著述活動をも発展させることができました。ありがとうございます。畏友の湯浅俊治師、嘉松宏樹師、熊川幸徳師、伊藤幸史師、吉川孝政師、桑田拓治師、小西広志師、小村優太氏、井手公平師、谷脇誠一郎師、中野健一郎師、松尾太師、水上健次師、岡秀太師、島本理生氏、三好千春氏、有村浩一氏、藤野麻奈美氏、長年にわたる理解者の髙見三明大司教様、中村倫明大司教様、中野裕明司教様、山野内倫昭司教様、森山信三司教様、成井大介司教様、稲川保明師、髙木賢一師、石井祥裕氏、山岡三治師、中川博道師、中川明師、和田幹男師、大瀧浩一師、櫻井尚明師、古巣馨師、大水文隆師、葛嶋秀信師、山脇守師、牧山強美師、小野寺功氏、田畑邦治氏、澤田豊成師、ラウール・バラデス師、矢吹貞人師、中濱敬司師、鍋内正志師、ジェブーラ・エウゲニウス師、ヤヌシュ・クチツキ師にも感謝します。

本書の冒頭部に「推薦文」を寄せてくださった二十年来の大切な恩人であり親しき友でもある白浜満司教様に感謝致します。この二十五年にわたる筆者の活動を常にあたたかく親身になって見守り励ましてくださる大切な恩人であり上司の梅村昌弘司教様にも心より御礼申し上げるとともに感謝を込めて本書をささげます。梅村司教様は二〇〇四年に筆者を東京カトリック神学院の講師として迎えてくださったばかりか、二〇一八年から今日に至るまで横浜教区管轄下の鷺沼教会で仕事をする機会を与えてくださるとともに、二〇一八年には日本カトリック司教協議会のプラクイト・デオ検討特別委員会委員に任命して翌年には司教総会での講師として招いてくださり、二〇二〇年十二月十七日に筆者を東京カトリック神学院における教授に任じて支えてくださいました。「解説」を寄せてくださった畏友の原敬子氏の御厚情にも深謝します。

さいたま教区の敬虔な方の誠実な支援により本書が刊行に至ったことも深く御礼申し上げます。そして心をこめて最上の表紙を制作してくださった藝術家の坂東ルツ子氏にも心からの敬意を表します。既刊『神さまにつつまれて――キリストをとおしてあったまる』と、本書の編集に長期間にわたって携わってくださった進藤重光氏にも御礼申し上げます。丁寧な校閲作業を忍耐強く手がけてくださった組織神学研究者の相澤浩之氏にも心より「ありがとうございます」と申し上げます。刊行の許可を与えてくださったオリエンス宗教研究所所長のコンスタンチノ・コンニ・カランバ師にも感謝しています。そして長年、教会の将来をともに論じてきたサレジオ会の同僚の岡本大二郎師や谷口亮平師にも御礼を申し述べます。

本書の本文は東京カトリック神学院の客室で執筆されたものであり、落ち着いた研究環境を御配慮くださった神学院常任司教委員会委員長の大塚喜直司教様をはじめ菊地功大司教様、院長の稲川圭三師や学務の浅井太郎師、マルコ・アントニオ師、中村吾郎師、前院長の松浦信行師、山下充志郎氏、松岡直美氏にも心から感謝をささげます。鷺沼教会と神学院のあいだを頻繁に往復して資料を運びつつ仕事をつづけましたが、その際に安カ川節子氏の御助力を賜りました。ありがとうございます。

横浜教区事務局長の保久要師をはじめとして副事務局長の谷脇慎太郎師や祖父江優太師や教区司祭のみなさま、鷺沼教会の信徒のみなさまにも深く感謝いたします（一九八一年から今日までの四十一年にわたり鷺沼教会聖堂は筆者の霊性思想を育んだ揺籃の場です。現在は移転して都筑教会と呼ばれています）。併せて十九年間御世話になっている足立教会や十一年間助けていただいている浦和教会の信徒のみなさまにも御礼申し上げます。サレジオ会日本管区長の濱口秀昭師をはじめ、サレジオ会横浜支部院長の鳥越政晴師や同僚の西本裕二師や榎本飛里師にも御礼を申し上げます。サレジオ学院の理事会および評議員会のみなさま、事務長の横山伸也氏、主任の石橋大城氏、教職員の諸先生、保護者のみなさま、生徒たちにも感謝します。

一九八一年に教皇ヨハネ・パウロ二世の訪日をテレビで観て、人間的な魅力（①日本文化を尊重する姿勢、②出会う各人に対して丁寧にあいさつする誠意）や祈りの深さやキリストを宣べ伝える熱意に感銘を受け、筆者は川崎サレジオ中学校（現サレジオ学院中学校）に入学して付属の鷺沼教会聖堂で頻繁にひざまずいて祈ったり、キリストの教えを学ぶようになりました。そして一九八二年に洗礼を受け（本籍地が渋谷でしたので地域の小教区に所属するのが教会法上の順当な仕儀であるとのことで、渋谷教会で受洗しましたが、当時の住まいが上野毛でしたので上野毛教会の主日ミサに通いました。二〇二二年で受洗四十周年を迎えます）、その一年後にサレジオ志願院（小神学校）に入寮しました。サレジオ高等学校（現サレジオ学院高等学校）卒業後は調布サレジオ神学院から上智大学文学部に通いました（当時の溝部脩院長から専門的な研究の道を進むように命じられましたので意識的に学問研鑽に力を入れました。二〇二二年で研究生活三十五周年を迎えます）。そのような歩みを経て一九九七年に二十八歳のときに司祭叙階の恵みをいただきました。

もともと、日本の土地で生活する人びとに、なるべく通じるような信仰の分かち合いの文章をつづろうとしてまとめた本書は、初版の時点での筆者なりの信仰生活の感慨を反映したものでした。その感慨とは、「心の底の深いおもい」のことですが、基本的には十五年間ほぼ一貫して変わらないままです。つまり「単純素朴に自然体で生きること、すなおに祈り、相手（神さまや隣人たち）に信頼することが信仰生活の土台となる」という「心の道筋」あるいは「信仰の道筋」（ドグマ）の奥義を筆者は愚直に探究しつづけてきたのです。すなおな心でキリストに信頼して、ともに旅する道筋をひたすらたどることのみ。

古代の教会共同体の指導者（教父、牧者としての司教）たちは「信仰の道筋」（ドグマ）を何よりも大事にしました。御父である神さまが深いいつくしみをもって人類をながめ、そのおもいを託すかたちで御独り子イエス＝キリストを社会に派遣し、そのキリストは神さまの愛の激しさを体現しつつもいのちをささげ尽くして人生をまっとうし、その御父と御子との一貫したおもいを私たちの心の底において明確に自覚させる聖霊（神さまの愛の激しい働き）がいまも躍動しつづけます。「御父→御子→聖霊」（旧約時代→新約時代→教会の時代）という、神さまからの人類に対する働きかけ（神の自己啓示）を身に受けた私たちは聖霊の後押しによって御子キリストの模範を手がかりにして御父のもとへ旅します（「聖霊→御子→御父」＝私たちによる神さまへの応答＝信仰）。

この「啓示と信仰との連動循環」が特に四世のナジアンゾスの聖グレゴリオスによって「信仰の道筋」（ドグマ）と呼ばれました（「第五神学講話」という作品において）。筆者は聖グレゴリオスの生き方を模範と仰ぎ、「ドグマ」（教会の教え、教義）の研究者として仕事をしていますが、その本懐（愛ゆえのへりくだりの秘義［フィリピ2・7－8］）を本書にまとめた次第です。

本書は『キリストとともに――世界が広がる神学入門』という題名にしました。受洗四十周年・研究生活三十五周年・司祭叙階二十五周年を経て到達したのが「キリストとともに歩むことがキリスト者にとって最も大事なことである」という境地であり、自分の狭い了見が開かれて世界が広がるという発見のよろこびだったからです。いわば、生き方（霊性・黙想指導）と研究（学問・著述）と司牧（活動）とは常に「キリストとともに」なされるべきものであり、そうしてこそ新たなるながめを体得できると明確に気づかされたのです。

今日、改めて本書を読み返してみて、十五年の歳月の重みをかみしめて大幅に加筆修正をほどこすことで「過去の自分」と「いまの自分」とのあわいを橋渡ししつつ、「未来の自分」へと一歩前進する決意を新たにしました。同時に「過去の共同体」と「いまの共同体」とが連動して「未来の共同体」を形成する教会の姿にもおもいをはせています。

相手（神さまと隣人）に徹底的に信頼して生きるキリスト者は愛情深い信念をあかしするのですが、その気高い生き方はいかなる困難によっても揺るがないほどの希望に満たされています。キリスト者という気高い生き方を選ぶべく聖霊によって後押しされている私たちは「高貴なる者としての責務」（noblesse oblige［ノブレス・オブリージュ］）を果たすべく今日も前進します。日本という土地で、なるべくふつうの日本語を自然体で語りつつ信仰を表明してゆくことの意味深さをかみしめつつ、今後とも努力を積み重ねてまいる所存です。ささやかな親切を日々積み重ねつつ、異なることがらのあわいに橋をかける連帯を忍耐強く、あきらめずにつづけることの尊さを読者のみなさまとともに深めてまいりたいと強く強く望む今日このごろです。

その後、編集者の進藤重光氏からの御提案を受けて大幅な加筆をしてゆくうちに歳月が経ち刊行も延びました。本書を論理的に整った著書として洗練させようと試みましたが、「論理がないという論理」（通常の論理を用いないで独自の論理を試みようとする仕儀）が自分の文体だと気づきましたので、おもい浮かぶそれぞれのことがらを自由につなぎ合わせてゆく手法をそのまま残してあります。なぜならば、これまでの筆者は思索の道行きにおいて常に通常の論理的な記述ではこぼれ落ちてしまう内容を描くための新たな論理を提唱して前進してきたという経緯にもとづいているからです。読者の方々には文章の行間にひそむ見えざる呼びかけを掬いあげていただければ幸いです。

二〇二二年六月二十一日　聖アロイジオの記念日に
司祭叙階二十五周年を迎えて　カトリック鷺沼教会にて擱筆

阿部仲麻呂

阿部仲麻呂（Alexander Nakamaro ABE）略歴

一九六八年東京都渋谷区出身。一九八二年受洗、一九九〇年サレジオ会入会、一九九七年司祭叙階。一九九九年ローマ教皇庁立グレゴリアン大学院神学部基礎神学専攻学科修士課程修了。二〇〇九年上智大学大学院神学研究科博士後期課程組織神学専攻修了。神学博士。サレジオ学院常務理事、日本カトリック神学会理事、日本宣教学会常任理事、日本カトリック教育学会常任理事、東京カトリック神学院教授、福岡カトリック神学院・上智大学・桜美林大学・サレジオ修練院の兼任講師、カトリック鷺沼・都筑教会協力司祭。

［専　攻］　基礎神学・教義神学［三位一体論］・教父神学。

［博士論文］　「日本における『神の自己無化』理解の現状と展望」（上智大学、二〇〇八年）。

［主要著書］　①『信仰の美學』（春風社、二〇〇五年）、②『神さまにつつまれて』（オリエンス宗教研究所、二〇〇七年）、③『使徒信条を詠む』（教友社、二〇一四年、二〇二一年再版）、④『ひびきあう日本文化と福音』（教友社、二〇二三年）他。

［主要共著］　⑤『諸宗教対話』（カトリック中央協議会、二〇〇六年）、⑥Chi-I, *Pararse a contemplar. Manual de espiritualidad del budismo Tendai*, Sigueme, Salamanca, 2007.（智顗［ホアン・マシア＋阿部仲麻呂解説・翻訳］『天台小止観スペイン語訳』シグエメ社、二〇〇七年）、⑦『講座哲学』

第一三巻（岩波書店、二〇〇八年）、⑧『公共する人間5　新井奥邃』（東京大学出版会、二〇一〇年）、⑨『韓日哲学対話（모색 씨알철학과 공공철학의 대화）』（シアル研究所、二〇一〇年）、⑩『キリスト教と日本の深層』（オリエンス宗教研究所、二〇一一年）、⑪『妙貞問答を読む』（法蔵館、二〇一四年）他。

［主要訳書］⑫『カトリック教会のカテキズム要約［コンペンディウム］』（カトリック中央協議会、二〇一〇年）。⑬ジャック・デュプイ（阿部仲麻呂監修、越知健・越知倫子訳）『キリスト教と諸宗教』（教友社、二〇一八年、二〇二一年再版）、⑭教皇フランシスコ、マルコ・ポッツァ『CREDO』（ドン・ボスコ社、二〇二二年）。

［主要解説］⑮奥村一郎『選集第4巻　日本語とキリスト教』（オリエンス宗教研究所、二〇〇七年）、⑯教皇ヨハネ・パウロ二世使徒的勧告『家庭』（カトリック中央協議会、二〇〇五年）、⑰教皇ヨハネ・パウロ二世回勅『聖霊』（カトリック中央協議会、二〇〇五年）、⑱岡田武夫『「悪」の研究』（フリープレス、二〇二一年）他。

キリストとともに
世界が広がる神学入門

●

2023年４月25日　初 版 発 行
2023年７月10日　第２刷発行

著　者　阿部仲麻呂
発行者　オリエンス宗教研究所
代　表　C・コンニ
〒156-0043　東京都世田谷区松原2-28-5
☎ 03-3322-7601　Fax 03-3325-5322
https://www.oriens.or.jp/
印刷者　有限会社 東光印刷

ISBN978-4-87232-120-3　Printed in Japan

東京大司教出版認可済